Armin Thurnher

Republik ohne Würde

Paul Zsolnay Verlag

2 3 4 5   17 16 15 14 13

ISBN 978-3-552-05603-9
Alle Rechte vorbehalten
© Paul Zsolnay Verlag Wien 2013
Umschlaggestaltung: Hauptmann & Kompanie Werbeagentur,
Zürich, unter Verwendung einer Illustration von © Jochen
Schievink
Satz: Eva Kaltenbrunner-Dorfinger, Wien
Druck und Bindung: GGP Media GmbH, Pößneck
Printed in Germany

1. Einleitung.
Wo bleibt die Würde?

Öffentliche Würde. Der Papst bejaht sie, solange der Mensch sich an den Plan Gottes hält. Der amerikanische Präsident mahnt sie ein, wenn nicht gerade von Guantanamo die Rede ist. Das deutsche Grundgesetz führt sie an erster Stelle. Die österreichische Verfassung verhält sich diskret, betrachtet sie aber als grundlegend. Feministinnen aller Illustrierten pochen auf sie. Gegen Neonazis und gegen afrikanische Genitalbeschneidung wird sie aufgeboten, gegen den kommunistisch verbrämten chinesischen Kapitalismus ebenso wie gegen den Bruch der ungarischen Verfassung.

Würde ist ein gern strapazierter Begriff unserer Tage. Würde nervt: Würdephrasenalarm. Kaum ein Leitartikel, kaum eine großphilosophische Intervention kommen ohne Appell an die Würde der Demokratie, des Rechtsstaats, der Menschheit aus.

Es gilt nicht die geschwungene Rede. Es gilt die Wahrheit der Quote. Demütigung und Entwürdigung von Menschen sind das Material, mit dem man Massen unterhält. Egal, ob sich Leute im Dschungel von Spinnen bekrabbeln, von Schlangen und Würmern bekriechen oder sich in einer Castingshow vor einer insektenhaft-sadistischen Jury zum Affen machen lassen – ihre menschliche Würde geben sie an der Kassa ab.

Tierisch auch die digitale Erweiterung aller Bühnen: Sämtliche Teilnehmer am summenden Netz, vor allem an den sogenannten sozialen Netzwerken, setzen sich globalen Schwärmen aus. Verglichen mit diesen Schwärmen sind Killerbienen ein Honiglecken. Wer sich der latenten Schwarmdrohung gegenüber nicht wohlverhält, kann bloßgestellt und gedemütigt werden bis in alle digitale Ewigkeit.

Die digitale Wende ist ein Epochenbruch. Sie stellt die Erfindung des Buchdrucks in den Schatten. Online können wir die Umwertung aller Werte verfolgen. In Realzeit beobachten wir, wie würdige Institutionen der Publizistik mit Verachtung gestraft werden, wie sich neues Sozialverhalten, neue Kommunikationsgewohnheiten, neue Denkformen, neue Wirtschaftsweisen herausbilden. Ein neuer *contrat social* nimmt im Zeichen der Forderung nach digitaler Eigentumsfreiheit Gestalt an. Mit Verlust von Würde ist zu rechnen.

Politik im Irrealis. Wenn von der öffentlichen Sphäre die Rede ist, kommen einem wie selbstverständlich zuerst Unterhaltungsbühnen in den Sinn, nicht die Politik. Einst verstand man Politik als Bühne der Vortrefflichen. Sie traten dort in ihrem öffentlichen Wettbewerb um das Wohl des Gemeinwesens gegeneinander an. Politik hat ihre Würde verloren, sie ist ins Hintertreffen geraten und zur Arena für Gemeinheiten geworden. Sie hat ihre eigenen Gesetze zugunsten medialer Gesetze aufgegeben. Der Kanzler will auf Facebook mitmischen? Dann muss er sich zu Recht verhöhnen lassen, wenn sein Account nicht so gewartet wird, dass der digitale Mob zufrieden schnurrt.

Wir schöpfen Verdacht: Ins öffentliche Amt drängen Politiker hauptsächlich deswegen, damit sie absahnen können. Entweder schon während ihrer politischen Tätigkeit durch Begünstigung von Freunderln und Einstreifen satter Rednerhonorare oder anschließend privat, durch Unterkommen bei Oligarchen, Tycoons oder bei einem Zockerfonds. Die politischen Entscheidungen fallen längst wieder in Arkanbereichen, in Konferenzvorbereitungssälen und bei diskreten Treffen. Wenn sie nicht von »den Märkten« diktiert werden.

Raus aus den Kabinetten, ans Licht! Das Arkane, das Geheime öffentlich zu machen, war Ziel der bürgerlichen Emanzipation. Offen sollten die Regierenden ihr Tun rechtfertigen, offen wollten die Bürger danach fragen, offen sollten beide einander widersprechen. So stellten sie sich die Grundlagen einer würdigen Bürgergesellschaft vor.

Wer in Österreich offen argumentiert, gilt als dumm. Ein Staatssekretär versicherte mir, gäbe er sein politisches Ziel bekannt, brauche er mit den Betroffenen gar nicht mehr zu verhandeln. Der Direktor des öffentlich-rechtlichen Rundfunks, peinlich berührt von meiner Frage, teilte mir mit, das gesellschaftliche Ziel seines Unternehmens werde er erst definieren, wenn er in Pension sei. Undenkbar, dass hierzulande Parteien – wie in Deutschland – bekanntgeben, mit wem sie nach der Wahl koalieren wollen. Blöd ist, wer sich festlegt.

Politik ist Einsicht in die Notwendigkeiten der Wirtschaft. Das wird in Österreich traditionellerweise mit dem Dodelslogan »Geht's der Wirtschaft gut, geht's uns allen gut« ausgedrückt. Die Privatisierung der Politik bedeutet aber den Verlust ihrer Würde. Demokratische Politik ist ohne öffentliche Legitimation nicht denkbar. Die Freude, mit der sich demokratisches Personal von den Akteuren der Finanzmärkte entmündigen und demütigen lässt, könnte man mit dem Verständnis vergleichen, das ein Gefolterter seinem Peiniger entgegenbringt. Wenn die Politiker wenigstens litten! Wer an Korruption nicht glauben mag, kann das Versagen der Politiker mit Hilflosigkeit erklären. Oder sich an Weltverschwörungsthesen halten.

Einige österreichische Politiker kann man jetzt im Gerichtssaal besichtigen, angeklagt oder verurteilt wegen Korruption. Andere verschleppen ihre Anklage seit Jahren mit allen Mitteln, während sie gleichzeitig das langsame Arbeiten der Justiz beklagen. Die Staatsanwaltschaft tut, was sie kann, aber es ist nicht genug.

Vor ihr liegt in Form turmhoher Aktenberge die Hinterlassenschaft der blau-schwarzen Koalition, zumindest jene kleinen Teile, die sichtbar wurden. Die Schwarzen wollen mit der Erbschaft ihrer großen Ära nichts mehr zu tun haben, die Blauen erst recht nicht. Der Chef der Schwarzen, ein Ritter vom Heiligen Grab, bleibt farblose Gestalt unter farblosen Gestalten. Der Chef der Blauen, eine Mischung aus Eintänzer und Wehrsportler, simuliert staatsmännische Ambition, sagt Sprüche seines Ghostwriters auf und bekennt sich in einem fort zur österreichischen Nation, als bestünde nicht der innere Kreis seiner Partei aus Deutschnationalen.

Ein Pandämonium der Amt- und Würdenträger! Der Chef der Roten findet keinen Weg aus seinen anrüchigen Allianzen mit Boulevardmedien. Längst haben sie in seiner Partei die Politik ersetzt, die Technik des Machterhalts scheint jede Entpolitisierung zu rechtfertigen. Die blassen Grünen konnten durch lifestylebetonte Auftritte ihrer Spitzenkandidatin und geschickte Selektion von gendergerechten Minderqualifizierten ihren Wählerzulauf in Grenzen halten, siegen aber neuerdings in der Provinz.

Dort sterben die Potentaten feudalen Zuschnitts aus, absolute Mehrheiten werden von der Regel zur Ausnahme. Im Sonderfall Kärnten bewährte sich neben Autokratie jahrzehntelang die Verhöhnung des Rechtsstaats.

Alle Rechten und Rechtspopulisten machen sich auf pauschale Weise gegen Europa wichtig, was auf der Gegenseite, bei Roten, Schwarzen und Grünen, eine ebenso diffuse Verteidigung Brüssels nach sich zieht. Besser kann sich Europa nur noch selbst in Misskredit bringen.

Frank Stronach, der steirische Werkzeugmacher, in Kanada zum Milliardär geworden, kauft sich Anzeigen, Medienpräsenz und eine Parlamentsfraktion, damit ihn das öffentlich-rechtliche Fernsehen im Wahlkampf nicht ignorieren kann. Je schlechter er sich benimmt, je mehr ihn die Journalisten verachten, desto mehr schließt ihn das Publikum ins Herz. Wenn das Politische unpolitisch wird, werden antipolitische Figuren stark.

Rot-weiß-rot auf tausend Backen. Als der Kabarettist Lukas Resetarits am 8. November 2012 im Marmorsaal des Bildungsministeriums sein obligates Ehrenzeichen erhielt, bezog er sich in seiner kurzen Dankesrede auf mich. Er sei wie ich ein »paradoxer Patriot«. Man möchte darauf stolz sein und müsse sich doch fortwährend schämen für dieses Land und seine Repräsentanten, während man zugleich um dessen bessere Möglichkeiten wisse.

Schamgefühle sind rote Gefühle, sagt der Philosoph Bernard Williams[1], sie lassen uns erröten, weil uns andere anschauen oder wir uns in die hineindenken, die uns anschauen. Weiße Gefühle hingegen lassen einen erbleichen – man schaut in sein Inneres und wird blass. Österreich mit den Augen des verqueren Patrioten betrachtet: rot-weiß-rot.

Rot-weiß-rot, geschmiert auf tausend Backen. Unser Wintermärchen. Die Ski-Weltmeisterschaft. Ein Festival der Schleichwerbung, angeführt vom Präsidenten, dem des Skiverbands, nicht der Republik, das Logo der eigenen Firma in die Kappe eingestrickt. Und hoch auf dem Horizont, auf der Kante vor dem Steilhang der Planai, die riesige Skulptur der Milka-Kuh. Kein Medium, das sich daran stieße. Aus dem Ausland ergießt sich weniger Kritik als freundliche Ironie über diese unverschämte, ja, würdelose Geschäftemacherei. Ultimative Demütigung: Die sind ja so herzig, die Österreicher.

Während einer Sportübertragung ruft mir ein Kernbua aus dem Fernsehen zu: »Die Stimmung ist genial!« Täglich wird einem atemlos die Genialität dieser Stimmung versichert. In zunehmender Frequenz hauchen sie in die Kamera, wie genial, die Stimmung, einfach genial. Und so perfekt organisiert. So fair das Publikum. Sogar bei Ausländern wurde applaudiert. Filzhut ab vor uns. Gäbe es so etwas wie ein Stimmungsbrutalnationalprodukt, wir wüssten, wer die Weltstatistik anführen würde.

Einst wegen Doping aus dem aktiven Renngeschehen verbannt, ist der Kernbua längst wegen guter Laune, flotter Sprüche und Dauerpräsenz in den Spots seiner Sponsoren vom Sender rehabilitiert und wirkt nun als Co-Kommentator erzieherisch auf das Publikum ein. Er hat ja nie gedopt, nur zu viele Müsliriegel gegessen.

Die sportlichen Leistungen waren großartig! Ein Triumph für die schnulzenbezuckerte Region! Hoamatgfühl! I am from Austria! Diese heimliche Nationalhymne des Sängers Rainhard Fendrich dient einer Käsewerbung als Jingle, niemand scheint das für unwürdig zu halten. Ein andächtig buckelnder Reporter kündigt in seiner Moderation »den Teufelskerl« an. Der Teufelskerl, das wissen alle aus einem ad nauseam wiederholten Werbespot, ist der ehemalige Abfahrtsweltmeister Hartmann »Harti« Weirather. Der Kernbua und ein anderer Weltmeister sehen sich eine Aufzeichnung von dessen Weltmeisterfahrt 1992 auf dem Handy an, damals rief der Reporter: »So ein Teufelskerl!« Der Kernbua: »Wenn ma vom Teufelskerl redt, is er scho do ...« Auftritt der Teufelskerl, stößt an mit Bier, fertig.

So greift eins ins andere, Werbung, Kommerz, öffentlich-rechtliches Fernsehen. Im Zivilberuf ist der Teufelskerl zuständig für das Aufstellen der Werbetafeln im Gelände. Werbung, Event, Patriotismus und Idiotie fließen nahtlos ineinander über. Die Zeit vergeht, dieser Fluss strömt immer fort. Im März

1998 führte ich mit Gerhard Zeiler, dem Generalintendanten des ORF ein Gespräch. Unter anderem das Thema: die Milka-Kuh. Ihr Anblick, aufdringlich ins Bild gerückt, gehe mir auf die Nerven, erlaubte ich mir zu bemerken. Zeiler sprang auf und schrie ziemlich aufgebracht: »Dann, bitte, gehen Sie zum Weltcupkomitee der FIS, schauen Sie, dass die Milka-Kuh nicht mehr im Bild ist! Das bestimmen ja nicht wir, dann müssen Sie denen aber auch die 500 Millionen Schilling, die Milka dafür zahlt, auf die Hand geben, sonst werden Sie dort rausfliegen. (...) Wenn das alles nicht sein soll, ich aber Hermann Maier sehen will, und zwar jede Minute des Hermann Maier, dann muss ich die Gebühren verdoppeln. Oder ich halte meinen Mund. Schlicht und einfach. Sonst die Milka-Kuh. Das Leben ist nun mal in Wirklichkeit manchmal sehr simpel. Das Mundhalten mein' ich natürlich nicht persönlich.« Ein öffentlich-rechtlicher Intendant, der Schleichwerbung aggressiv verteidigt – ein Teufelskerl. Bekanntlich machte er Karriere beim Privatfernsehen. Das empfohlene Mundhalten bei gleichzeitiger Erregung von Lärm ist längst zum Normalfall geworden.

Manche Dinge bessern sich nie. Das öffentlich-rechtliche Wesen zum Beispiel. Überhaupt österreichische Medien. Durch ihr Wesen, ihr bloßes Dasein verletzen sie die Menschenwürde. Korrupte Praktiken sind auf einem zerstörten Markt an der Tagesordnung. Verglichen damit gehört Product Placement ins Reich der Saubermänner. Medienkorruption hat in Österreich Tradition. Mitunter fühlt man sich an die 1920er Jahre erinnert, an den Fall Imre Békessy, als Finanz und Medien kriminelle Allianzen eingingen. Und nun verschärft die Digitalisierung die Lage.

Ich muss mich ermahnen. Zurückhaltung ist die edelste Haltung! Nicht pauschal werden. Würde bewahren!

Staatliche Würde. »Rhetorisch gesehen ist Würde als Element der öffentlichen Wirkung heute eher obsolet«, konstatiert das Historische Wörterbuch der Rhetorik. Allenfalls als »Pseudo-Phänomen« hoheitlicher Inszenierungen wie Staatsakte komme rednerische Würde noch vor, als Camouflage, als Inszenierung, als Oberfläche, die von den entscheidenden Vorgängen ablenkt.

Es gibt aber Redner, die vor allem mit ihren Reden etwas zu bewegen vermögen. Erinnert sei an den amerikanischen Präsidenten. Bei dessen erfolgreichen Reden spürt man das Bedürfnis nach öffentlicher Wirkung. In der Hohlheit öffentlicher Darbietungen liegt Entwürdigung: Dass Staatsleute nur mehr ängstlich darauf achten, nichts zu sagen, was sie festlegt oder was gegen sie verwendet werden könnte, wertet auch ihr Publikum ab. Der Wettbewerb um Vortrefflichkeit, einst Kennzeichen der öffentlichen Sphäre, ist zum Versteckspiel der Macht herabgesunken. Die deutsche Kanzlerin ist Weltmeisterin in dieser Disziplin.

Staaten haben ihre Würde. Davon ist meist wenig zu sehen. Was erfreulich sein kann, falls staatliche Würde etwas ist, das im Krieg verteidigt werden soll. George W. Bush führte gern den hohen Wert der »unverhandelbaren menschlichen Würde«[2] im Mund, wenn er daranging, mit gefälschter Evidenz Stimmung für den Irakkrieg zu machen. Bekanntlich wurde in diesem Krieg von Abu Ghraib bis Guantanamo diese Menschenwürde systematisch verletzt.

Der Verlust staatlicher Würde ist schlecht, wenn man an einen kleinen Staat denkt. Gerade seine Bedeutungslosigkeit sollte es einem Staat wie Österreich ermöglichen, unter den anderen Staaten eine anständige Rolle zu spielen. Würde das den Ansprüchen seiner Bürger entsprechen? Die sind anspruchslos, was Würde betrifft.

Kein Aufstand war zu bemerken, als Österreich durch Schlaucherl-Separatabkommen mit der Schweiz und Liechtenstein seine Steuersünder amnestierte, sich ein paar Steuermillionen sicherte und damit andere europäische Staaten auf der gemeinsamen Jagd nach Steuerhinterziehern brüskierte. Keine Empörungswelle läuft durchs Land, wenn seine Finanzministerin auf der europäischen Bühne den Rüpel gibt. Ihr Trinkwasser lässt sich unsere Republik niemals nehmen, ihre Würde – bittesehr.

Das Leben, eine Entwürdigung. Wessen Verdienste werden denn angemessen gewürdigt, im Job oder sonstwo? Überall Diskriminierungen aufgrund von Geschlecht, Rasse, Alter, Nationalität, mangelndem Vermögen oder körperlichem Zustand. Das Leben ist eine Zumutung, eine permanente Despektierlichkeit, eine öffentliche Kränkung. Fast alle leiden wir unter Entwürdigung, aber Würde ist im Kampf gegen dieses Leid nicht dienlich. Würde ist als Parole nicht zu gebrauchen.
Die Massendemokratie schürt den Massenverdacht und verdrängt ihn gleichzeitig. Wir werden mit Industrieware abgespeist, am Ende zahlen wir eine Rechnung, als wären wir in einem Luxusrestaurant gewesen. Die Drohung, dass der Schwindel auffliegt, die Wirte immer reicher, die Gäste immer ärmer werden, hängt in der Gaststube. Einige Gäste protestieren. Aber die Masse ignoriert sie. Frage: Wann geht es den Leuten schlecht genug, dass sie die Protestrufe nicht mehr an sich vorbeirauschen lassen? »Indignez-vous« heißt nicht: Empört euch. Da steckt *dignité* drin, die Würde. Von Stéphane Hessel bis zum Soziologen Wolfgang Streeck wird es so übersetzt: Fühlt euch entwürdigt und tut etwas dagegen![3]
Wann entsinnen wir uns der Würde? Wenn es dem Ende zugeht. In Würde sterben möchten wir alle. Selbst wenn wir noch nicht genau wissen, was das ist, hat Würde offenbar mit der Möglichkeit von Selbstbestimmung zu tun, mit Freiheit, Achtung und Selbstachtung. Die meisten von uns wollen

nicht an Apparate angeschlossen wegdämmern, wollen nicht Ärzten und Pflegern ausgeliefert sein, mit denen wir nicht kommunizieren können, wollen nicht das Ende so kommen sehen, wie die Anstalt es für uns geplant hat.

Wo viel von Würde die Rede ist, kann man den Verdacht nicht abweisen, es sei deswegen, weil es zu wenig von ihr gibt. Die rhetorische Überproduktion wird begleitet von einem realen Mangel. Vom dumpfen Gefühl, man gehe fortwährend seiner Würde verlustig, werde unter seinem Wert geschlagen, müsse sich Dinge zumuten lassen, die unter der eigenen Würde sind. Und das Schlimmste – man lässt sie sich zumuten. Was soll man sonst tun?

Republik ohne Würde? Kann das nicht einfach bedeuten: Republik ohne Stil, Republik ohne Rechtschaffenheit, Republik ohne Welt (also Provinz), Republik ohne Anstand, Republik ohne Willen, Republik ohne Ziel, Republik ohne Mut, Republik ohne Sinn?

All das kann es. Also müssen wir fragen, was das ist, Würde. Wie der Begriff entstanden ist, wie er sich gewandelt hat. Würde wird jedem Menschen zugesprochen, sie ist als Menschenwürde positives Recht, seit 1948 in der UN-Menschenrechtskonvention global kodifiziert und zum Rechtsanspruch geworden, zum in Verfassungen verankerten Rechtsgut.

Ist Würde etwas, das jeder beanspruchen kann? Oder ist sie etwas, das man sich, wie im antiken Rom, erst verdienen muss, auch wenn es einem aufgrund der gesellschaftlichen Position zukommt? Ist Würde eine öffentliche Zuschreibung oder eine private, hart erworbene Tugend? Wo ist der Unterschied zwischen Menschenwürde und Würde?

Menschenwürde ist ein Rechtsbegriff, zugleich ist Würde eine zentrale ethische Kategorie. Was mich an der Würde interessiert: Sie ist kein politisch korrekter, schon gar kein modischer Begriff. Respekt, Achtung, Selbstermächtung, ja – aber Würde? Sie alle gehören selbstverständlich zum Umfeld von Würde. Denn Würde setzt die Freiheit des Menschen voraus, seine Handlungen und Entscheidungen selbst zu bestimmen. Wollte man Rousseaus berühmten Satz aktualisieren, dass der Mensch zwar frei geboren ist, aber überall in Ketten liegt, könnte man vielleicht sagen, dem Menschen werde zwar überall so etwas wie Würde zugesprochen, aber diese Würde sei immer seltener anzutreffen.

Es lohnt sich, der Entwicklung des Begriffs der Würde nachzugehen. Wie sich Würde vom antiken Rangbegriff zum Synonym für »Amt« entwickelt, zugleich aber immer auch jenes Moment individueller Würde enthält, das Rangordnungen unterläuft: Würde kommt nun einmal jedem Menschen zu, egal ob er in Amt und Würden ist.

Erstaunlich, wie die katholische Kirche Würde jahrhundertelang als Parole der Unterordnung gebrauchen konnte und wie doch aus ihrem Schoß jene Gelehrten krochen, die mit Hilfe des Begriffs Würde Herrschaftsinstanzen unterminierten und schließlich umstürzten.

Bereits kurz nachdem er seine höchste Hebelkraft entfaltet hatte, wurde der Begriff leer, zur bloßen »Leerformel«[4], wie der Privatgelehrte Panajotis Kondylis trocken konstatierte. Ihre Kraft entfaltete Menschenwürde in ihrer Wirkung auf die Verfassungen der amerikanischen und der Französischen Revolution und 1948 in der Erklärung der Menschenrechte durch die Vereinten Nationen.

Andererseits markiert Würde Defizite: Wir spüren, dass etwas fehlt. Wir verlangen Würde vom Staat, aber auch von der Gesellschaft, wir verlangen sie von einzelnen Politikern, von Staatsschauspielern, wie immer man die nennen will. Wir sollten sie auch von den Bürgerinnen und Bürgern verlangen, wir sollten sie uns selbst abverlangen. Auf Würde kann man sich nur berufen, wenn man in Bedrängnis ist und eine In-

stanz hat, an die man appellieren kann. Unbedrängt hingegen muss man sich seine Würde verdienen.

Woran machen wir die Erkenntnis fehlender Würde fest? Was
ist es, das sie uns erkennen macht? Stehen uns unerfüllbare
historische Phantombilder vor Augen, imperiale Flausen, die
uns unter heutigen Bedingungen unerfüllbare Dinge wünschen lassen?

Sollte man, um im Fragemodus zu bleiben, analog zur Idee
des im Königreich Bhutan aufgekommenen Bruttonational-
glücks eine Art Bruttonationalwürde ins Auge fassen? Ein
Würdebudget aufstellen? Ob das anfallende Würdedefizit
leichter zu beseitigen wäre als das monetäre, darf bezweifelt
werden.

Phrasenskepsis. Sie ist angebracht, wenn von Würde, Men-
schenwürde zumal, die Rede ist. Ich erzähle von meinem
Thema. Der Politikredakteur hebt gelangweilt die Braue:
Würde? Wen interessiert das? Das will man doch nicht lesen.
Zitierfaktor null, Twittereffekt hämisch, wozu Zeit verschwen-
den? Der Feuilletonredakteur zeigt mehr Verständnis. Klar, im
Feuilleton mögen sie die weichen Themen, für Facetten von
Achtung und Verachtung haben sie dort ein Näschen. Der Ge-
schäftsführer findet das Thema »pastoral«. Was für einen
Event soll das hergeben, eine Diskussion mit dem Kardinal?

Der Erziehungswissenschaftler ist wirklich interessiert, erfasst gleich die Schwierigkeiten der Definition, nennt ein paar
verwandte Begriffe, Achtung, Respekt, Anerkennung, steuert
Hinweise auf Bücher bei. Die Philosophin freut sich, dass ich
mich auf einen ethischen Grundbegriff einlasse. Der Verleger
sagt, so ein Buch wolle er lesen, aber das sagt er immer. Der
Lektor sagt, du hast Recht, wenn du meinst, etwas fehlt: Dir
fehlt die Würde, mir das Manuskript!

Öffentliches Stilversagen als institutionelle Demütigung darzustellen – geht das? Oder stilisiere ich nur eine von mir individuell empfundene Kränkung zur Demütigung? Nein, jedes Mal, wenn ich Stilversagen kritisiere, erhalte ich besonders viel Zuspruch, Briefe, Anrufe. Beweist nichts, aber andere spüren das Defizit genauso wie ich. Merkwürdiger Kontrast: Nur die Politiker tun, als wäre alles in bester Ordnung.

Kann man Packelei, Korruption, Funktionsverluste der Politik als »institutionelle Demütigung« (Avishai Margalit) des Publikums bezeichnen? Das sinkende Ansehen der Politik ist eine Folge des Funktionsverlustes, nicht von fehlender Würde. Oder bedingt eines das andere? Jedenfalls kann ich, seit ich mich dieses Themas angenommen habe, seit sich dieses Thema mich genommen hat, kaum mehr etwas lesen, ohne auf Würde zu stoßen. Der Würdetunnelblick.

Ich werde versuchen, die Entwicklung dieses Begriffs zu beschreiben. Und ich werde mich zur Buße für dieses mit Sicherheit ledig zu lesende Kapitel entblößen und Episoden aus meinem Tagebuch der laufenden Entwürdigung einfügen. Mit Bekenntnissen ist zu rechnen.

Noch eins. Wer sich intensiv mit dem Begriff der Würde auseinandersetzt, wird für einen gehalten, der auf subtile Weise Würde einfordert. Das ist nicht ganz falsch. Wer aber Würde einfordert, hat schon verloren: Würde kann nicht gewährt werden; sie ist einem gegeben, aber nur, wenn man sie sich erkämpft. Darauf können sich sogar Niklas Luhmann, Ernst Bloch und der Papst einigen.

Stoßgebet. Herr, lass es gut gehen mit diesem Begriff, der an den Sonntag erinnert, an dessen Reden, Predigten und an Gebete. Deswegen die Form. Per innerem Stoßgebet verkehre ich gern mit mir, wenn es eng wird, wie es katholisch Erzogene selbst dann noch tun, wenn sie vor Jahrzehnten vom Glauben abgefallen sind.

Sie reden mit sich selbst. Herrgott, das bin ja ich. Mein innerer Don Camillo und sein Kreuz. Verhindere also, Ich, dass ich salbungsvoll werde oder sentimental. Lass mich weder romantisch glotzen noch Skeptikergeblök nachblöken.

Lass mich nicht aus dem Thema verschwinden. Die Würde nicht zu verlieren scheint mir mit Fortdauer des Lebens immer wichtiger. Es ist mir wahrscheinlich immer schon wichtig erschienen, denn was war denn die Achtung oder Missachtung der anderen als die Bestätigung meiner Würde (oder der Zweifel daran)? Was war das trotzige jugendliche Versprechen, das man sich selber gab, niemals ungerecht zu werden, nicht solche Ungerechtigkeiten zu begehen, wie man sie selber gerade zu erdulden hatte, wenn nicht Ringen um Selbstachtung? Anerkennung durch andere sollte nicht verlogen oder falsch sein, aber wer vermöchte das immer genau zu unterscheiden? Würde: Man versucht, für sie zu leben und nicht daran zu verzweifeln, dass man dabei immer wieder scheitert. Hilf mir, Ich, dass ich das Existentielle an diesem Kampf um Würde nicht unterschlage, nicht das Hypokritische, das dazugehört, und das Brutale, weil eigene Würde oft so lange auf Kosten fremder geht, bis sie es gewahr wird.

Gib mir einen unbarmherzigen Blick für mich selber, aber mach, dass ich mich dabei nicht in den Vordergrund dränge. Lass mich so von mir selbst reden, dass es erträglich ist. Hilf mir durch zwischen der Skylla aus anbiedernder Kleinmannssucht und der Charybdis aus medial entgrenzter narzisstischer Hysterie.

Erspar mir nicht die Anstrengung der Begriffsgeschichte und hilf mir, sie spannend zu machen. Bewahre mich vor jener Packpapiersprache der Philosophen, die Heinrich Heine Immanuel Kant zu Unrecht ankreidete.

Bewahre mich davor, mich in den österreichischen Beispielen der Unwürdigkeit, Selbstherabwürdigung und Entwürdigung zu suhlen. Kläglich, peinlich, genant, gewiss. Man kommt an ihnen nicht vorbei. Aber es geht immer noch schlimmer. In Indien verteilt die Rechte Messer an Frauen, bei uns macht sie nur schlechte Reime (obwohl auch das ein schweres Vergehen ist). Im indischen Karnataka werden Abgeordnete beim Pornokonsum auf dem Handy ertappt, bei uns twittern sie nur eitel und blöd in der Gegend herum. In China sind Politiker so korrupt, dass sie sogar am Kärntner Wesen genesen könnten. Wer sagt, dass Österreich nicht besserungsfähig wäre? Seine Würde finden könnte?

Das schlimme Fremde macht das Eigene nicht besser. Politiker sind Menschen, die nach Anerkennung lechzen, gefangen in den Mechanismen der Nichtanerkennung. Die unwürdigsten der Korrupten hatten ihren Antrieb in der schnellen Anerkennung, in der Lust auf den Glanz des Erfolgs, der ihnen neben Geld auch Würde versprach. Korruption sucht Verdunkelung und Illustriertenglanz zugleich. Lass mich diese Leute weder verabsolutieren noch ihnen die Absolution erteilen!

Im geistigen Speckgürtel. Würde schließt nicht aus, dass einem eine Bürde auferlegt wird. Kommt immer darauf an, wie. Die Bürde der Armut hindert einen ganzen Subkontinent Indien nicht daran, sich würdevoll zu verhalten, zumindest würdevoll zu erscheinen, obwohl gerade der Hinduismus der indischen Kastengesellschaft kein Konzept der Menschenwürde hat. Und bittere Armut den Menschen die letzte Würde raubt. Was wir da für Würde halten, wenn wir die Ärmsten barfuß, aber aufrechten Ganges daherkommen sehen, ist vielleicht eher ein anmutiger Verzicht, gegen die Verhältnisse aufzubegehren, die zum Höchsten entwickelte Kunst, seine Last ohne Unmut zu tragen. Andererseits dürfte die Erscheinung von Würde von ihrem Wesen nicht zu trennen sein. Würde ist auch »die nach außen sichtbare Gestalt der Selbstachtung«[5]. Es geht uns zu gut, als dass wir in Würde existieren möchten.

Uns ist sozusagen ganz kannibalisch wohl. Im Gegensatz zu Indien, wo die Mehrheit der Menschen ihr beklagenswertes Los mit Würde trägt, lässt sich in den USA und Europa das Gegenteil wahrnehmen. Selbstentwürdigung im Überfluss, ja, öffentliche Selbstentwürdigung mit Lust. Friedlich wesen wir im geistigen Speckgürtel vor uns hin.

In diesem geistigen Speckgürtel gedeiht das Gefühl moralischer Überlegenheit. Als Ende 2012 eine junge Inderin von sechs Landsleuten bestialisch vergewaltigt und getötet wurde, quollen Feuilletons und Foren über vor Bekundungen, wie schlecht es um die Rechte der Frauen in Indien stehe, wie sexuelle Belästigung dort an der Tagesordnung sei undsoweiter. Schüchterne Einwände, dass in Berlin sechsmal so viele Vergewaltigungen gemeldet würden als in New Delhi, wo der grausame Mord geschehen war, fielen nicht ins Gewicht. Dann sei die Dunkelziffer nicht gemeldeter Fälle eben höher, hieß es.

Kehrt man aus einem der indischen Staaten heim, kommen einem am Flughafen hässliche, schwitzende, bleiche, aggressive Gestalten entgegen. Eine fettige, eklige Welle der Würdelosigkeit verschlägt einem den Atem. Subjektiv erlebt, gewiss. In Indien geschehen auch allerschlimmste Scheußlichkeiten.

In den USA kann man den Eindruck allgemeiner Würdelosigkeit noch stärker haben als bei uns; aber wir holen auf. Unvergessen bleibt mir der Eindruck, den der Anteil des Grunzens und anderer lautmalerischer Elemente in der alltäglichen Konversation hinterließ, als ich Ende der 1960er Jahre in den Vereinigten Staaten lebte. Mittlerweile wird bei uns genauso intensiv gegrunzt, gestöhnt und gemampft wie drüben. Und alle sind wir immer leger, in Freizeitkleidung, off duty.

Ich suche einen Text von Karl Kraus. Ich weiß, es gibt diese Szene im Kaffeehaus, in den »Letzten Tagen der Menschheit«. Der Nörgler sieht, wie der Ober einen Kreuzer aus dem Spucknapf fischt, und er fragt: »Wo bleibt die Menschenwürde?« Der Ober aber missversteht ihn, meint, er frage nach einer Illustrierten, und antwortet: »Bedaure, die ist in der Hand.«

Ich weiß, dass es diese Szene gibt, ich habe sie gelesen, zitiere sie gelegentlich im Gespräch. Ich durchstöbere sämtliche Kaffeehausszenen der »Letzten Tage ...«, aber ich finde sie nicht. So etwas kann man sich doch nicht einbilden? Eine der vielen Möglichkeiten des Autors, seine Contenance einzubüßen. Das grenzt an Würdeverlust. Schlechtes Selbstgefühl. Er findet das Zitat nicht, von dem er sicher war, es mit einem Griff zur Hand zu haben.

Er blattert das Buch durch, einmal, zweimal. Er wühlt in seinen Notizen. Noch einmal das Buch. War es dieses Buch? Vielleicht ein anderes. Der Schreibtisch sieht bereits beunruhigend aus. Muss er an seinem Verstand zweifeln? Muss er aufgeben und ganz etwas anderes machen? Digital findet er das Zitat auch nicht. Gewalt gegen Maschinen, die Rache der digital Gedemütigten, häufiger als man denkt, drängt sich auf, verbietet sich aber in seinem Fall.

Noch einmal das Netz, Quelle und Hort zahlreicher Entwürdigungen. Es bietet auch die ganze *Fackel*, sie lässt sich jetzt durchsuchen, ist zu jenem Stoffsteinbruch geworden, den der Autor keinesfalls hinterlassen wollte. Dann endlich ist sie gefunden, die Szene. Sie stammt nicht aus dem Drama, sondern aus einer meisterhaften Glosse. »Die Stellung des Künstlers zur Menschheit ist noch immer nicht geklärt. Entweder ist ihre Würde in seine Hand gegeben oder es faßt ihn ihr ganzer Jammer an. Fühlt er aber die Identität dieser beiden Möglichkeiten, so macht er sich unmöglich. Ich habe mich viel und eingehend mit der Menschenwürde beschäftigt, habe in meinem Laboratorium die verschiedensten Untersuchungen darüber angestellt, und muß bekennen, daß die Versuche in den meisten Fällen schon wegen der Schwierigkeit der Beschaffung des Materials kläglich verlaufen sind. Die Menschenwürde hat die Eigentümlichkeit, immer dort zu fehlen, wo man sie vermutet, und immer dort zu scheinen, wo sie nicht ist.«

In derselben Glosse steht der berühmte Satz: »›Würde‹ ist die konditionale Form von dem, was einer ist.« Mit diesem Witz können wir uns nicht beruhigen, denn gleich folgt der Satz: »Wenn aber Würde nicht wäre, gäbs keine Würdelosigkeit.« Und dann kommt es: »Die Überwindung der Menschenwürde ist die Voraussetzung des Fortschritts. Ich habe sie in allen Situationen gesehen. Sie glaubte sich unbeobachtet: und ich sah, wie ein Kellner vor einem Trinkgeld, das ein Gast auf dem Tisch zurückgelassen hatte, sich verbeugte und ›Ich danke vielmals‹ sagte. Ein anderes Mal bemerkte ich, wie er sich bückte, um eines Kreuzers, der in einen Spucknapf gefallen war, habhaft zu werden. In einem doppelten Symbol faßte mich der Menschheit ganzer Jammer an. Wo ist die Menschenwürde? fragte ich. Jener verstand schlecht, glaubte, ich verlange eine abgegriffene illustrierte Zeitung, und sagte: Bedaure, sie ist in der Hand!«[6]

Ich: die letzten drei Buchstaben von Österreich.

Ich ohne Würde

Es war kurz nach meinem fünfzigsten Geburtstag. Dieser Tag
markiert das Überschreiten jener Grenze, die einen vom Emp-
fang gewisser österreichischer Würden trennt.

Das Telefon läutete. Der mir von der gemeinsamen Arbeit an
einem Interviewband mit dem Kanzler Franz Vranitzky bekannte
Kanzlersekretär wurde durchgestellt. Er war nach dem Rücktritt
Vranitzkys im Kabinett Klima verblieben und bearbeitete dort
nun kulturelle Angelegenheiten.

Wir kannten uns gut genug, es brauchte keine langen Prälimi-
narien. Der Grund seines Anrufs sei ein erfreulicher, sagte er.
Die Republik und deren Kanzler, in dessen Namen er mich
anrufe, wollten mich, da ich nun ernennbar sei, ernennen. Und
zwar zum Professor.

Mir blieb die Luft weg. Mit allem hatte ich gerechnet, damit
nicht. Mit dem Professorentitel hatte ich bis zu diesem Tag nur
spöttische, hämische, abwertende Gedanken verbunden. Er
wird allen möglichen Tunichtguten umgehängt, die als Schnitt-
lauch auf der österreichischen Suppe um die Wette nach den
Plätzen in den Fettaugen schwimmen. Ihren Titel führen sie, als
wäre er ein akademischer Grad. Nie hätte ich diesen Schmal-
spurprofessor, wie man ihn nannte, irgendwie mit mir in Beziehung gebracht. Nicht, dass ich eine Großspurexistenz führe.
Aber obere Mittelspurweite schreibe ich mir schon zu.

In mein Schweigen hinein erklärte der Sendbote des Kanzlers,
es stehe eine Überlegung hinter der Verleihung. Hans Mahr,
langjähriger Geschäftsführer der *Kronen Zeitung* und vormaliger
Mitarbeiter der SPÖ, der sogenannte Mahrhansi, bekannt

dadurch, dass er im Wahlkampf 1983 eine Aktentasche vergessen hatte, in der sich Unterlagen über die Finanzierung von
Medien der Brüder Fellner durch die SPÖ befanden, dieser
Mahrhansi, nunmehr angesehener und hochbezahlter Manager beim deutschen Medienkonzern RTL, habe gewissermaßen
darauf gedrängt, mit diesem Titel ausgezeichnet zu werden.
Diesem Drängen habe man weder widerstehen können noch
wollen, handle es sich doch beim sogenannten Mahrhansi nicht
nur um einen mächtigen Medienmanager, sondern auch um
einen verdienten Genossen.

Freilich, fuhr der Kabinettsmitarbeiter des Kanzlers fort, habe
man gleich bemerkt, dass diese Ernennung in den Augen man-
cher einen etwas merkwürdigen Beigeschmack haben könnte,
zumal der Boulevard, für den der sogenannte Mahrhansi tätig
gewesen sei, zum Aufstieg des Jörg Haider beigetragen habe,
den zu bekämpfen sozusagen einen Wesensinhalt und Daseins-
grund der Sozialdemokratie darstelle. Weiters habe sich das
Blatt des Mahrhansi für Waldheim starkgemacht, gegen den
sich sein vormaliger Chef, der Kanzler Franz Vranitzky, so sehr
bewährt habe. Auch sei der Unterrichtsminister Rudolf Scholten
von dem Mahrhansiblatt in einem Spottgedicht antisemitisch
beschimpft worden, all das habe man nicht vergessen. Wobei
man wohl wisse, dass das, wenn nicht gegen den Willen des
Mahrhansi, so doch bei dessen vollkommener Mentalreservation geschehen sei, sodass man den Mahrhansi nicht für das
auszeichne, was er getan, sondern für das, was er gedacht habe,
denn gegen den Willen des Herausgebers des Mahrhansiblattes
kam bekanntlich niemand an. Ich selbst hätte das oft genug
geschrieben.

Ich habe meines Wissens nichts geschrieben, was das Tun des
Mahrhansi rechtfertigt, sagte ich. Ich habe ihn als junger
Mensch nur einmal kennengelernt, als der Mahrhansi, damals
Reporter, über einen besetzten Kulturraum berichtete, die
Arena 70/2 in der ehemaligen Casanovabar – ich war einer der

Besetzer –, und in seinem Artikel einen Satz von mir mitteilte, in dem kein einziges Wort von den Wörtern stand, die ich dem Mahrhansi gespendet hatte, sodass der gedruckte Satz genau das Gegenteil von dem bedeutete, was ich gesagt hatte. So ist Journalismus, dachte ich damals. Mit diesem Drecksgewerbe will ich unter keinen Umstände je zu tun haben. Nun, da mich die Umstände zum Journalisten gemacht hätten, wolle ich gerne wissen, was ich mit dem Professorentitel des Mahrhansi zu tun hätte, fragte ich, noch immer um Fassung ringend.

Na, du stehst für das Gegenteil von alledem, wofür er steht, sagte der Kanzlersekretär vergnügt. Deshalb dachten wir, es wäre eine gute Idee, die Dekorierung des Mahrhansi mit der gleichzeitigen Ernennung deiner Person zum Professor zu konterkarieren.

Aha, dachte ich, da ist sie also wieder, die fortschrittliche Kultur-politik. Ein Professorentitel für mich ist das, was man eine mutige Geste nennt. Die Neutralisierung des Mahrhansi. Gleich-zeitig fiel mir meine Mutter ein. Mein Vater lebte noch, aber der hatte zu Ehrungen dieser Art eine gesunde Beziehung. Er pflegte sie, wenn möglich, brüsk abzulehnen. Mein Professoren-titel wäre ihm nur dann nicht egal gewesen, wenn er seiner Frau oder mir Freude bereitet hätte. Meine Mutter, das wusste er, kannte diesbezüglich keine Bedenken, die freute sich über so was. Die wäre stolz gewesen. Einen Professorensohn konnte man herzeigen, auch wenn es ein Schmalspurprofessorensohn war. So einen hatte nicht jede.

Ich weiß nicht, sagte ich ihm. Kann man das auch ohne Zeremo-nie machen, im kleinen Kreis, der Kanzler, du und ich, meine Frau und meine Mutter, im Kaffeehaus zum Beispiel oder in sei-nem Büro?

Man könne über alles reden, sagte der Kabinettsmitarbeiter, der sich um den öffentlich-politischen Neutralisierungseffekt der Mahrhansi-Ernennung gebracht sah. Der Mahrhansi würde sei-nen Professor »mit alles« feiern, soviel war gewiss, mit Seitenblicke-Kolumnen, Dogudan-Buffet und Fernsehen satt. Und das Kanzleramt musste mitmachen, da half nichts.

Am anderen Ende der Leitung britzelte Irritation über meine unerwartete Undankbarkeit. Da will man dem Kerl was Gutes tun und der zickt herum.

Ich erbat Bedenkzeit und beendete das Gespräch. Ich hatte nicht Ja und nicht Nein gesagt, aber die Katze war aus dem Sack, saß in Gestalt eines virtuellen Professors auf meiner Schulter und sah mir beim Schreiben zu, hörte meine Telefonate mit, ging mit mir in die Öffentlichkeit. Wie gefällt er euch, fragte ich die Leute probeweise und stellte mir ein wenig ängstlich ihre Reaktionen vor. Würden sie mich auslachen, würden sie sagen: Endlich, wurde auch Zeit!, würden sie sagen, gut, dass nicht nur solche wie der Mahrhansi Professor werden, oder würden sie, was ich für wahrscheinlicher hielt, sagen: Hast du das nötig, dich mit dem Mahrhansi auf eine Schmalspurstufe stellen zu lassen?

Es dauerte keine Woche, da rief mich ein Beamter des Bundeskanzleramts an, Abteilung I/1: Allgemeine Präsidialangelegenheiten, Protokoll, Zeremoniell-, Etikett- und Rangfragen, Veranstaltungsmanagement, grundsätzliche Fragen der öffentlichen Beflaggung; Auszeichnungsangelegenheiten (einschließlich der Mitglieder der Bundesregierung und der Landesregierungen), Titelverleihungen, Referat I/1/a: Zentrales Auszeichnungs- und Titelwesen.

Er war von ausgesuchter Freundlichkeit. Es gehe nur darum, die Formalitäten zu klären. Als ich ihm sagte, ich sei noch dabei, nachzudenken, ob ich die Ehrung annehmen solle, konnte er das nicht glauben. Was wollen Sie, rief er, es ist doch alles geklärt! Der Antrag müsse nur durch den Ministerrat, dann sei alles erledigt.

Ja, sagte ich, aber ich sei mir nicht im Klaren, ob ich mir das antun solle.

Antun? rief er. Was soll Ihnen das antun? Das kann Ihnen doch nur nützen! Zögern Sie nicht, von unserer Seite ist alles geregelt.

Ich vertröstete ihn. Das tat mir leid, seine Stimme und seine Sprache waren mir sympathisch gewesen. Die Freude, Würde zu verleihen, hatte ich ihm ungern verdorben.

Eine Woche später rief er wieder an. Ob ich schon mit mir im Reinen sei? War ich nicht. Meine Unentschlossenheit machte einen schlechten Eindruck. Der Beamte setzte mir jetzt ernsthaft zu. Die Prüfung meines Leumunds sei einwandfrei gewesen, teilte er mir in einem Tonfall mit, als überweise er mir eine Bonuszahlung in Höhe eines Jahresgehalts.

Hoffentlich, sagte ich, im Vollbesitz der Gewissheit meiner Unschuld (die Vorstrafe eines zu Unrecht verlorenen Medienprozesses musste längst getilgt sein).

Auch die anderen Beurteilungen meiner Würdigkeit hätten nichts zu wünschen übrig gelassen. Das sei nicht bei allen so. Ich solle nur nicht glauben, dass so eine Verleihung immer so glatt gehe wie bei mir. Die Republik schaue schon genau hin, wen sie da ehre, ohne ein Expertengutachten gehe da gar nichts. Die Auskunft über mich sei glänzend ausgefallen, das könne man wirklich nicht von allen Auskünften sagen, ich könne mir denken, was so alles daherkomme. Ich könne mir denken, wen das zum Beispiel betreffe.

Konnte ich. Den Mahrhansi natürlich.

Nein, um Gottes willen, so etwas würde er nicht einmal ansatzweise andeuten, lachte der Beamte. Er unterliege bekanntlich dem Amtsgeheimnis. Er wolle nur sagen, die Reihe der zu Professoren Ernannten stelle sich keineswegs von selbst durch Verdienst und Exzellenz auf, sie komme vielmehr nach ihm selbst undurchsichtigen Kriterien zusammen.

Ich weiß, ich bekomme jede Woche Einladungen zu den Verleihungszeremonien.

Na, dann sehen Sie, wer da aller geehrt wird. Ich kommentiere das nicht, aber Sie haben beinahe kein Recht, sich hier nicht ehren zu lassen, Sie dürfen diese Würde nicht zurückweisen!

Ich sei mir meines Zurückweisungsrechts gewiss, sagte ich. Der Professor auf meiner Schulter fand es falsch, wie ich den freundlichen Ministerialrat durch meinen Starrsinn kränkte.

Wissen Sie eigentlich, was die Leute alles aufführen, um den Professorentitel zu bekommen?

Ich wusste es nicht.

Die liegen einem jahrelang in den Ohren, machen unlautere Angebote, führen Sachen auf, die will ich Ihnen gar nicht erzählen, lassen Beziehungen spielen, ob sie welche haben oder nicht, wollen dem Amt die Handlung vorschreiben, sogar die Geschwindigkeit der Amtshandlung beschleunigen – und Sie, bei Ihnen geht alles glatt, Sie werden vom Kanzler vorgeschlagen, tun nicht einmal etwas dazu, und ausgerechnet Sie zieren sich? So etwas habe ich, ich sage es Ihnen ehrlich, noch nie erlebt.

Ich glaubte es ihm trotz der unglaubwürdigen Beteuerung seiner Ehrlichkeit. Er war viel zu aufgebracht, um zu lügen.

Das alles sei zu meinem Besten, er rate mir ernstlich, den Titel anzunehmen. Man könne nie wissen, wozu der eines Tages gut sei, er koste ja nichts, und alles sei, wie gesagt, so gut wie fertig.

Ich murmelte etwas Verbindliches, dankte ihm und sagte, ich bräuchte trotz allem noch etwas Zeit. Ich konnte ihn vor mir sehen, wie er kopfschüttelnd den Deckel zuklappte und meinen Akt ablegte. In Evidenz halten!, notierte er darauf mit Bleistift. Er rief mich nur noch einmal an, das Telefonat verlief ähnlich.

All das trug sich im Frühsommer und Sommer 1999 zu. Im Herbst 1999 wurde in Österreich der Nationalrat gewählt, mit den bekannten Folgen. Der Christlichkonservative Wolfgang Schüssel verlor die Wahl. Seine Partei, die ÖVP wurde Dritter.

Er brach sein Versprechen, in diesem Fall in Opposition zu gehen. Der sozialdemokratische Bundeskanzler Viktor Klima war Episode, Österreich hatte eine Regierung mit der Freiheitlichen Partei, Schüssel wurde Bundeskanzler. Der virtuelle Professor hatte seinen Sitz auf meiner Schulter längst geräumt. Ich dachte nicht mehr an ihn. Das Land erlebte Proteste und Demonstrationen. Aufgeregte Fassungslosigkeit und aufgeblasene Patriotismusbekundungen standen einander gegenüber. Europa war aufgeschreckt. Journalisten aus ganz Europa wollten Auskunft über den Stand des Faschismus in Österreich.

So kam ich zu einem Auftritt in den ARD-Tagesthemen bei Ulrich Wickert. Zu diesem Zweck wurde ich nach Köln geflogen, wo ich auch bei Phoenix über die österreichische Krankheit diskutierte. Am Abend sollte ich dann Wickert, der in einem Hamburger Studio saß, zugeschaltet werden. Ein Megaaufwand für zwei Minuten live, aber mir war klar, das würde es für die nächsten Jahrzehnte gewesen sein mit mir und den Tagesthemen, also nichts wie hin. Es waren meine zwei Minuten Deutschlandruhm, dafür tut man als österreichischer Intellektueller alles. Soviel zur Würde des österreichischen Durchschnittshirntiers: Stets geht es der Provinz um Anerkennung im Reich.

Ich saß im Zimmer meines Kölner Hotels, knabberte an Trockenfutter aus der Minibar, spielte auf meinem Laptop und versuchte vergebens, über den Westernstecker des Telefons eine Internetverbindung zu einem lokalen Provider herzustellen, um meine Hotelrechnung in Grenzen zu halten. So war das um die Jahrtausendwende: Wenn man nicht aufpasste, kosteten ein paar E-Mails den Preis eines Dreisternabendessens.

Das Telefon. Wahrscheinlich das Büro Wickert, das absagen ließ. Bis zuletzt war ich darauf gefasst.

Auf das nicht: Kabinett des Bundeskanzlers, die Kabinettschefin. Die nachmalige Außenministerin Ursula Plassnik, später bekannt geworden dadurch, dass sie den Beschluss über die Aufnahme

der Beitrittsgespräche mit der Türkei um einen Tag hinaus-
zögerte, um das innenpolitische Thema der für die Partei ihres
Kanzlers verlorenen Wahl in der Steiermark von der Agenda
fernzuhalten. Plassnik war mir trotzdem sympathisch, sie hat die
hemdsärmelige, gerade Art der Leute fürs Grobe und sah außerdem phantastisch aus, eine turmhohe Blondine, die noch höher
schien, wenn sie an der Seite ihres kleingewachsenen Kanzlers
auftrat.

Sie mache es kurz. Der Kanzler wolle mit mir sprechen, ob ich
bereit sei. Nur wenn es nicht um meinen abendlichen ARD-Auf-
tritt gehe, sagte ich, in Erwartung der österreichischen Üblich-
keiten. Nein, sagte Plassnik, es gehe um etwas ganz anderes. Es
gehe um die Sache mit meiner Ernennung zum Professor.

Ich musste lachen. Darüber ließe ich mit mir reden. Schwupp,
saß der verschollen geglaubte Kerl wieder auf meiner Schulter.

Ein paar Minuten später: der Kanzler. Hier Schüssel. Trotz des
Ernsts der Lage ein Hauch von Maturantenschalk in der Stimme.
Ich hatte die Geistesgegenwart, ihm zur Ernennung zu gratulie-
ren. Obwohl ich mir alles andere gewünscht hatte als seine
Regierung.

Ich wisse, worum es gehe?

Ja, in groben Zügen.

Die Sache ist die, sagte Schüssel. Morgen sei die erste Kabinetts-
sitzung der blau-schwarzen Regierung. Auf der Tagesordnung
stehe meine Ernennung zum Professor, die sei noch von der
alten Regierung dort stehen geblieben und komme routinemä-
ßig zur Behandlung. Da er meine Haltung zu seiner Regierung
kenne, wolle er wissen, was es damit auf sich habe und wie ich
mich zu verhalten gedächte.

Ganz einfach, sagte ich. Ich werde diese Ehrung nicht annehmen.

Aha. So etwas habe er sich gedacht.

Ich habe erstens diesen Titel nicht beantragt, zweitens lange
gezögert, ihn überhaupt anzunehmen, und möchte drittens

nicht von einer Regierung, die ich heftig kritisiere, wie Sie wissen, als Erstes gleich eine Ehrung annehmen. Meine Mutter tat mir leid, aber die ahnte nichts vom kleinen Mann auf meiner Schulter, der sich im Augenblick ohnehin wieder federleicht anfühlte. Auch dem freundlichen Ministerialrat, dessen Engagement ich soeben endgültig im Begriff war zu brüskieren, galt mein Mitgefühl.

Was tun wir, fragte Schüssel. Auf ihn warteten Regierungsaufgaben anderer Dimension, er ließ es sich aber nicht anmerken. Ich bin nicht Thomas Bernhard, sagte ich. Ich werde aus der Sache keinen Skandal machen. Können wir die Geschichte nicht einfach vergessen?

Antrag ist Antrag, sagte Schüssel, vergessen kann man so etwas nicht. Wir können ihn höchstens auf Eis legen.

Gut, sagte ich erleichtert, dann legen wir den Antrag auf Eis. Wir vereinbarten, darüber nicht zu sprechen. Schüssel legte auf, ich machte mich auf den Weg ins Studio, um endlich Wickert zugeschaltet zu werden. Mir war erheblich leichter.

Da lag er nun, der virtuelle Professor. Auf Eis. Jahrelang. Bis Heinz Fischer zum Bundespräsidenten gewählt wurde. Ich hatte schon vorher die eine oder andere Einladung in die Hofburg erhalten, allerdings eher selten. Nun kamen solche Karten häufiger, aufmerksamerweise begleitet von einer Wagenkarte für den Parkplatz, obwohl ich doch stets mit dem Fahrrad komme. Das Beunruhigende: Sie waren adressiert an Professor Armin Thurnher. Diese Irritation von höchster Seite veränderte sofort mein Schultergefühl, aber vorläufig tat ich nichts weiter. Wenn sie glauben, dachte ich. Der Mensch braucht in Österreich eine Anrede, die Nennung eines nackten Namens grenzt bereits an Rüpelhaftigkeit, so ein Benehmen wollten sich der verbindliche Bundespräsident und sein verbindliches Büro nicht zuschulden kommen lassen.

Ich nahm die Einladungen zur Kenntnis. Die Redaktionsassistentin sah mich zwar mit gehobener Augenbraue an, legte sie aber kommentarlos zur Post. Eines Tages wurde ich in voller Würdigung meines publizistischen Gewichts zu einem Staatsbankett eingeladen. Der zypriotische Ministerpräsident war gekommen, und ich hatte die Ehre, die österreichische Presse an einer bedeutenden Eckposition dieses Mittagstisches in der Nachbarschaft eines Assistenten des zypriotischen Handelsattachés zu vertreten.

Es hätte schon Norwegen sein können oder wenigstens Finnland, dachte ich. Unter Zypernkrise verstand man damals den Konflikt mit der Türkei. Einerseits nett, dass sie mich überhaupt einladen, andererseits markiert Zypern einen eher unteren Punkt auf der diplomatisch-publizistischen Bedeutungsskala. Aber dann verstand ich die Feinheit der Geste: Zypern war jenes Land, in das – nach Liechtenstein – die meisten österreichischen Schmiergelder aus den Skandalen der Schüssel-Ära geflossen waren. Ich vertrat immerhin den *Falter*, ein Blatt, das einige dieser Affären aufgedeckt hatte.

Auf meinem Tischkärtchen, das neben der berühmten, nach Kaiserart kunstvoll gefalteten meterlangen Stoffserviette prangte, stand in unübersehbarem Golddruck: Chefredakteur Professor Armin Thurnher. Die Speisekarte versprach Frittatensuppe, Kalbsbraten und Marmeladepalatschinken. Würdig, aber in diplomatischer Eile und unter eingeschobenen Tischreden wurden die Speisen vertilgt.

Beim Smalltalk zum Kaffee sprach ich den Bundespräsidenten an. Herr Bundespräsident, Sie laden mich freundlicherweise als Professor ein, ich bin aber kein Professor, sagte ich unter Aufbietung der mir zu Gebote stehenden Kaltblütigkeit.

Aha. Bei uns werden Sie offenbar als solcher geführt. Ohne Grund werde niemand von seinem Büro mit Titeln geschmückt. Ich erzählte ihm die Geschichte. Ich bin der Eisprofessor, sagte ich. Nicht Professor Unrat, Professor Vorrat. Professor auf Abruf. Nie ernannt, vorgeschlagen in Permanenz. Bis in den Ministerrat vorgedrungen, dort schockgefroren, in ministerialrätlichem

Permafrost konserviert, bis Ihre Einladungen meinen Un-Titel ausapern ließen.

Dann sind Sie ja doch Professor, sagte der Bundespräsident gut gelaunt.

Und auch wieder nicht, sagte ich

Da müssen wir was tun, rief der Bundespräsident und winkte seinen Sprecher zu sich.

Der Sprecher war der längstjährige Mitarbeiter des Präsidenten, sozusagen sein krawattenloses Alter Ego. Seit Jahrzehnten arbeiteten die beiden zusammen, man konnte sich den einen nicht mehr ohne den anderen vorstellen. Waren die beiden anfangs fast gleich groß, wuchs der Präsident mit der Würde seines Amtes, während sein Sprecher unter den Pflichten des Amtes leicht zu schrumpfen schien. War der Präsident von links ein Stück des Weges in die Mitte der Gesellschaft gewandert, so hatte sein Assistent die linke Position so lange nicht verlassen, wie es eben ging. Gewissen der Partei, Mahner, Querdenker und Unruhestifter, mit solchen Epitheta hatte man ihn behängt. In den letzten Jahren war auch er ruhiger geworden, wenngleich er sich nicht geändert hatte. Die Sache mit dem Professor interessierte ihn kein bisschen.

Ich schaue mir das an, sagte er.

Monate vergingen. Bei der nächsten Einladung fragte ich nach. Ich würde noch immer als Professor tituliert, sei aber mitnichten einer, ob schon etwas geschehen sei? Ich erwähnte meine Mutter, die bereits ihren neunzigsten Geburtstag hinter sich hatte, aber noch sehr rüstig sei, und der ich mit diesem Titel gewiss Freude bereiten könnte, was ich mittlerweile gern tun würde.

Ja, sagte der Sprecher, die Präsidentschaftskanzlei selbst könne jedoch in meiner Angelegenheit nicht tätig werden. Das Bildungsministerium sei am Zug. Er habe dort bereits das Nötige veranlasst.

Wenige Monate später verwickelte ich mich in einen kleinen Mailverkehr mit dem dortigen Sprecher des Kabinetts. Sein letztes Mail an mich enthielt den kleinen Zusatz: »P.S.: Der Sprecher des Präsidenten hat mich dezent darauf hingewiesen, dass wir in einer anderen Causa betreffend Deine Person informell reden sollten.« Ich redete informell, das heißt, ich rief ihn an, erzählte ihm noch einmal die Geschichte und ihre Vorgeschichte, nicht im Ganzen, aber doch ausführlich genug. Ich sei nun bereit, die Ehrung anzunehmen, sagte ich.

Seitdem ist nichts mehr geschehen. Meine Mutter wird, wenn dieses Buch erscheint, ihren 94. Geburtstag feiern. Sie ist körperlich und geistig in blendender Verfassung. Meine Schulter fühlt sich unbeschwert an. Der virtuelle Titel als Österreichs einziger Professor in Limbo gefällt mir mittlerweile ganz gut.

Den Mahrhansi sehe ich mit Freude bei Events wie Opernbällen oder Skiweltmeisterschaften aus dem Fernseher lachen. Er schiebt sich gern neben Lichtgestalten wie Franz Beckenbauer ins Bild, ein österreichischer Professor neben den deutschen Kaiser.

Grüß dich, Professor, sagt der Franz und grinst.

Ach was, Professor, sagt der Mahrhansi. Weißt eh, wie das ist. In Österreich kann man so einen Titel ab einem gewissen Alter nicht vermeiden!

2. Der Begriff Würde.
Eine Nachforschung

> *Was dagegen über allen Preis*
> *erhaben ist, das hat eine Würde*
> Immanuel Kant

Warum römische Würde? Der aktuelle Politikertyp: mausgrau, hervorragender Durchschnitt. Dabei unerhörte Machtfülle, totaler Einsatz des Alltagslebens, im Dienst rund um die Uhr, und doch keinerlei existenzielles Risiko. Hier fehlt etwas. Aber was? Die These: Unseren Politikern fehlt etwas, das in Rom seinen Anfang nahm, etwas, das alle politischen Epochen zitieren und aufnehmen, etwas, nach dem wir uns in der Demokratie sehnen: Würde.

Humanismus, Renaissance, Französische Revolution, totalitäre Regime, sie alle bezogen sich auf antike Formen, benützten sie in ihrem Sinn. Vielleicht vergleichen wir unser politisches Personal verstohlen mit diesen vielfach überblendeten Vor- und Nachbildern, unter denen so etwas wie römische Würde durchschimmert. Kein Missverständnis, bitte: Hier wird keinem Cato, schon gar keinem Caesar nachgetrauert. Wenn schon, dann der Absenz eines Brutus.

Die Griechen kannten kein Wort für Würde. Aber sie wussten, was das war. Sie legten Wert auf die Größe öffentlicher Dinge, und sie dachten über das Wesen des Menschen nach. Platon lehrte, der Mensch müsse Gott ähnlich werden und sich dadurch über die Tiere hinausheben.[1] Ihm folgend stellten sich die Stoiker vor, allen Menschen seien gewisse Gedanken gemeinsam, und sie sollten ihrer Natur entsprechend leben. Ernst Bloch spitzte ihre Ideen so zu: »Teilnahme an der Weltvernunft ... die Einheit des Menschengeschlechts, das Naturrecht auf Frieden, formelle Demokratie, gegenseitige Hilfe.«[2] Das Denken der stoischen Philosophen beeinflusste römische Autoren und das Christentum.

Die Römer prägten das Wort: *Dignitas,* Würde. *Decus,* Schmuck, ist eine ihrer Wortwurzeln – gemeint sind die militärischen Rangabzeichen der Legionäre, später das würdige Verhalten. *Dignitas* kann sogar mit Pflicht übersetzt werden. Sie ist eine aristokratische Angelegenheit, erblich auch in Zeiten der Republik, konnte aber von tüchtigen Männern erworben und vor allem von untüchtigen verloren werden. Das Urteil darüber lag bei der Öffentlichkeit, im Zweifelsfall vertreten durch den Zensor. Amt und Würde waren in Rom miteinander verknüpft, aber nicht unauflöslich.

Dignitas bezeichnete gesellschaftliche Unterschiede, markierte die Hierarchie; Cicero kritisierte an den Griechen, ihre Gleichheitswut habe zu Exzessen des Pöbels geführt. Für seine Übungen in Philosophie entschuldigte sich Cicero, so etwas empfanden Römer als zu unernst, also überließen sie es lieber ihren Sklaven. Cicero war es auch, der erstmals den Slogan Anmut und Würde aufbrachte: die braucht der Redner auf dem Forum. Heutigen politischen Rednern liegt vor allem ihre Anmut am Herzen.

Römische Würde verlangt Stil, Haltung und Selbstdisziplin. Die Würde eines Mächtigen erfordert, dass er seine Leidenschaften mäßigt, auch den Hass. Der Antrag auf Todesstrafe ist deshalb unrömisch (für Fremde macht man Ausnahmen). Würde erfordert Freiheit, natürlich nur die der Reichen und Mächtigen und der Männer. Und sie erfordert Öffentlichkeit: Dort, in der *res publica,* muss sie bestätigt werden.

Amtsinhaber wie Caesar, aber auch Putschisten wie Catilina beharrten auf ihrer Würde. Cäsar ging so weit, es unter seiner

36

Würde zu empfinden, auf Schiffen den Rhein zu überqueren – es musste für ihn schon eine Brücke sein. Und selbstverständlich begründete er Krieg mit seiner Würde. Wir erinnern uns an George W. Bush – im Unterschied zu ihm riskierte Caesar wenigstens sein Leben.

In der Kaiserzeit löste sich der Zusammenhang von Amt und Würde auf. *Dignitas* bezeichnete nur mehr das Amt, nicht das Verhalten der Person in diesem Amt, das, wofür sie ihr Leben gäbe. *Dignitas* wurde nun vom Kaiser verliehen.

Eine neue Welt. Römische *Dignitas* hat wenig mit Menschenwürde, viel jedoch mit politischem Stil zu tun. Man soll nicht glauben, das alles gehe uns nichts mehr an. Über uns schweben abgewandelte Legionärsadler: Republiksadler, Staatsadler, Reichsadler aller Provenienzen, selbst Habsburgeradler unseligen Angedenkens. Und über uns schwebt das Kreuz.

Spätantike Theologen nahmen Platons Idee der Gottähnlichkeit des Menschen und Ciceros Formulierungen auf. Der Philosoph und Gelehrte Boethius sicherte im 6. Jahrhundert die Texte griechischer und römischer Philosophen und formulierte selbst einen Satz, der in keinem Werk über Würde fehlen darf: »Gott möchte den Menschen alles Weltliche übertreffen sehen, ihr aber setzt eure Würde unter die niederste Kreatur … Denn das ist die Verfassung der menschlichen Natur, dass sie die anderen Dinge nur übertrifft, wenn sie sich selbst kennt, und dass sie tiefer als die Tiere sinkt, wenn sie ohne dieses Wissen bleibt. Denn in anderen Lebewesen ist Unkenntnis ihrer selbst Natur, beim Menschen ist sie Sünde.«[3]

Erkenne dich selbst, Mensch, und erhebe dich über deine Natur – dann bist du würdig. Damit ist Entscheidendes für die Geschichte der Menschenwürde gesagt.[4] Der Mensch hat Würde, weil er das Ebenbild Gottes ist. Gott verleiht ihm Würde, und er darf sie nicht verspielen, indem er sich und sei-

nen Rang – unter Gott, über der Schöpfung – verkennt. Erlö-
sung ist sein versprochener Lohn. Gottebenbildlichkeit und
Sündigkeit des Menschen gehören zueinander und tragen
dazu bei, den »Erziehungs- bzw. Herrschaftsanspruch der Kirche zu untermauern«[5].

Kaum hatte diese Kirche die Institution des römischen Impe-
riums von innen untergraben und erledigt, wurde sie selbst
zur Institution. Als solche übernahm sie den Amtsbegriff der
Würde von den Römern, während sie ihren Gläubigen einen
menschenorientierten Würdebegriff verkündete. Der Amtsbegriff Würde lief auf Hierarchie hinaus, die Würde des Menschen auf Gleichheit. In der Feudalgesellschaft wie in der Kirche entbehrte das Benehmen von Menschen in Amt und
Würden oft jeder Würde. Aus dieser Differenz wächst jene Un-
zufriedenheit, die soziale Revolutionen antreibt.

Freiheit und Würde. Würde stellt den Kern der menschlichen
Freiheit dar. Der Kampf um die Würde, höchste Zeit, das anzumerken, ist nämlich zu allen Zeiten politisch und individuell
ein Kampf um die Freiheit. Nehmen wir Thomas von Aquin,
den bedeutendsten unter den frommen Hochscholastikern.
Der Mensch, sagt er, ist in seiner Würde von Gott abhängig
und durch sie über alle anderen Wesen gestellt. Diese Abhän-
gigkeit schließt jedoch Willensfreiheit nicht aus. Der Mensch
kann sich selbst von der Sünde befreien: Er ist zwar durch
Sünde von der Würde seiner Natur abgewichen, aber er ist frei,
nicht sündigen zu müssen, und kann so die ewige Gnade und
Würde erlangen.[6]

Der Würdebegriff des Thomas von Aquin bleibt – trotz seines
Anflugs von Freiheit – der feudalen Welt und ihrem hierar-
chischen Ordnungssystem fest verbunden, wo Amt und Würden eins sind. Erst unter dem Druck moderner Staatlichkeit,
sowohl des Absolutismus als auch der bürgerlichen Revolu-

tion, löst er sich auf und »wird für immer verdrängt«[7]. Dennoch trägt der Hauch von moralischer Freiheit weit – im 16. und im 20. Jahrhundert beeinflussen zwei Schüler von Aquin, der Jesuit Suárez und der französische Philosoph Jacques Maritain, den Lauf der Menschenwürde entscheidend.

Auftritt das Subjekt. Im 16. Jahrhundert, dem Zeitalter der Skepsis, des Humanismus, der Renaissance und der Glaubenskriege, ergab sich wie von selbst eine »Uminterpretation« der *dignitas.* Hatte bisher die Askese dominiert, wegen der Angst, Gott gegenüber überheblich zu wirken, ging es nun zunehmend um eine würdige und gerechte Gestaltung des Lebens auf Erden für alle.[8]

Der Philosoph Hans Blumenberg spricht von der »Selbstbehauptung«[9] des Subjekts der frühen Neuzeit.

Gemeint sind zum Beispiel Renaissancebürger in den italienischen Städten, als deren Sprecher in Sachen Würde neben anderen die humanistischen Philosophen Manetti und Pico della Mirandola auftreten. Manetti preist die überlegene Schönheit des Menschen und polemisiert gegen jene, die das Elend der menschlichen Existenz betonten. Mirandola lässt Gott dem Menschen ausrichten: »Du wirst von allen Einschränkungen frei nach deinem eigenen Willen, dem ich dich überlassen habe, dir selbst deine Natur bestimmen.«[10] Die Kirche hat allen Grund, solcher »Verherrlichung des Menschen, die an Hybris grenzte, misstrauisch gegenüberzustehen: 1584 stand Manettis Buch auf dem Index«[11]. Und Picos nie gehaltene Rede wurde zur Grundlage eines Universalismus, der zum Beispiel den Dominikanerpater Las Casas inspirierte, für die ausgebeuteten und entwürdigten südamerikanischen Indios gegen seine spanischen Landsleute Partei zu ergreifen.[12]

Die Reformation wurde zwar durch das unwürdige Verhalten kirchlicher Amtsträger mitmotiviert, aber Luther hielt es nicht mit der Willensfreiheit. Würde wird bei ihm als Gnade von Gott gewährt. Darin traf er sich mit der katholischen Kirche und deren Skepsis gegenüber dem Würdeüberschwang der Humanisten Manetti und Mirandola.

Naturrecht und Rettung von unerwarteter Seite. Ganz woanders in Europa, in Frankreich, Holland und England, verstörten blutige religiöse Verfolgung und religiös motivierte Bürgerkriege die Menschen. Rationalistische Naturrechtsdenker suchten nun im Vertrag ihr Heil. Aber im Naturrecht, also in der Vorstellung, jedem Menschen stünden von Natur aus unveräußerliche Rechte zu, spielte Würde vorläufig ebenso wenig eine Rolle wie in der Reformation.

Beim englischen Bürgerkriegsphilosophen Thomas Hobbes ist Würde eher eine ökonomische als eine moralische Kategorie: »Die Geltung oder der Wert eines Menschen, wie der aller anderen Dinge, liegt in seinem Preis«, heißt es da ultratrocken. Ein Heerführer koste in Kriegszeiten mehr als in Friedenszeiten, der Käufer, nicht der Verkäufer bestimme den Preis. Würde ist bei Hobbes weniger menschliche Warenkunde als quantifizierbares Moment in seinem vernünftigen Bild vom Staat, das die Gewalt bannen und den absoluten Herrscher rechtfertigen soll.

Es war der spanische Jesuit Francisco Suárez, der in der Nachfolge des Thomas von Aquin den Menschen als moralisches Wesen definierte, als *ens morale*. Als solches war der Mensch als Träger von Rechten, als Rechtspersönlichkeit festgelegt. Bei Suárez gewinnt »der Begriff der Rechtspersönlichkeit eine allgemeinrechtliche Bedeutsamkeit, die die späteren Ideen der Menschenrechte und der Rechtsgleichheit der verfassten Staaten in der internationalen Staatengemeinschaft grundlegend vorbereiten«[13].

Naturrechtler wie der Deutsche Samuel Pufendorf kratzten

zwar mittels des Würdebegriffs an der feudalen Ordnung der Gesellschaft, vermochten aber nicht, sie zu sprengen. Die »deduzierende Klarheit« der Naturrechtler des 17. Jahrhunderts reichte nicht aus, sich »gegen die nicht so einleuchtenden Herrschaften und Throne zu bewähren«[14].

Aufklärung: zur Freiheit! Keine Würde ohne Freiheit, das war im Grunde immer klar. Der Mensch konnte seine Würde zwar einbüßen, aber grundsätzlich war sie immer da, jedem, nicht nur Aristokraten gegeben. Allenfalls konnte man sie durch das Urteil der Öffentlichkeit, später nur durch das Urteil Gottes verlieren.

Staatliche Würde und Würde des Subjekts klafften nun immer mehr auseinander, der Unterschied wurde je sichtbarer, desto schwerer erträglich. Das Subjekt war nicht mehr nur als *subiectum* einer feudalen Herrschaft unterworfen. Es verstand sich nun als handelndes Subjekt im Sinn der ihm gegebenen Freiheitsrechte, als moralisches, als würdiges Wesen. Bloß hatte das bisher noch keiner adäquat formuliert. Gewiss würden sich die Aufklärer auf den Begriff der Würde stürzen, da er doch egalitäre Möglichkeiten bot! Mitnichten.

Die Aufklärer stießen sich nämlich am doppelten Charakter der Würde als Gottesebenbild und Kehrseite des Sündenfalls. Dieser Dualismus widersprach ihrem Menschenbild, das nur mehr aus Natur bestand. Als Naturwesen schuf der Mensch die Antriebe aus sich selbst heraus. Autonom, aus eigenem Antrieb, sich selbst Gesetze gebend.[15]

Die englischen Aufklärer, vor allem David Hume, waren ohnehin der Würde gegenüber skeptisch. Bei den französischen fehlt das Wort weitgehend, in Pierre Bayles berühmtem Wörterbuch kommt Würde nicht vor. Rousseaus Freiheitspathos verwendet zwar nicht das Wort, meint aber die Sache. Nietzsche attestiert ihm deshalb, er sei »der erste moderne Mensch

41

gewesen«, und habe »die moralische ›Würde‹ nötig« gehabt – in Anführungszeichen gesetzt, Würde als Zeichen jener Gleichheit, vor der es Nietzsche ekelte.[16]

In der Französischen Revolution, in den Erklärungen der Menschenrechte kommt die Würde (*dignité*) 1789 als Amtsbezeichnung noch vor, 1793 ist sie verschwunden und »durch den farblosen *emplois* (Arbeitsplatz) ersetzt« – den Menschen sind nun nicht alle Würden, sondern alle Ämter zugänglich. Die sollten nun nach Verdienst, nicht nach Geburt verliehen werden. Das war alles.

Die deutsche Aufklärung hatte mit dem Wort Würde weniger Probleme. Aus zwei Gründen. Erstens sei der Begriff Menschenwürde – im Gegensatz zu *dignitas/dignité/dignity* – hier noch unverbraucht gewesen und zweitens habe sich in der deutschen Aufklärung eine »mehr oder weniger freie Religiosität« zwanglos mit aufklärerischer Radikalität vermischt.[17]

Bei Kant ist der freie Wille des Menschen nicht nur Ansporn, die Sünde zu überwinden. In seiner »Grundlegung zur Metaphysik der Sitten« stellt die Autonomie des Menschen den Kern seiner Würde dar. Der Mensch ist der Selbstzweck (autos = selbst) moralischen Handelns, das heißt, er unterwirft sich keinen fremden Bedingungen oder Zwecken – das wäre Heteronomie (heteros = der andere).

Nur diejenigen Gesetze, die er sich selbst auferlegt, kann er auch anerkennen. Das moralische Handeln des Menschen orientiert sich auf diese Weise an seiner eigenen Würde. Diese eigene Würde kommt auch allen anderen Menschen zu. Die Würde hat bei Kant »also eine doppelte Dimension und Funktion: sie ist Beweggrund zur Sittlichkeit, insofern sie mit der autonomen gesetzgebenden Vernunft zusammenfällt, und zugleich bildet sie das Ziel, an dem sich die Sittlichkeit als Wahrung der Würde des Mitmenschen orientieren soll.« Um Kants Ausdrucksweise zu verwenden: Würde ist *subjektives* und zugleich *objektives* moralisches *Prinzip«*[18].

Kant und die Klassik. Friedrich Schiller versuchte Kant abzu-
wandeln und stellte die Anmut der Würde gegenüber. Die
Würde beherrsche den Körper gleichsam absolutistisch, die
Anmut aber regiere ihn mit Liberalität. Würde erscheine als
Majestät und entarte in Gravität. »Beherrschung der Triebe
durch die moralische Kraft ist Geistesfreiheit, und Würde
heißt ihr Ausdruck in der Erscheinung.«[19]
Würde als sichtbarer Ausdruck geistiger Freiheit, das ist nicht
nur eine schöne Definition, an ihr kann man auch die Spann-
weite der Begriffsgeschichte ablesen. Sie spielt an auf Ciceros
damals 1800 Jahre alte Formel von Anmut und Würde und
deutet andererseits fast zweihundert Jahre in die Zukunft, wo
der Soziologe Niklas Luhmann Würde als das »Gelingen der
Selbstdarstellung eines Menschen als individuelle Persönlichkeit«[20] beschreibt.
Kants Würdebegriff blieb für alle verbindlich. Unüberbietbar
bleibt seine Definition: »Im Reiche der Zwecke hat alles entweder einen Preis, oder eine Würde. Was einen Preis hat, an
dessen Stelle kann auch etwas anderes als Äquivalent gesetzt
werden; was dagegen über allen Preis erhaben ist, mithin kein
Äquivalent verstattet, das hat eine Würde.«[21]
Ein interessante Pointe liefert Goethe: Bei ihm steht die
Würde für das Menschenrecht freier Erwerbsarbeit auf dem
sich formierenden Markt für geistige Erzeugnisse. Goethe war
bekanntlich einer der ersten auch ökonomisch erfolgreichen
Schriftsteller. In diesem Zusammenhang kommt die Würde
bei ihm vor: »Nun sollte aber die Zeit kommen, wo das Dich-
tergenie sich selbst gewahr würde, sich seine eignen Verhältnisse selbst schüfe und den Grund zu einer unabhängigen
Würde zu legen verstünde.«[22] Der Satz, den er zu Eckermann
äußerte: »Jedes Bonmot, das ich sage, kostet mir eine Börse
voll Gold; eine halbe Million meines Privatvermögens ist
durch meine Hände gegangen, um das zu lernen, was ich jetzt
weiß«,[23] ist ausnahmsweise nicht nur sprachlich dubios (wer

lernt?), er rückt Goethe auch näher zu Hobbes als zu Kant. In Urheberrechtsfragen, so ist zu vermuten, hätte er lieber mit Verlegern verhandelt als sich der Willkür von Konsumenten auszuliefern, die per Klick entscheiden, ob sie für ihre Lektüre bezahlen wollen oder nicht.

Das Jahrhundert der Würdekritik. Für Schopenhauer war Würde nur mehr »das Schiboleth aller rat- und gedankenlosen Moralisten, die ihren Mangel an einer wirklichen, oder wenigstens doch irgendetwas sagenden Grundlage der Moral hinter jenen imponierenden Ausdruck ›Würde des Menschen‹ versteckten«. Wenngleich er in seinem Sinn Würde gelten ließ: als »das gelassene Ertragen der Leiden« und des Unvermeidlichen.[24]
Karl Marx urteilte bündig: Die Bourgeoisie »hat die persönliche Würde in den Tauschwert aufgelöst und an die Stelle der zahllosen, verbrieften und wohl erworbenen Freiheiten die eine gewissenlose Handelsfreiheit gesetzt«[25].
Der bissigste Würde-Kritiker ist Friedrich Nietzsche. Er bestreitet den freien Willen als Grundlage moralischen Handelns, und er betrachtet den modernen Menschen als domestiziertes Haustier.[26] In seiner Sicht durchschaute der Herrentypus der Renaissance jene christliche Irrlehre, die den Menschen domestizierte, und überwand die Furcht vor ihr. Die Sklavenmoral des Christentums besteht als demokratische Moral weiterhin, wenngleich Nietzsche die Konsequenzen ihrer Überwindung durchaus als »grauenvoll« bezeichnet.[27]
Nietzsche argumentiert für den Übermenschen und gegen die Sklavenmoral, soll heißen gegen Gleichmacherei im Namen der Würde. Andererseits stellt er sich gegen die Besonderheit des Menschen in der Welt, ist also für eine Art Gleichmacherei aller Lebewesen. Seinen »höherwertigen Typus« kontrastiert er mit dem ihm ekelhaften Züchtungsergebnis: »das Haustier, das Herdentier, das kranke Tier Mensch – der Christ.«[28]

44

In seiner Fassung von 1913 resümiert das Deutsche Wörterbuch von Jacob und Wilhelm Grimm – nach Bezug auf die
vorangegangenen Bedeutungen »Amt«, »Ehrung« und »Verdienst« die Lage der Würde folgendermaßen: »Im Zuge der
Aufklärung, tiefer noch unter der Wirkung des sittlichen und
ästhetischen Idealismus namentlich Kantischer und Schil-
lerscher Prägung, erreicht Würde den Rang eines scharf bestimmten, spezifisch kennzeichnenden Wortes, das, in viel-
gliedriger Ausprägung und in der Anwendung auf Personen
wie auf sachliche Werte, Gehalt und Norm des inneren Seins
und Handelns und ihren sinnfälligen Ausdruck in Erscheinung und Verhalten bezeichnet.«
Später versuchten Neukantianer wie Max Scheler eine Neu-
formulierung von Würde als Wert, wobei die persönliche
Würde bereits als Gegenbegriff zur totalitären Missachtung
des Menschen auftritt. Nach 1945 ändern die Erfahrungen
mit dem Nationalsozialismus alles. Das naturrechtliche Wür-
dedenken wird wiederbelebt, die Menschenwürde wird in internationalen Vereinbarungen und in der deutschen Verfassung positives Recht.

Einschätzungsfrage. Vielleicht ist der Eindruck, im 19. Jahrhundert gebe es nur Kritik an der Würde und somit eine Krise
der Menschenrechte, nicht nur typisch europäisch, sondern
falsch. Immerhin wurde der amerikanische Bürgerkrieg auch
gegen die Sklaverei geführt. Immerhin kämpfte die Arbeiterklasse um ein menschenwürdiges Leben. Immerhin entstand
die Frauenrechtsbewegung.
Hannah Arendt behauptet, die Idee der Menschenrechte sei
schon vor den Katastrophen des 20. Jahrhunderts politisch
wertlos geworden. Und Panajotis Kondylis urteilt am Ende
seiner unübertroffenen Darlegung des Würdebegriffs (der wir
hier über weite Strecken gefolgt sind) desillusioniert, Würde

habe kaum praktische Verbindlichkeit erlangen können und sei infolge des »vielfachen und widersprüchlichen philosophischen und politischen Sprachgebrauchs (...) zu einer Leerformel neben anderen geworden«[29]. Diesem vernichtenden Urteil muss man nicht zustimmen. Der mit Kondylis sympathisierende Historiker Reinhart Koselleck merkt an, man könne es auch als eine »sprachpolitische Entscheidung (sehen), die man honorieren kann, ohne sie teilen zu müssen«.[30]

Es ist wahr, Würde wird vielfältig gebraucht. Aber Würde ist, gerade durch ihre Kodifizierung, keineswegs ein machtloser Begriff geworden. Im Gegenteil, er wird als Rechtsbegriff immer problematischer, aber auch immer wirkmächtiger. Die Philosophen Christoph Menke und Arnd Pollmann nennen die Menschenrechte »die schlechthin grundlegende und weltweit gültige politische Idee« unserer Zeit. Die Menschenwürde aber wird mit Recht als die Grundlage der Menschenrechte betrachtet.

Der Schriftsteller und der Präsident. 1945 kam es zuerst zur Gründung der Vereinten Nationen, die dann 1948 zu einer erneuten Deklaration, der Erklärung der Menschenrechte, führte. Die USA hatten am 1. Jänner 1942 die Wiederherstellung der Menschenrechte als eines ihrer Kriegsziele angegeben: »Complete victory over the enemy is essential (...) to preserve human rights and justice in their own lands as well as in other lands.«[31]

Wo kamen, 150 Jahre nach den beiden bürgerlichen Revolutionen, die Menschenrechte plötzlich her? Es gab im 19. Jahrhundert nicht nur Würdekritik, es erschien auch das bis heute viel diskutierte Buch »Die Erklärung der Menschen- und Bürgerrechte« des Rechtsgelehrten Georg Jellinek. Seine These, die religiös inspirierte amerikanische Revolution habe die Französische geprägt, blieb nicht unwidersprochen. Gott oder die Vernunft, lautete die Frage. Wie man sie beantworten mag – schon Hegel faszinierte, dass in der Französischen Revolution erstmals aus »philosophischer Erkenntnis politische Gewalt«[32] und positives Recht wurde , es gab einen Menschenrechtsdiskurs.

Und nicht nur in Europa. »Schon im 19. Jahrhundert (hatte er sich) in Asien, Lateinamerika und Afrika ausgebreitet – darunter und mit großem Enthusiasmus in Ländern wie China, denen von Kulturessentialisten noch heute eine Schwierigkeit beim bloßen Verständnis der Menschenrechte unterstellt wird.«[33] Jellineks Buch erschien 1908 in chinesischer, 1929 in japanischer Übersetzung.

Einige Menschenrechtsfragen wurden bei der Gründung des Völkerbundes 1919 diskutiert, fanden aber keinen Eingang in dessen Satzung. Das Naziregime löste in den dreißiger Jahren auch im Völkerbund Debatten aus, aber Widerstand gegen die Nazis wurde nicht in Form der Menschenrechtsidee artikuliert. In Lateinamerika hingegen lebte sie in der antiklerikalen Bewegung in der Tradition der europäischen Aufklärung fort.[34]

1939 schließlich startete der englische Autor H. G. Wells eine Initiative. Er wollte der englischen Jugend erklären, wofür sie kämpfte, und publizierte gemeinsam mit anderen eine Erklärung, die schließlich vom *Daily Herald* unter dem Titel »The Rights of Man« publiziert und in einer Serie von Artikeln und öffentlichen Veranstaltungen diskutiert wurde. Der *Herald* vertrieb die Deklaration in Form von Broschüren, national und international, sie wurde nicht nur von deutschen und italienischen Medien attackiert, sie wurde auch in Amerika verbreitet. Wells nutzte seine Lesungen zur Werbung für seine Erklärung und sandte sie auch an Präsident Roosevelt.

Roosevelt antwortete dem *Herald* und präsentierte zur Überraschung seiner Mitarbeiter in der State-of-the-Union-Rede vom 6. Jänner 1941 vier Freiheiten (in der Rede wurden fünf daraus), auf denen die Welt nach dem Krieg begründet werden sollte: Rede- und Ausdrucksfreiheit (dazu kam Informationsfreiheit), Religionsfreiheit, Freiheit von Not und Freiheit von Furcht.

Ein seltsamer Pastor. Der Weg zur Erklärung der Menschenrechte war also vorgezeichnet, als es 1945 um die Formulierung der Gründungsurkunde ging, der Charta der Vereinten Nationen. Ausdrücklich will sie »künftige Geschlechter vor der Geißel des Krieges« bewahren. Und ausdrücklich spricht sie in ihrer Präambel vom Glauben der Autoren »an die Grundrechte des Menschen, an Würde und Wert der menschlichen Person«. Bizarrerweise trat der südafrikanische Präsident Jan Christiaan Smuts, in dessen Land strengste Apartheid herrschte, als Autor der Urkunde auf. Auch Smuts hatte mit H. G. Wells Kontakt gehabt. In seinem Text hatte er statt »Person« »Persönlichkeit« (personality) vorgeschlagen; das Redaktionskomitee wollte diese Formulierung auf »human being« ändern. Dagegen protestierte Smuts und bestand auf »Personality«. »Person« blieb schließlich als Kompromiss. Der Verdacht, »dass Smuts deshalb dem Wort Persönlichkeit den Vorzug gab, weil dies ihm erlaubt hätte, das Würdekonzept von vorneherein nur auf die weiße Rasse anzuwenden«[35], scheint plausibel. Aber welche politische Zeit ist arm an Absurditäten? Edvard Beneš schrieb 1942 im Exil einen Artikel über Menschenrechte, wenige Jahre später missachtete er als tschechoslowakischer Präsident die Rechte der deutschen Minderheit. In den USA herrschte Rassentrennung, in der UdSSR gab es den Gulag.

Ursprünglich hatte Smuts Pastor werden wollen, entschied sich dann aber für das Jusstudium. Der emotionale und pastorale Ton der Charta-Präambel erklärt sich aber auch daraus, dass die Weltöffentlichkeit mobilisiert werden, die Sprache »die Herzen rühren« sollte[36]. Ob die nötige Wärme unbedingt mit fehlender Genauigkeit erkauft werden muss, sei dahingestellt. Auch die alte Frage, ob Menschenwürde religiös oder rational begründet werden solle, blieb – wie im deutschen Grundgesetz – offen. Man wollte unpräzise bleiben, um die Charta zu ermöglichen.

Warum wurden Menschenrechte in San Francisco überhaupt zum Thema? Die lateinamerikanischen Staaten und der Einfluss amerikanischer NGOs waren dafür entscheidend. Wohl auch die Erfahrungen des Krieges, aber nicht, wie Burgers ausdrücklich festhält, jene des Holocaust, der den Delegierten in San Francisco wie auch der Weltöffentlichkeit nicht in seinem vollen Umfang bewusst war.[37] Bald nach der Charta schufen die Vereinten Nationen (im Sinn des Kriegsziels) die UN-Menschenrechtskommission und beauftragten sie, eine International Bill of Human Rights auszuarbeiten.

Eine folgenreiche Deklaration. Eine aus acht Personen bestehende Kommission unter Leitung Eleanor Roosevelts, der Gattin des US-Präsidenten, bekam den Auftrag, die Erklärung zu formulieren. Die Autoren verstanden sich als Repräsentanten von Kulturkreisen, nicht aber als Repräsentanten von Regierungen. Es gab keinen einzelnen Autor, man rang im Kollektiv um Formulierungen. Der libanesische orthodoxe Christ (und Heidegger-Student, als solcher von Nazis zusammengeschlagen, weil sie ihn für einen Juden hielten) Charles Malik vertrat die arabische Welt; die indische Delegierte Hansa Mehta sorgte für geschlechtsneutrale Formulierungen (human beings statt men), der weltlich gesinnte Franzose René Cassin, der dennoch mit Angelo Roncalli, dem späteren Papst Johannes XXIII., konferierte, fungierte als Koordinator (sein Assistent war Stéphane Hessel), der Chinese Pengchun Chang war Konfuzianer und hatte über John Dewey in den USA promoviert. Er brachte das Wort Gewissen ein (chinesisch »Zwei-Mensch-Neigung«). Der sowjetische Delegierte Bigololov übernahm die Säuberung des Texts von religiösen Phrasen und hielt die ganze Sache für pompös und lächerlich.[38]

Weiters sollte eine Gruppe von 150 von der Unesco bestimmten Philosophen, Denkern und Schriftstellern begriffliche Vorarbeit leisten, unter ihnen Teilhard de Chardin, Aldous Huxley, Salvador de Madariaga und Jacques Maritain. Die meisten von ihnen betraten menschenrechtliches Neuland, nur Maritain hatte schon während des Krieges die katholische Abscheu gegen aufklärerische Ideale wie Menschenrechte überwunden und 1942 ein Buch über Menschenrechte und Naturrecht publiziert. Diese Vorarbeiten wurden mit Einverständnis der Philosophen beiseitegelassen. Die Ergebnisse waren zu inhomogen; später wurden sie als Buch publiziert. Es ist eben ein Unterschied, ob sich eine selbstbeauftragte Philosophie Bahn bricht, wie 1789, oder ob beauftragte Philosophen ihre Bahnen ziehen.

Am 10. Dezember 1948 nahm die Generalversammlung (damals in Paris) diese Allgemeine Erklärung der Menschenrechte mit 48 Stimmen bei acht Enthaltungen an.[39] »Alle Menschen sind frei und gleich an Würde und Rechten geboren.« Das klang nach Phrase, barg aber jenen Zündstoff, den Menschenrechtsphilosophen als Anbruch eines neuen Zeitalters bezeichnen.

Erstaunlich bleibt, dass im beginnenden Kalten Krieg eine derartige Einigung überhaupt möglich war. Der Sozialphilosoph Hans Joas weist darauf hin, dass alles Kontroversielle vermieden worden sei, ein Gottesbegriff fehle ebenso wie ein normativer Naturbegriff. Die Erklärung sei deswegen aber nicht säkular, sondern eine »composite synthesis«, wie Charles Malik das ausdrückte.[40] Verschiedene Staaten unterschrieben, obwohl ihre Praxis der Erklärung zuwiderlief: Südafrika trotz seiner militanten Rassentrennung, Saudi-Arabien trotz seiner Unterdrückung der Frau, die Sowjetunion trotz ihrer Gulags und die USA trotz ihrer Rassentrennung. Manche Staaten, auch die USA, begriffen schnell, was sie da unterzeichnet hatten, als sich zivilgesellschaftliche Organisationen in politischen Auseinandersetzungen dieser Erklärung zu bedienen begannen.

Wendepunkt der Weltgeschichte. Sie stellt etwas völlig Neues in der Geschichte der Menschheit dar, erklärt der nüchterne italienische Rechtsphilosoph Norberto Bobbio. »Hier wurde zum ersten Mal ein System von grundlegenden Prinzipien des menschlichen Zusammenlebens in freier Entscheidung angenommen, explizit von der Mehrheit der auf der Erde lebenden Menschen, vertreten durch ihre jeweiligen Regierungen. Mit dieser Erklärung wird ein Wertesystem (wiederum zum ersten Mal in der Geschichte) universal, und zwar nicht im Prinzip, sondern faktisch, denn der Konsens wurde als Regelung für das Zusammenleben der künftigen Gemeinschaft aller Menschen und Staaten formuliert.« Die Erklärung liefere eine Momentaufnahme aus der Mitte des 20. Jahrhunderts, sie ist durch Verträge seither erweitert worden und müsse immer weiter erweitert werden. Während Hobbes als einziges Naturrecht das Recht auf Leben kannte, haben wir nun ein Bündel an Menschenrechten. Bobbio hält aber auch Rechte für denkbar, welche auf stärkere Teilhabe an der politischen Macht zielen, um die Macht der Wirtschaft zu neutralisieren, oder solche gegen die neue Macht der Medien und für das Recht, »nicht von einer verlogenen und bedrängenden Propaganda betrogen, aufgehetzt oder verstört zu werden«.[41]

Der Allgemeinen Erklärung der Menschenrechte folgten internationale Pakte und Akte, mit denen amerikanische, asiatische und afrikanische Staaten die Menschenwürde in ihr Verfassungsrecht nahmen. 1950 wurde die europäische Menschenrechtskonvention von den 47 Staaten des Europarats beschlossen. In ihr kommt die Menschenwürde nur indirekt vor, als Verweis auf die Allgemeine Erklärung der Menschenrechte.

Ganz explizit nimmt das deutsche Grundgesetz von 1949 auf Menschenwürde Bezug, als erste nationale Verfassung, mit dem guten Anlass der eben vergangenen Naziherrschaft und mit zunehmender Wirkung auf die internationale Rechtsprechung. Sie beginnt so:

> (1) Die Würde des Menschen ist unantastbar. Sie zu achten und zu schützen ist Verpflichtung aller staatlichen Gewalt.
> (2) Das Deutsche Volk bekennt sich darum zu unverletzlichen und unveräußerlichen Menschenrechten als Grundlage jeder menschlichen Gemeinschaft, des Friedens und der Gerechtigkeit in der Welt.
> (3) Die nachfolgenden Grundrechte binden Gesetzgebung, vollziehende Gewalt und Rechtsprechung als unmittelbar geltendes Recht.

Verschiedene Staaten folgten, einige – darunter Österreich – nehmen die Menschenwürde nur als ungeschriebenes Verfassungsrecht zur Kenntnis; das entspricht unserer Tradition. Schließlich entstand die Verfassung der Republik Österreich nicht in einer öffentlichen Debatte, sondern mit einem Federstrich. Im Ernst kann man dazu bemerken, dass hier selbstverständlich ein Defizit vorliegt, obwohl es rechtlich belanglos ist, in welcher Form die Kodifizierung erfolgt (in der österreichischen Verfassung heißen Grundrechte nicht so, sondern »verfassungsgesetzlich gewährleistete Rechte«, und sie sind durch die Aufnahme der europäischen Menschenrechtskonvention und anderer Konventionen in die Verfassung gekommen). Die angelsächsischen Staaten stehen der Menschenwürde generell skeptisch gegenüber. In den USA wird sie als »Element des Naturrechts« begriffen und deswegen in der Rechtsprechung weitgehend nicht akzeptiert.

Zwischen Moral und Politik. In Deutschland hat die Unbestimmtheit der Menschenwürde im Grundgesetz zu einem Ringen von Interpreten und zu einem Stilblütengewucher von Menschenrechtspathetikern geführt. Von einem »Edelstein abendländischer Rechtskultur« spricht der Verfassungsjurist Erich Fechner.[42] Dieser Edelstein bleibt opak. Ist er ein Grundrecht oder mehr? Die Verfassungsrichter schwanken, ob er in Rechtsgüterabwägungen mit einbezogen werden darf oder ob die Menschenwürde immer vorgeht. Eberhard Straub[43] hat wohl deshalb die Karlsruher Verfassungsrichter als Hohepriester bezeichnet und ihre Grundwerte als Bundeslade.

Was sind nun Menschenrechte, und welche Rolle spielt Menschenwürde unter ihnen? Sind Menschenrechte eine moralische Norm? Oder eine Rechtspflicht? Sie sind beides. Sie sind anerkannte »moralische oder moralisch begründete Rechtsansprüche«[44]. Selbstverständlich gibt es eine Kontroverse darüber, wie sie nun aufgefasst werden sollen, als moralische oder politische Rechte. Die moralische Konzeption (ein Exponent ist der Ethiker Ernst Tugendhat) geht davon aus, dass sich Menschen verpflichten sollen, Gutes zu tun.

Die ethische Menschenrechtskonzeption ist anders als die politische nicht auf ein bestimmtes demokratisches Gemeinwesen, einen Staat angewiesen. Sie gilt überall. Und sie geht davon aus, dass wir alle anderen achten (negative Pflichten) und sie dabei fördern wollen (positive Pflichten). Tugendhat: »Jemanden zu achten heißt, ihn als Subjekt moralischer

Rechte anzuerkennen.«[45] Die von Jürgen Habermas vertretene politische Konzeption wiederum beharrt darauf, dass Recht und Moral getrennt bleiben. Menschenrechte bestehen nicht nur aus moralischem Sollen, sondern auch aus der Verfassung, die sich ein Gemeinwesen gibt – wenn es imstande ist, sich selbst diese Verfassung zu geben.

Der Philosoph Georg Lohmann versucht eine vermittelnde Position einzunehmen und versichert, »die Idee der Menschenrechte hat in der moralischen Verpflichtung, alle anderen anzuerkennen, ihren moralischen Ausgangspunkt«[46]. Da sich Menschenrechte aber doch am positiven Recht orientieren, bedarf es eines politischen Akts, diese moralisch begründeten Rechte zu juristischen Rechten zu machen. Dabei stellt sich die Frage, welche staatliche Rechtsordnung gewählt werden soll. Staatliche Rechtsordnungen gelten nur partikular, die Menschenrechte erheben aber einen universalen Anspruch. Der moralische Gehalt der Menschenrechte verpflichtet uns also, angemessene innerstaatliche und überstaatliche Rechtsinstitutionen zu finden.

Die Menschenrechte werden von Menschen, genauer gesagt von Personen verliehen, aus denen eine Gesellschaft besteht. Was das heißt, ein Menschenrecht verleihen? Es bedeutet, »dem Empfänger des Rechts Gehorsam zu versprechen, sofern er die Erhaltung der Menschenpflichten zu seinen Gunsten einfordert und sich im Fall des Ungehorsams verbindlich der Kritik, der Verachtung und der Beschämung durch den Rechtsinhaber auszusetzen«[47]. Der Jurist Paul Tiedemann hat dafür ein hübsches Bild: Odysseus, an den Mast gefesselt. Menschenrechte sind Fesseln, die uns daran hindern, das Böse, zu dem wir neigen, zu tun, damit das Gute, das wir wollen, Wirklichkeit wird.[48]

Moralisch ließe sich die Sache auch so sehen: Die Idee, dass wir einander Menschenrechte verleihen, könnte als beliebig gedacht werden, wir könnten sie einander dann auch entziehen. Mitnichten, sagt Tiedemann: »Die Verleihung von Menschenrechten ist ein notwendiges Mittel zum Zweck der Wahrung der Menschenwürde.« Wir müssen allen anderen Menschenrechte einräumen und uns damit ihrer Kontrolle unterwerfen, denn sie könnten von unserer Missachtung Ihrer Würde betroffen sein. Diese Rechte müssen zwar als verliehen gedacht werden, sind aber unentziehbar.

Die Würde des Rechts. Bezogen auf die Rechtsordung kann auch gesagt werden: »Menschenwürde ist kein Grundrecht, sondern das Fundierungsprinzip der Grundrechte (sofern sie Menschenrechtsgehalt haben).«[49] Sie entzieht sich deswegen auch Versuchen, Grundrechte gegeneinander abzuwägen. Der Rechtswissenschaftler Robert Alexy betrachtet Grundrechte als Prinzipien, also als bloße Optimierungsgebote. Der Menschenwürde spricht er nur einen bedingten Vorrang zu. Alexy tut das, weil er auch bei Würde-gegen-Würde-Konflikten eine rechtlich richtige Lösung ermöglichen will. Die ist aber nur um den Preis zu haben, dass man den absoluten Wert der Menschenwürde leugnet. Tiedemann schlägt demgegenüber Verfahrensregeln statt rechtlich sauberer Lösungen vor, um im juristischen Alltag nicht den zu hohen Preis einer relativierten Würde bezahlen zu müssen.[50]

Vor kurzem setzte sich Jürgen Habermas mit der Frage auseinander, wieso Menschenwürde erst so spät in Texten des Völkerrechts und in Verfassungen auftaucht. Er führt den Nachweis, dass Menschenwürde nicht nachträglich den Grundrechten übergestülpt wurde, sondern »die moralische ›Quelle‹ darstellt, aus der sich alle Grundrechte speisen«.[51] Ist sie nun ein »normativ gehaltvoller Grundbegriff« oder nur eine Phrase?

Habermas bezieht sich auf die schöne Allgemeinheit des Konzepts bei der Formulierung der Charta der Vereinten Nationen und der Erklärung. Gegen diese Allgemeinheit setzt er die Idee, dass die »Erfahrung verletzter Menschenwürde eine Entdeckungsfunktion« habe, sie könne Unrecht, Diskriminierung, Rassismus aufdecken. Dass sich Moral und positives Recht in den neuartigen Menschenrechten zusammenfinden konnten, habe sich »über das begriffliche Scharnier der Menschenwürde vollzogen«. Habermas erwähnt aus der Begriffsgeschichte der Würde den hoch moralisierten Würdebegriff des Naturrechts, die Erinnerung an das traditionelle (Amts-) Verständnis von Würde und Rechtspersonen, die gegeneinander Ansprüche stellen, und stellt sich vor, was solche Würdetraditionen in den Köpfen von Freiheitskämpfern anstifteten: Sie lieferten ein »Motiv zum Widerstand«, sie erklären auch den »polemischen Charakter« der Menschenrechte.

Dann allerdings bricht er seine Würde-Argumentation mit einem Plädoyer ab. Menschenrechte dürften sich nicht erschöpfen in der Minimaldefinition »Inklusion in eine politische Gemeinschaft«. Bei allem angesagten »Minimalismus« wäre es nämlich problematisch, »den moralischen Sinn dieser Inklusion – dass jeder als Subjekt gleicher Rechte in seiner menschlichen Würde respektiert wird – auszublenden«. Kurz, »nur über den internen Zusammenhang zwischen Menschenwürde und Menschenrechten wird jener explosive Anschluss der Moral ans Rechtsmedium hergestellt«, der allein für die dynamische Änderung der Welt in Richtung Gerechtigkeit sorge (der »explosive Anschluss der Moral« sorgt auch für humanitäre Interventionen im Namen der Menschenrechte; zu deren Problematik siehe Stichwort »Intervention« im letzten Kapitel).

Welt ohne Würde. Während Habermas voller Optimismus die Expansion auf gerechtere politische Ordnungen im Auge hat – nicht von ungefähr stellt er seinen Essay an den Beginn seines Buchs »Zur Verfassung Europas« –, dürfen wir nicht die Kritik von Hannah Arendt vergessen, die sie zehn Jahre nach 1945 aus eigener Anschauung in ihrem Buch »Elemente und Ursprünge totalitärer Herrschaft« formulierte.

Im 20. Jahrhundert war der Nationalstaat so prägend geworden, dass selbst große Mengen rechtloser Menschen einfach übersehen werden konnten. Sie hätten, analysiert Arendt mit sardonischem Witz, um Rechte zu erhalten schon selbst ihren legalen Rahmen finden, oder, falls ihnen das nicht möglich gewesen wäre, eben per Revolution einen neuen Staat gründen müssen. »Kein Paradox zeitgenössischer Politik ist von einer bittereren Ironie erfüllt als die Diskrepanz zwischen den Bemühungen wohlmeinender Idealisten, welche beharrlich Rechte als unabdingbare Menschenrechte hinstellen, deren sich nur die Bürger der blühendsten und zivilisiertesten Länder erfreuen, und der Situation der Entrechteten selbst, die sich ebenso beharrlich verschlechtert hat, bis das Internierungslager, das vor dem Kriege doch nur eine ausnahmsweise realisierte Drohung für die Staatenlosen war, zur Routine-Lösung des Aufenthaltsproblems der *displaced persons* geworden ist.«[52] Diese hatten ihren rechtlichen Status überall verloren, denn sie hatten keinen Nationalstaat mehr, gehörten keiner Rechtsgemeinschaft mehr an. Arendt folgerte daraus, es gebe nur ein Menschenrecht, nämlich »das Recht, Rechte zu haben«.

Arendts Kritik ist bis heute einflussreich, der italienische Philosoph Giorgio Agamben nimmt in seinem Buch »Homo Sacer« ebenso Bezug auf sie wie fast alle Kritiker und kritischen Weiterdenker der Menschenrechte. Denn Arendts Kritik ist nicht gegenstandslos geworden. Hunderttausende, Millionen Flüchtlinge befinden sich in dem von ihr beschriebenen Status. Europa ist von Lagern umgeben, in denen sie auf eine Änderung ihres Status warten, darauf, ihre Menschenwürde herstellen zu können. Sofern sie nicht im Mittelmeer ertrinken, unter freundlicher Assistenz der italienischen Küstenwache.

In Österreich plant man Zeltstädte demonstrierender Flüchtlinge, überträgt man das Management von Flüchtlingslagern an private Firmen (solange es profitabel ist), hier übt sich eine fette kleine Republik im Ausschluss von Menschen, die das Recht hätten, Rechte zu haben. Aber man gewährt sie ihnen nicht. Als wären nicht Regierungen durch ihre Verfassungen gebunden, als gäbe es keine verfassungsgesetzlich gewährleisteten Rechte, lagert die Republik behaglich ihre Menschenrechtsangelegenheiten an die Kirchen, an die Caritas, an Amnesty International und andere aus.

Jede Abschiebung von Kindern aus integrierten Familien, jede Verweigerung des Asyls aus vorgeschobenen Gründen, jede Abschiebung aus Hartherzigkeit und Dummheit ist, um Habermas zu paraphrasieren, eine beunruhigende Frage an die Bürger des Westens. An jene, die einander Menschenrechte verleihen, Menschenpflichten zutrauen, selbstverständlich einschlägige staatliche Garantien beanspruchen. Hier liegt jene Demütigung von Staats wegen vor, die Avishai Margalit zufolge in einem anständigen Staat nicht vorkommt.

»Im Übrigen gibt das Prinzip der Menschenwürde nicht auf jede moralische Frage eine Antwort. Weder im Bereich der Ethik noch in dem des Rechts ist die Menschenwürde also alles, aber alles ist nichts ohne die Anerkennung der Würde des Menschen.«[53]

Der Autor um Würde ringend, zwischen menschlichem Minimum und oberstem normativem Prinzip

Sympathy for Augustinus. Habe nun, ach, die Warnung der freundlichen Philosophin in den Wind geschlagen. Es ist nicht deine Aufgabe, sagte sie, dich mit Menschenwürde philosophisch auseinanderzusetzen. Entsetzt starrt der Lektor auf meinen Büchertisch. Erzähle, Autor, denke nicht! Hämisch grinst der belesene Anwalt. Seine Bibliothek ist viel größer! Mit links zieht er ein Dutzend Bände hervor, die ich noch nicht gelesen habe. Ich weiß, es ist nicht meine Aufgabe. Aber ich gebe mich selbst auf, wenn ich nicht versuche, mir Klarheit zu schaffen.

Was ist Würde, außer eine Norm, ein Wert, ein Prinzip? Würde ist zuerst eine Eigenschaft oder Haltung der Person. Als Person verstehen Philosophen menschliche Lebewesen, die der Selbstachtung fähig sind. Auch der Autor dieses Buches ist eine Person. Die zwischengeschalteten Betrachtungen seines Tagebuchs der verlorenen Würde möchten nicht nur egomanisch unterhalten, sondern zeigen, dass es auch für den Autor nicht immer leicht ist, seine Würde zu bewahren.

Respekt, Wertschätzung, Achtung, Ehre – auch über diese Haltungen, Eigenschaften, Verhaltensweisen wurde viel Kluges geschrieben. Am Ende sind sie Momente von Würde. Würde klingt altmodischer, scheint mir aber grundlegender.

Beim Versuch, zu dem vorzudringen, was Würde für uns bedeutet, kommt mir schnell eine Bemerkung des heiligen Augustinus in den Sinn. Solange ihn niemand danach frage, wisse er genau, was Zeit sei, sobald er es aber erklären solle, wisse er es nicht mehr, sagte er. Dieses Dilemma des Augustinus präsentiert uns ein Autor, der sich um die Definition von Würde als Rechtsbegriff intensiv und erfolgreich bemüht, der deutsche Jurist Paul Tiedemann.[1]

Ja, über Würde nachzudenken, ist ein hartes Brot. Wer nie sein Brot mit Würde aß ... Andererseits, wie kann ich der Republik Würde absprechen, ohne den Versuch zu machen, sie zu fassen?

Frag nach bei Kant. Kants Behauptung, die Würde habe keinen Preis, verweist jeden auf sich selbst und auf seine Freiheit zu entscheiden, auf seine Autonomie. Diese Entscheidungsfreiheit meint aber keine Willkür, sondern bezieht sich auf die Fähigkeit, »nur solche Normen anzuerkennen und zu befolgen, die vernünftig begründbar und nicht durch externe Autoritäten schlicht vorgegeben sind«[2].

Der Preis, den Kant meint, bezieht sich auf die Vergleichbarkeit von Werten. Man kann Werte gegeneinander abwägen, nicht bloß Geldbeträge. Wichtig ist: Würde entzieht sich – ihrer Wortwurzel »Wert« zum Trotz – diesem Vergleich. Jedem Menschen kommt ein absoluter Wert zu, das ist zweifellos ein Werturteil. Menschenwürde ist der Name dieses Werturteils, sagt Tiedemann.

Blöde Frage. Wenn die freie Entscheidung der Grund für die Würde ist, kann sich dann jemand dafür entscheiden, unwürdig zu sein? Nein, er kann sich nur entscheiden, unwürdig zu handeln. Würde kommt ihm zu, weil er fähig ist, dem Sittengesetz entsprechend zu handeln – einem Sittengesetz, das er sich selbst gibt. Böse zu handeln, kostet einen die Würde, nimmt einem aber nicht die Möglichkeit, zu ihr zurückzukehren. Kants

Instrumentalisierungsverbot (jemanden andern als Mittel zu benützen) gilt im Übrigen auch für die eigene Person, für Selbstmord, Selbstbefriedigung, Lüge, Schleimerei.

Uneinigkeit unter Philosophinnen. Man unterschätze nicht die Kraft der Intuition. Jeder spürt, was Würde ist. Aber jeder Philosoph, jede Denkerin, die man konsultiert, definiert sie anders. Das kann sehr anregend sein. Aber auch ermüdend. Ich erspare Ihnen eine Aufzählung von Namen der fleißigsten Kantianerinnen. Der Philosoph Franz Joseph Wetz, Autor einer umfassenden Studie über Menschenwürde, sieht heute einen egalitären Würdebegriff an die Stelle des alten Ehrbegriffs treten[3] und fordert eine neue Sensibilität, eine neue Menschenrechtskultur, wobei er »die Positivierung der Menschenrechte als Grundlage menschlicher Würde«[4] bezeichnet. Jürgen Habermas und Paul Tiedemann sehen das genau umgekehrt: Die Menschenwürde ist die Grundlage, auf der die Menschenrechte zum gesetzten Recht wurden.

Utilitaristen wie Dieter Birnbacher versuchen Würde als ein »Ensemble bestimmter grundlegender Rechte«[5] zu fassen, aus Freiheit, Schmerzfreiheit, minimaler Grundversorgung für ein respektables Leben, Selbstachtung. Leider verflüchtigt sich dabei die Idee der Würde. Viele Philosophen definieren Würde als Ergebnis eines Kampfs, einer Anstrengung, eines Prozesses. Von solchen Konzepten grenzt sich wiederum der katholische Denker Robert Spaemann scharf ab. Nur weil wir das Absolute repräsentieren, sprich, wegen unsere Gottesebenbildlichkeit komme uns Würde zu. Thomas von Aquin lässt grüßen. Man könne dem Menschen seine Würde nicht nehmen, er könne sie nur selbst einbüßen, folgert Spaemann.

Das Problem der Folter. Spaemanns Würdekonzept führt ihn zu paradoxen Annahmen wie jener, ein Folterer verliere seine Würde, könne diese aber seinem Opfer nicht nehmen. Gefolterte sehen das anders. Jean Améry, der die Folter als Opfer kannte, beharrte darauf, dass sie die ultimative Demütigung sei, ja, dass man danach nicht mehr heimisch werden könne in der Welt.[6] Die Würde des Gefolterten wird im Augenblick der Folter zerstört. Dennoch handeln Folterer würdelos. Würdelosigkeit muss man auch Staaten attestieren, die Folter zu ihren Zwecken einsetzen, wie die USA in Guantanamo.

Foltern heißt der UN-Konvention zufolge, einem Menschen körperliche oder psychische Schmerzen oder Leiden zuzufügen, um einen bestimmten Zweck zu erreichen. Man könnte auch sagen, die Qualen hätten den Zweck, »die Authentizität und Identität einer Person zu zerstören«[7]. Was sich oft darin zeigt, dass sich die Gequälten mit ihren Peinigern identifizieren. Diese wiederum können nicht davon absehen, dass sie es mit Menschen zu tun haben. Das Paradox der Demütigung besteht darin, dass es um Ausübung absoluter Macht geht, dass diese aber nur »über etwas ausgeübt werden kann, das nicht menschlich ist«[8]. Der israelische Philosoph Avishai Margalit bezieht sich auf Hegels Herr-und-Knecht-Dialektik und gebraucht das Bild eines Fußballspiels: Man will den Gegner vernichtend schlagen, aber je höher man ihn schlägt, desto mehr entwertet man seine eigene Überlegenheit. Heinrich Himmler, der Chef der SS, wies darauf hin, dass die Vernichtung von Juden eine größere Heldentat sei als die Vernichtung von Ratten, obwohl die Nazipropaganda die Juden als solche bezeichnet hatte. Auch die Nazis konnten nicht vergessen, dass es sich um Menschen handelte, sie taten nur so, als ob es keine wären.

Demütigung. Achtung und Selbstachtung sind Schlüsselbegriffe bei Margalit, dessen Buch bereits im Titel die Würde trägt: »Politik der Würde« widmet sich nicht nur der personalen Würde, sondern auch deren institutionellen Voraussetzungen. Was ist ein anständiger Staat? Ein Staat, der seine Bürger nicht demütigt.

Würde hat mit Stolz zu tun. »Stolz ist ein Ausdruck unseres Selbstwertgefühls, Würde ein Ausdruck der Achtung, die Menschen aufgrund ihres Menschseins sich selbst entgegenbringen. Würde verkörpert gleichsam den äußeren Aspekt der Selbstachtung. Selbstachtung ist jene Haltung, die Menschen ihrem eigenen Menschsein gegenüber einnehmen, und Würde ist die Summe aller Verhaltensweisen, die bezeugen, dass ein Mensch sich selbst tatsächlich achtet.«[9]

Margalit schlägt vor, eine Person deswegen zu achten, weil sie »das eigene Leben grundsätzlich ändern kann«[10]. Auch der am tiefsten gefallene Bösewicht könne noch einmal neu anfangen. Diese Fähigkeit, sich zu ändern, begründe Respekt, den man einer Person entgegenbringe. Bei Margalit läuft alles auf die Vermeidung von Demütigung hinaus. Weshalb stellt verletzte Würde eine Demütigung dar? Weil dem Menschen als einem Tempel Ehre gebührt, »in dem die göttliche Kraft wirkt«[11]. Menschliche Würde sei dasjenige Verhalten, »das den Bereich der menschlichen Ehre absteckt«.

Margalit verzichtet jedoch darauf, die »Menschenwürde aus der menschlichen Willensfreiheit« zu begründen. Er befürchtet, dies könnte »die systematische Vernichtung geistig behinderter Menschen rechtfertigen«. Damit setzt er voraus, was er erst begründen wollte, nämlich das Wissen, was Menschenwürde wirklich sei.[12]

Wer hat nun Würde? Alle Menschen? Alle Lebewesen? Warum? Weil sie vernunftbegabt sind? Was ist dann mit jenen Menschen, die in dem Sinn keine Personen mehr sind, weil sie ihren Verstand und ihr Gedächtnis verloren haben? Ihnen kommt, zumindest wenn wir Tiedemann folgen, in der Tat keine Würde mehr zu. Was nicht heißt, dass sie unwürdig behandelt werden dürfen. Es gibt viele andere ethische Grundsätze, die uns gebieten, sie gut zu behandeln. Wie alle Lebewesen. Tiedemann nennt die Goldene Regel.

Stets zielt der Würdebegriff auf so etwas wie ein »menschliches Minimum, an dem die Person partizipieren können muss, wenn sie ein wahrhaft menschliches Leben führen will«. Aber was wäre dieses Minimum? In einer Einführung ins Thema Menschenwürde lesen wir: Würde ist ein universelles Gut, das wir haben, weil wir Menschen sind. Es kommt uns zu, weil andere uns achten, es wird nur dann voll realisiert, wenn wir uns auch selbst achten, diese Selbstachtung darzustellen vermögen und Lebensumstände vorfinden, die uns das nicht unmöglich machen.[13]

Ob ein Mensch Würde besitze, sei eine andere Frage als die nach dem Schutz dieser Würde. Würde brauche gerade deswegen einen unabstufbaren Schutz, weil sie abstufbar sei. Es handle sich um ein »Potenzial«, an dem zwar jede menschliche Lebensform qua Menschsein von vornherein teilhat, das aber nur dann vollständig verwirklicht werden kann, wenn die Betroffenen grund- und menschenrechtlichen Schutz genießen. Soll heißen: Würde wird geschützt, damit man Würde haben kann.[14]

Ein anderer Philosoph widerspricht. »Das genau ist philosophischer Verrat am Geist der Menschenrechtserklärungen. Dort haben sie deklariert: Menschen kommt Würde zu. Punkt. Das ist so, weil wir es erklärt haben. Punkt.«[15] Das sei kein Dezisionismus, denn »weiterhin müsse die Geltung der Menschenrechte ständig argumentiert und erneuert werden, das bleibt uns

sowieso nicht erspart. Die Erklärungen der Menschenrechte
hätten aber die Bedeutung des Wortes auf ›Würde des Menschen als Person‹ vereindeutigt.«[16]

Noch eine Definition. Nach diesem erfrischend schlichten philosophischen Ei des Kolumbus können wir uns die ambitionierte
Definition eines Verwaltungsrichters gönnen. Paul Tiedemann
definiert Menschenwürde als den »absoluten Wert, der einer
Person im Hinblick darauf zukommt, dass sie selbst die grundsätzliche Fähigkeit hat, sich aufgrund eigener Überlegungen
selbst in ihrem Willen zu bestimmen und sich so als Urheber
ihres Willens mit sich selbst zu identifizieren«.[17]
Tiedemann sieht Werte skeptisch. Man darf seine Rede vom
absoluten Wert also nicht mit einer Wertethik verwechseln.
Sein absoluter Wert »beruht auch darauf, dass das Bewusstsein
der eigenen Würde aus einem kommunikativen Prozess
hervor(geht), aus dem gleichursprünglich auch das Bewusstsein fremder Würde hervorgeht«[18].

Wozu der Aufwand? Der Neonietzscheaner Stefan Lorenz
Sorgner kommt am Ende seiner gründlichen Auseinandersetzung mit Nietzsches Würdebegriff zum Schluss, die Sonderstellung des Menschen sei nicht aufrechtzuerhalten. Kein
Grund, die Menschenwürde zu verwerfen, aber »die kategoriale
Unterscheidung zwischen Menschen und Nichtmenschen sollte
zu einer graduellen werden«.[19] Sorgner beschwört einen »Post-
humanismus«, der unserem gewandelten Menschenbild ent-
spreche. Der Mensch sei seit Darwin dem Evolutionsprozess
eingegliedert, also eine Art Tier. Ferner sei unser Ich nicht mehr
Herr im eigenen Haus, da wir unseren Trieben ausgeliefert
seien. Neue Kommunikationsverhältnisse und biotechnische
Veränderungen an Menschen täten ein Übriges.[20] Peter Sloter-

dijks Menschenpark und Peter Singers Speziesismus lassen grüßen.

Der Würdebegriff und seine Ableitungen haben also Konsequenzen. Betrachtet man Würde als jeder Form von menschlichem Leben angeboren, dann darf sie niemals eingeschränkt werden. Betrachtet man Würde hingegen als bloß erworben und dazu noch abstufbar, kann man zum Beispiel mit menschlichen Embryonen nach Belieben verfahren.

Zum Thema Tierwürde werden zunehmend mehr Überlegungen angestellt. Auch die Würde der Kreatur wird strapaziert, als solche steht sie sogar in der Schweizer Verfassung. Dagegen gibt es viele Argumente. Eines der besten hat Tiedemann: Tieren kommt keine Würde zu, weil wir uns nicht über Tiere als authentische Personen identifizieren können.[21] Was nicht heißt, dass wir Tiere nicht achten sollen. Weder dürfen wir ihre Fähigkeiten unterschätzen noch sie quälen oder gar als bloße Dinge behandeln. Sie zu achten ist etwas anderes, als ihnen Würde zuzuschreiben.

Wert und Würde. Der Zusammenhang zwischen beiden ist prekär. Der berüchtigte, aber scharfsinnige Rechtsphilosoph Carl Schmitt, Kronjurist der Nazis, konstatierte in seiner Schrift »Die Tyrannei der Werte« (1967) lakonisch: »Tugenden übt man aus; Befehle werden vollzogen; aber Werte werden gesetzt und durchgesetzt.«[22] Wer ihnen philosophisch objektive Geltung beimesse, verfolge »eine bloße Machtstrategie«, schreibt der Philosoph Herbert Schnädelbach und fügt zähneknirschend hinzu, es falle schwer, diese These ausgerechnet aus der Feder eines Mannes wie Schmitt zu akzeptieren. Aber nur eine Rechtspflege, die »sich auf das Normative beschränkt und die stets subjektiven Wertüberzeugungen sich selbst überlässt, sichert die individuelle Freiheit gegenüber Werttyrannen«.[23]

Der Publizist Eberhard Straub spielt im Titel seines Buches »Zur

Tyrannei der Werte« auf Schmitt an. Der Kapitalismus vollende »sich nicht im Rechtsstaat, sondern in der Wertegemeinschaft«, heißt es da. Die Werte könnten wie Waren »auf dem Markt dauernd verändert« werden.[24] Der Rechtsstaat verbürgt dagegen Grundfreiheiten, gewiss, aber weder Recht noch Rechtsstaat sind immerwährende Garanten dieser Freiheiten.

Der französische Philosoph Étienne Balibar weist im Blick auf übernationale Zusammenschlüsse darauf hin, »dass die Demokratie nicht nur ein Staat ist, der auf gleichem Recht beruht, d. h. auf gleichförmiger Behandlung ihrer Mitglieder, (...) sondern auch ein historischer Prozess, indem diese Rechte auf die ganze Menschheit ausgedehnt werden«[25]. Balibar beruft sich auf jenen »kosmopolitischen Horizont« der Menschenrechte, den schon die Aufklärer im Auge hatten. Auch für sein Argument könnte gelten, was Schnädelbach zur Verteidigung des Rechtsstaats sagt: »Die Menschenwürde als oberstes normatives Prinzip begründet die individuellen Freiheiten unabhängig von bestimmten Werteüberzeugungen, die in der modernen Welt stets wandelbar und umstritten bleiben.«[26]

Verachtet die Verächter. »Die Essenz des Romans ist die Selbstverachtung der Gesellschaft«, sagt der Autor Rainald Goetz über sein Buch »Johann Holtrop«.[27] Verachtung ist der Gegenbegriff zu Würde. Die absichtsvolle Entwürdigung. Kommt natürlich besser als langatmige philosophische Begründungen. Der nackte Hintern von Brigitte Bardot im Film »Le Mépris« (Die Verachtung) von Jean-Luc Godard. Die Filmproduzenten bestanden darauf, die Kunst mit nackter Haut kassafähig zu machen (was übrigens misslang). Würde und Entwürdigung verschränken sich im Titel und im Inhalt des Films, beide sind von Anfang an auch ästhetische Begriffe.

Nachsatz. Vor der neuen Geltung der Würde als oberstes normatives Prinzip gewinnt Nietzsches Kritik Aktualität. Nicht nur Nietzsches Verteidigern fällt auf, »dass Menschenwürde zur ›geballten Kraft‹«[28], sozusagen zum Killerargument mutiert ist, mit dem man jede Debatte ersticken kann. Da ist was dran. Es genügt oft, das Wort Meinungsfreiheit in den Mund zu nehmen, um die Schandtaten eines Boulevards zu rechtfertigen, der am anderen Ende dessen angesiedelt ist, was man unter Menschenwürde versteht. Gerade Medien schrecken im vorgeblichen Dienst an der Menschenwürde nicht davor zurück, einzelne Menschen um ihre Würde zu bringen. Eine Journalistin des *Stern* hielt die Beleidigung ihrer Würde so lange zurück, bis die Publikation den optimalen Demütigungseffekt für ihren Beleidiger und zugleich optimales öffentliches Aufsehen für sie und ihr Blatt versprach – eine Art hypothetischer Empörung.

Das Spiel mit der Würde hat sich unter dem Aspekt der political correctness vervielfältigt. Würde hat einen politisch-polemischen Drall, der anderen moralischen und rechtlichen Begriffen nicht mehr anzumerken ist. Würde oszilliert zwischen diskursivem Killerwort und schleimiger Totstreichelphrase. Das ist möglich, weil sie zum Verfassungsprinzip wurde und ihr moralischer Kern trotz ehrwürdiger Versuche schwer bestimmbar blieb. Macht nichts: Gerade tragende Prinzipien müssen sich immer wieder neu begründen lassen.

3. Europa.
Ein Herzenskapitel

Die Welt wird von
Marktkräften regiert
Alan Greenspan

Ich bin Herzenseuropäer. Leicht fällt mir das heute nicht mehr. Ich rede nicht von Glühbirnen, die verzögert aufleuchten, Schuldenbremsen, die sofort stechen, monstrosen Stahlskelettscheuncn, schlauen Agrarbürokraten, die nur auf Fördergelder aus sind, um die Gegend hässlicher und sich selber reicher zu machen. Ich rede nicht von den Lagern an den Außengrenzen und nicht von Folter und Mördergruben im Inneren, ich rede nicht von industriefreundlichen Verordnungen und Liberalisierungen gegen den Geist Europas, nicht von Fleischskandalen und Emissionszertifikaten. Ich rede von der europäischen Krise, also von all dem und noch mehr. Die europäische Krise macht einem das Herz schon deswegen schwer, weil es unmöglich scheint, über die Natur dieser Krise Einverständnis herzustellen. Die herrschende Politik in der EU beruht auf der Annahme, es handle sich um eine Krise einzelner Staaten, die man durch entsprechendes Haushalten schon in den Griff bekommen werde. Deshalb entfaltet Deutschland sein segensreiches oder – je nach Perspektive – unseliges Regime des Eingreifens in gescheiterte nationale Volkswirtschaften. Und wenn die nicht wollen, dann wird ihnen eben geholfen – mit außerdemokratischen Mitteln. Um die Demokratie zu retten, opfern wir die Demokratie. Halb so schlimm, könnte man als Zyniker sagen, die europäische Demokratie ist eben ein unvollendetes Projekt.

Doppelt so schlimm, sagt der Herzenseuropäer, denn so war das Projekt Europa nicht gemeint. Es war zwar durchaus nicht als Projekt der Demokratisierung, aber als demokratisches Projekt gemeint. Das Nachkriegsregime in allen europäischen Staaten verhielt sich in demokratischer Hinsicht vorsichtig; es hieß wehrhafte Demokratie. Ein Weimarer Debakel, als eine Demokratie sich zugunsten Hitlers wegwählte, oder ein Wiener Debakel, als sich das österreichische Parlament »selbst ausschaltete«, wie das der Ausschalter Engelbert Dollfuß nannte (beides 1933), sollte nie mehr vorkommen dürfen. Der Kalte Krieg tat ein Übriges: Die Rekonstruktion des demokratischen Westeuropa fand unter einem Generalvorbehalt gegen Volkssouveränität statt.[1] Die wehrhafte Demokratie diente in der Bundesrepublik (und in Österreich) unter anderem dazu, Naziparteien zu verbieten; in Italien scheiterte Ähnliches, weil der Vatikan sich die rechte Option nicht verbauen wollte.

Die Konstruktion der EU schloss sich diesem Vorbehalt nahtlos an. Das verfassungsorientierte demokratische Denken verleitete die Regierungen dazu, ihre Parlamente fürsorglich zu entmachten. Die Gründung des Europararats und die Erklärung der Menschenrechte gingen ebenfalls in diese Richtung. Der zu Recht wegen mangelnder demokratischer Legitimität kritisierte Europäische Rat, in dem die Regierungschefs der Mitgliedstaaten die EU regieren, ist nur eine weitere Konsequenz aus diesem Vorbehalt. Hätte die Europäische Union wenigstens die Funktion eines aufgeklärten Despoten erfüllt, müssten wir nicht von einer politischen Krise sprechen.

Kann die EU Demokratie garantieren, indem sie diese beschränkt? Sie scheitert schon daran, liberaldemokratische Prinzipien in ihren Mitgliedstaaten durchzusetzen. Der Fall Ungarn zeigt das neuerdings auf erschreckende Weise. Was aber garantiert sie, wenn sie die Demokratie einschränkt? Das demokratisch nicht legitimierte, nur durch wirtschaftliche Vernunft begründete Regime der Troika in den Fällen Zypern und Griechenland zeigt, dass die EU sehr wohl durchzugreifen weiß. Allerdings nicht in politischer, nur in wirtschaftspolitischer Absicht. Hier weicht die Demokratie den sogenannten Märkten.

Österreich hat im Jahr 2000 die wegen der Beteiligung der FPÖ an der Regierung verhängten Sanktionen der EU-14 erlebt. Gern übersieht man, dass Jörg Haider danach nicht in die Regierung ging, und stellt nur die Nebenwirkung heraus, dass die konservativ-rechte Regierung Wolfgang Schüssels diese versuchte europäische Intervention für einen antieuropäischen Schulterschluss nutzte, auf dessen Welle sie noch die folgende Wahl 2002 gewann.

Die christlichsoziale ÖVP hat als Europapartei angefangen und endet, nachdem sie ihre europäischen Politiker entsorgt hat, als merkwürdiges Zwitterwesen. In Europa stellt sie engagierte, europäisch gesinnte Abgeordnete wie Othmar Karas (und korrupte wie Ernst Strasser), zu Hause flirtet sie mit antieuropäischen Ressentiments und merkwürdigen Allianzen. In der Nachfolge von Schüssels Koalition sähen Teile der Industriellenvereinigung lieber heute als morgen eine Koalition mit dem rechten FPÖ-Chef Heinz-Christian Strache oder auch eine Dreierkoalition mit Strache und Frank Stronach. Die offen vorgetragene antieuropäische Gesinnung dieser beiden Herren macht sie für die Ex-Europapartei ÖVP keineswegs unberührbar.

Eine Herzensaffäre. Die Europapolitik der ÖVP wird personell von ihrem starken Mann, dem niederösterreichischen Landeshauptmann Erwin Pröll, bestimmt. Den Pröllschen Neoabsolutismus kann man als eine Art schmähgemilderte austrochinesische Variante bezeichnen – so viel Kapitalismus wie möglich, so viel Demokratie wie nötig, und immer katholisch. Pröll hatte Ernst Strasser als Delegationsleiter im EU-Parlament Othmar Karas vor die Nase gesetzt, obwohl dieser die meisten Vorzugsstimmen bei der Wahl erhalten hatte. Aus Prölls Reich kommt auch Außenminister Michael Spindelegger. Kurz nachdem dieser zum Vizekanzler befördert worden war, veranstaltete er im August 2011 eine gemeinsame Konferenz österreichischer und ungarischer Botschafter im ungarischen Pannonhalma. »Hier in Pannonhalma, an diesem für die Geschichte unserer beiden Länder bedeutsamen Ort, kommen Tradition und Auftrag zusammen«, sagte Spindelegger. Welche Tradition war gemeint? Pannonhalma, das sprach Spindelegger nicht aus, ist eine Herzgruft der Habsburger, und gerade eben war dort das Herz des »letzten Kaisers«, Otto Habsburg, bestattet worden.

Eine monarchistische Tradition, die Demokratie außer Kraft zu setzen, wird der Außenminister wohl nicht gemeint haben. Aber er ließ es offen: »Damit ist auch umrissen, worum es in unseren bilateralen Beziehungen geht: das Erreichte nicht nur zu bewahren, sondern darauf aufbauend noch enger zusammenzuarbeiten und gemeinsam mehr zu erreichen.«[2] Als Gastredner traten der ungarische und der italienische Außenminister, János Martonyi und Franco Frattini, auf. Spindelegger äußerte kein Wort der Kritik an Orbán oder Berlusconi. Im Gegenteil, er fand ein Wort der dialogischen Hoffnung. Einen nachhaltigen »Beitrag zur globalen Vertrauensbildung und Friedenssicherung durch Initiativen im Bereich des Dialogs der Kulturen und Religionen zu leisten«, hob Spindelegger als ein wichtiges Ziel der österreichischen Auslandskulturpolitik hervor und verwies auf die baldige Eröffnung eines internationalen Dialogzentrums in Wien mit dem Ziel, »den Dialog der Religionen und Kulturen auf allen Ebenen zu unterstützen«. Finanziert wird das mittlerweile in Betrieb gegangene Abdullah-Zentrum von Saudi-Arabien, die abgehalfterte ÖVP-Politikerin Claudia Bandion-Ortner leitet es. Eine Achse Wien–Rom–Budapest im Geist wahhabitischer Toleranz – österreichische Außenpolitik im 21. Jahrhundert.

Im Fall des Mitgliedstaats Ungarn bestand die Krise darin, dass die Union es die längste Zeit vorzog, diese spezielle Krise gar nicht zu bemerken, geschweige denn, mit Sanktionen zu reagieren, wie es die vierzehn Staaten im Fall Österreich taten und es die EU dann im Fall Berlusconi unterließ. Immerhin hat die Kommission nun die Einleitung eines Verfahrens gegen Ungarn angekündigt. Zwar hätte die EU mit Artikel 7 des EU-Vertrags die Möglichkeit, einem Land den Ausschluss anzudrohen, wenn Menschenwürde oder Demokratie in Gefahr sind. Aber »die europäischen Regierungen denken nicht in europäischen Zusammenhängen«[3].

Spindeleggers jüngster Satz – ich weiß nicht mehr, ob er fiel, als Orbán die Pressefreiheit einschränkte, das Verfassungsgericht entmündigte oder dem antisemitischen Treiben oder der Hetzjagd auf Roma und Sinti durch die Jobbik-Partei zusah – lautete übrigens: »Wir werden uns mit allem Nachdruck mit dem Nachbarn zusammensetzen.«[4] Schenkelreiben gegen die Kaltherzigkeit?

Drei Wurzeln des Krisenherds. Europa ist in einer politischen Legitimationskrise, in einer ökonomischen Krise und in einer Krise seiner Öffentlichkeit. Die dritte Krise, kann man sagen, verhindert, dass die erste zum Thema wird. Sie bleibt Sache der Intellektuellen.

Die Massenpresse und selbst das öffentlich-rechtliche Fernsehen stellen die Krise nur ökonomisch dar. Und weitgehend falsch, nämlich neoliberal. Oder blödsinnig, als begeistertes Referieren der Börsenkurse zum Abschluss der Nachrichten oder als psychologischen Schmonzes zur Interpretation dieser Vorgänge: Katzenjammer in Tokio, Feierlaune in New York. Kritiker sind in Talkshows als Gäste zugelassen, nehmen aber, wie in Österreich Stephan Schulmeister oder der Attac-Gründer Christian Felber, die Rolle geduldeter Hofclowns ein, denen man altgediente Politiker gegenübersetzt, Heilige, die unbewegt auf der Säule ihrer Routine hocken und ihre alten Markt-Mantras rezitieren.

Multinationale Konzerne wie Murdochs Medienimperium haben gezeigt, wie man Regierungen in den Dienst nimmt und Politiker besticht. Berlusconi hat ein ganzes Land entpolitisiert, softpornographisiert und mit seinen vertrottelten Shows für das durch den Komiker Beppe Grillo herbeigeführte Patt reif gemacht. Auch die deutschsprachigen Staaten mit ihren öffentlich-rechtlichen Rundfunk- und Fernsehanstalten leisten der Verdummung wenig Widerstand. Selbst einstige Wachtürme kritischen Denkens wie die Hamburger *Zeit* ergehen sich im Personenkult Angela Merkels.

Die Qualitätspresse ist in der Defensive, die Europadebatten der deutschen Eliten haben etwas von Pfeifen im Wald, während sie in Österreich mangels qualifizierter Öffentlichkeit weitgehend unterbleiben. Immerhin finden in den Feuilletons der *Frankfurter Allgemeinen Zeitung* und der *Süddeutschen Zeitung* die einzigen europäischen Auseinandersetzungen in deutscher Sprache diesseits einer speziellen Öffentlichkeit statt, die es sich zu lesen lohnt. Immerhin decken internationale Qualitätsblätter gemeinsam Affären wie Wikileaks oder Offshoreleaks auf.

Perry Anderson, der linke britische Historiker, beklagt die Abwesenheit einer europäischen Öffentlichkeit, wie sie in der Gelehrtenwelt der Aufklärung oder auch im 19. Jahrhundert bestanden habe (und polemisiert dann gegen Jürgen Habermas, eine der seltenen Erscheinungen, die etwas für die Wiederentstehung einer solchen Welt tun). Im Internet wächst keine neue Aufklärung, vielmehr die Dominanz amerikani-

scher Weltkonzerne wie Google, die ihre Gewinne steuerschonend außer Landes schaffen.

Die Europäische Union überlässt es ihren Mitgliedsländern,
für einen europäischen Diskurs zu sorgen. So sieht er dann
aus. In europäischer Hinsicht bleibt das Publikum weitgehend auf sich selbst beschränkte Provinz, da hat Anderson
Recht, mit wenigen Ausnahmen – wie in Österreich Robert
Menasse – beobachten wir fassungslos und aus sicherer Distanz, wie uns eine wunderbare Idee in der Realität zu entglei-
ten droht.

Der politische Weg ins Herz der Krise. Ehe wir die Krise ökonomisch betrachten, werfen wir einen kurzen politischen Blick
auf die Vorgeschichte der EU. Im Zeichen des Nie-mehr-
wieder-Krieg, Nie-mehr-wieder-Faschismus gegründet, als
Wirtschaftszusammenschluss der Kriegsschlüsselindustrien
Kohle und Stahl, sollte diese Wirtschaftsunion den Nationa-
lismen den Stachel ziehen und für Frieden sorgen. Das zumindest hat funktioniert, und wie alles, was funktioniert, wird es
nicht mehr gewürdigt. Sonntagsreden und pastorale Herzens-
mühen kann man sich sparen. Das Volk ist undankbar und
will von Zeit zu Zeit die Erfahrung des Krieges machen; ein gewisser, schon von Kant vorhergesagter Vorteil besteht darin,
dass demokratisch regierte Staaten gegeneinander keinen
Krieg führen. Gleich wieder kommt uns zu Bewusstsein, dass
sich in der Europäischen Union die Demokratiefrage stellt.

Der erwähnte Demokratievorbehalt bedeutet ja keineswegs,
dass es sich bei den europäischen Staaten nicht um Demokratien handelt, gemeint ist deren demokratische Selbstbeschränkung. Ein gefährliches Argument, aber unbeschränkte
Demokratie gibt es ebenso wenig wie unbeschränkte individuelle Freiheit. Beabsichtigt war am Anfang der EU eine dia-
lektische Entwicklung, in der sich aus ökonomischen Zu-

sammenschlüssen Institutionen entwickeln sollten, welche wiederum ökonomische Wirkung entfalten würden undsoweiter. Das war die Idee des französischen Gründervaters Jean Monnet, Jacques Delors, der langjährige Präsident der Europäischen Kommission, trug sie weiter.

1989 änderte dieses Spiel. Mit der deutschen Einheit schien die Balance der Kräfte in Europa gefährdet; ein größeres Deutschland bedrohte sie. Helmut Kohl erreichte die Zustimmung Frankreichs zur deutschen Einheit nur um den Preis einer gemeinsamen Währung. Mit seiner Zustimmung zum Euro setzte er auch durch, dass die Europäische Zentralbank nach dem Muster der Deutschen Bank eingerichtet wurde. Diese Bank sollte sich einzig um Inflation und Preisstabilität kümmern, teilweise, weil den Deutschen noch immer das Gespenst der Inflation aus den zwanziger Jahren im Genick saß, das zum Nationalsozialismus führte. Und teilweise, weil es im nationalen Interesse der Deutschen lag. Deutschland senkte das Lohnniveau, um die Kosten der Einheit abzufedern, das Wirtschaftswachstum ließ nach, aber die deutsche Industrie erlangte dank sinkender Kosten immer mehr Vorteile im Export. Südosteuropa litt und wurde mit billigen Krediten ruhiggestellt, mit denen es deutsche Ware kaufte, von Rüstung bis Automobil.

Die Einführung der gemeinsamen Währung änderte die Form der eingeschlagenen Entwicklung. Eine Währung, erklärt der französische Ökonom Michel Aglietta, ist nämlich kein Sektor wie Grundstoffindustrie oder Landwirtschaft und lässt sich nicht nach deren Gesetzen integrieren.[5] So fand sich die EU in einer neuen Situation: In einem politischen Akt hatte die Politik entschieden, ihre Macht an die Finanzinstitutionen, also an »die Märkte«, abzugeben. Europäische Politik hatte ihren Aggregatzustand geändert: Aus einem Prozess von sich langsam einander angleichenden Nationalstaaten, aus einem gemeinsamen Wirtschaftsraum, den die Engländer noch als Freihandelszone interpretieren konnten, war mit Vehemenz etwas anderes geworden – eine Eurozone, ein Experiment, eine Gemeinschaft. Weit mehr als eine Ansammlung von Nationalstaaten, weit weniger als ein Staat.

Herz in der Hose – der marktkonforme Hegemon. Die deutsche Bundeskanzlerin Angela Merkel spricht von der »marktkonformen Demokratie«. Im September 2011 sagte sie beim Besuch des portugiesischen Ministerpräsidenten Pedro Passos Coelho: »Wir leben ja in einer Demokratie und sind auch froh darüber. Das ist eine parlamentarische Demokratie. Deshalb ist das Budgetrecht ein Kernrecht des Parlaments. Insofern werden wir Wege finden, die parlamentarische Mitbestimmung so zu gestalten, dass sie trotzdem auch marktkonform ist, also dass sich auf den Märkten die entsprechenden Signale ergeben.«

Damit sei nur gemeint gewesen, »die Arbeit des Parlaments sei so auszurichten, dass sie die Möglichkeit hat, die Märkte überhaupt zu beeinflussen«, schrieb ein Verteidiger Merkels eilfertig. Im Übrigen habe sie auch von »Leitplanken« gesprochen, die man den Märkten errichten müsse, »sonst beherrschen sie uns«[6]. Die Frage der Postdemokratie, die in diesem Zusammenhang auftaucht, ist dennoch nicht unberechtigt. Es kommt nicht nur auf Worte an, sondern auch auf Taten.

Deutschland ist Europas Hegemonialmacht, jede neue Krise zeigt es stärker. Das ist an sich nichts Böses, beteuern Apologeten wie der Konstanzer Rechtsprofessor Christoph Schönberger.[7] Hegemonie auf Neudeutsch bedeutet zwar noch immer eine gewisse Schüchternheit bei der Ausübung von Führung. Der sensible Deutsche zuckt schon bei diesem Wort leicht zusammen, aber mit der Gewöhnung gibt sich die Scheu. Perry Anderson weist auf Schönbergers Aufsatz mit der Frage hin, wie lange sich Frankreich diese »freiwillige Unterordnung«

wohl gefallen lassen werde. Der italienische Philosoph Giorgio Agamben, politisch ganz anders orientiert als Anderson, fordert bereits ein katholisch-lateinisches Reich des Südens unter französischer Führung gegen das Diktat des protestantischen Nordens. Abgesehen vom gefährlichen Irrationalismus solcher Ideen zerrisse es uns Österreichern dabei das Herz: Wir hängen ökonomisch am Rockzipfel Deutschlands, sind aber durch und durch katholisch.

Ein umfassend gebildeter, polemischer Geist wie Anderson lässt sich das von Schönberger erwähnte Beispiel einer Führungsmacht in einem föderalen Bund nicht entgehen: die Rolle Preußens im Deutschen Reich des 19. und 20. Jahrhunderts. Das Verhältnis Deutschlands zu Frankreich erinnere an jenes Preußens zu Bayern im 19. Jahrhundert, und man wisse ja, was Bismarck über die Bayern gesagt habe. Sie seien »der Übergang vom Österreicher zum Menschen«.

Österreich weiß, was es Bismarck zu verdanken hat: den Übergang vom Kaiserreich zum Reststaat. Beziehungsweise hat es davon keine Ahnung. Europa als Feindbild zu erzeugen gelingt der hiesigen polit-medialen Kaste hingegen prächtig. Aber die Idee, dass die Habsburgermonarchie eine erste Form der Vereinigten Staaten von Europa darstellte, gewiss mit falschen, autoritären Vorzeichen und der Dominanz der deutschen Minderheit, und dass man damit identitätspolitisch punkten könnte, die kommt kaum jemandem. Die gute alte Kaiserzeit als Möglichkeitsvorform einer europäischen Republik? Europäische Identitätspolitik, wos brauchma des! Nennen Sie spontan ein europapolitisches Konzept eines aktiven Politikers, das über Salbaderei und Phrasendreschen hinausgeht! Eben.

Dennoch verstrickt sich auch Österreich scheinbar unauflöslich in die EU, ohne genau wissen zu wollen, worin es sich verstrickt. So funktioniert das Leben, die Geschichte folgt nicht immer einem Plan. Wäre halt fein, würde man die Etappen des Weges offen diskutieren und würde man die Ziele Österreichs und Europas kennen, wie immer sie sich verändern. Ist Europa eine Transferunion? Natürlich, aber Politiker würden sich eher die Zunge abbeißen, als es zuzugeben. Auch die Einlagen der österreichischen Bankkunden, mit denen sie via Europäische Zentralbank für die Kredite der südlichen Länder haften, sind vermutlich abzuschreiben. Dem stünde allerhand gegenüber: Friede und die Chance eines gerechteren Europa, eines Gemeinwesens mit weniger Ungleichheit und mehr Würde. Weniger Ungleichheit wäre ein rationaler Zweck, der allen Europäern zugutekommt. Warum stecken Politiker vor dem Offensichtlichen den Kopf in den Sand? Österreich ist kein Zuwanderungsland, hieß es jahrzehntelang, obwohl klar war, dass das Gegenteil zutraf. Nun heißt es, Europa sei keine Transferunion und keine Haftungsgemeinschaft.

Dass Europa insgesamt ein historisches Geschenk ist, sein kann, verstehen allenfalls jüngere Generationen. Die Politik tut alles, um ihnen diese Flausen auszutreiben. Europa ist jetzt Krisenland.

Herz in der Hand – der wirtschaftliche Weg zur Krise. Darüber, wie diese Krise entstanden ist, gibt es kein Einverständnis. Deswegen divergieren die politischen Schlüsse. Ursachen und Wirkungen lassen sich einander anscheinend nicht mehr zuordnen. Nicht nur, dass eine europäische Öffentlichkeit fehlt, in der solche Divergenzen ausgetragen werden könnten, die vorhandenen Öffentlichkeiten, nationale und solche multi nationaler Medienkonzerne, haben kein Interesse an der Herstellung dieser Öffentlichkeit. So konnte sich das Ammenmärchen halten, die Verschuldung einzelner Staaten sei schuld an der Eurokrise, sprich der Sozialstaat als Selbstbedienungsladen für verwöhnte Wohlstandsbürger und Leistungserschleicher. Wohl wahr, es handelt sich um eine Schuldenkrise, aber um eine der Banken, herbeigeführt durch Überdehnung der Kreditfinanzierung der Staatshaushalte und durch Platzen diverser Spekulationsblasen samt anschließender Bankenrettung.

Die vorsichtige Rekonstruktion der Demokratie ging nach 1945 einher mit einer vorsichtigen Rekonstruktion der Wirtschaft. Verstaatlichungen, regulierte Finanzmärkte, liberalisierte Gütermärkte, ein enges Einvernehmen zwischen Arbeiterschaft und Unternehmen (Rheinischer Kapitalismus, in Österreich Sozialpartnerschaft) führen zum Wirtschaftswunder als Erfolg der Realwirtschaft. Die Staatsverschuldung sinkt, der Sozialstaat wird ausgebaut. Die herrschende Finanzideologie ist ein moderater Keynesianismus.

Die folgende Liberalisierung der Gesellschaft, so der Wiener Wirtschaftsforscher Stephan Schulmeister, dessen Erzählung ich hier folge, führt zu einer Empfänglichkeit der Unternehmer für Thesen der Chicago Boys, angeführt von Milton Friedman, der die Thesen des Österreichers Friedrich Hayek aktualisierte. In seinem Buch »Ein New Deal …« zeichnet Schulmeister nach, wie die Mont Pelerin Society und andere neoliberale Institutionen planvoll ihre Ideologie durchsetzten. Kernsatz: Auf Märkten können Marktteilnehmer nur rational agieren, also weg mit den Fesseln der Finanzwirtschaft, Spekulation ermöglichen, deregulieren. Das Ergebnis dieser Deregulierung, den selbstverursachten Anstieg von Arbeitslosigkeit und Inflation, bewerten die Neoliberalen als Widerlegung des Keynesianismus.

Gewinne lassen sich in der Realwirtschaft nicht mehr in akzeptablem Ausmaß machen. Renditen, mit denen Generationen von Unternehmern ihr Auslangen fanden, reichen nicht mehr. Also investieren Unternehmer ihr Geld in die Finanzwirtschaft, die Wirtschaft wächst langsamer, die Arbeitslosigkeit steigt. In Margaret Thatchers Großbritannien war das schön zu beobachten, auch hier wurde die Ursache für die Wirkung ausgegeben. In Wahrheit führten die Kosten der durch Thatchers Politik gestiegenen Arbeitslosigkeit zu wachsender Staatsverschuldung. Der »Sieg des Neoliberalismus über den Nachkriegskapitalismus« ging »mit einer politischen Entmachtung der Massendemokratie einher«[8], resümiert Wolfgang Streeck. Der Sozialforscher und Leiter des Kölner Max-Planck-Instituts für Gesellschaftsforschung beriet einst Schröder bei dessen Arbeitsmarktreformen und zählt mittlerweile zu den schärfsten Kritikern des neoliberalen Paradigmas. Soll heißen, nicht mehr gewählte Repräsentanten entscheiden über die Politik der EU, sondern »die Märkte« oder das, was Politiker als märktekonform erachten. Der Wandel lässt sich im Übrigen auch an sinkenden Wahlbeteiligungen erkennen: Wozu wählen, wenn die Entscheidungen woanders fallen?

Das »rationale Agieren« der Marktteilnehmer führte zu diversen Blasen, Krisen und zum spektakulären Crash von 2008. Die Ursachen blieben auf politischer Seite offenbar unerkannt. Wolfgang Streeck hat gezeigt,[9] wie die systematische Alimentierung von Regierungsberatern vor, während und nach ihren Amtszeiten (200 000 Dollar für einen zweistündigen Vortrag eines US-Ministers) durch die Investmentbanker von Goldman Sachs zu dieser Blindheit beiträgt. Nicht nur in den USA, auch in Europa nehmen Goldman-Sachs-Leute wichtige Berater- oder Spitzenpositionen ein. Mario Draghi, der Chef der Europäischen Zentralbank, oder Mario Monti, der ehemalige italienische Ministerpräsident, der ehemalige Weltbankpräsident, der ökonomische Chefberater von Angela Merkel – sie alle standen auf der Payroll von Goldman Sachs. Der Grieche Lukas Papademos, Chef der griechischen Expertenregierung 2011/12, leitete die griechische Nationalbank, als Goldman Sachs den Griechen half, die EU (mit deren stillem Einverständnis) mittels schlauer Derivate vor dem griechischen Beitritt über die wahren ökonomischen Verhältnisse Griechenlands, sagen wir es mal vornehm, hinwegzutäuschen. Eine Dienstleistung, an der Goldman Sachs prächtig verdiente und deren Folgekosten jetzt viele andere bezahlen.

Die Finanzkrise ist eine Bankenkrise, verursacht erstens durch auch aufgrund von erhöhter Arbeitslosigkeit gestiegene Staatsausgaben; zweitens durch die Rettung diverser Banken, die sich verspekuliert hatten (die nicht systemrelevante Kärntner Hypo-Alpe-Adria-Bank dürfte Österreich etwa so viel kosten wie ein projektierter griechischer Staatsbankrott, etwa sieben Milliarden Euro. Die gesamte EU überwies an Zypern zehn Milliarden); drittens durch entgangene Einnahmen aufgrund schrumpfender Realwirtschaft. Und viertens durch entgangene Einnahmen wegen Steuerflucht oder fehlender Steuereinnahmen – die Reichen zahlen einfach zu wenig Steuern.

»Milton Friedman hätte es sich nicht träumen lassen, dass alle seine Hauptforderungen von 25 europäischen Regierungschefs – in Sonntagsreden Verfechter des europäischen Sozialmodells – in einem Regelwerk zusammengefasst und beschlossen werden«,[10] fasst Schulmeister die Misere zusammen. Die EU sei eine »Fassadendemokratie«, sagt Peter Bofinger[11], und Wolfgang Streeck ergänzt, der Präsident von Goldman Sachs oder jener von Fonds wie Pimco habe in Sachen europäischer Politik weit mehr zu sagen als der europäische Souverän.

Die Herzlosen – der entgrenzte Markt. Man kann die Sache, wie Frank Schirrmacher in seinem Buch »Ego«, auf einen egoistischen Algorithmus reduzieren, der uns auf vielfältige Weise eingepflanzt wird und unser Verhalten prägt. Der Kalte Krieg sei in unsere Herzen eingewandert, sagt Schirrmacher. Die Physiker, die sich im Kalten Krieg gegen den Feind Sowjet-

union mit der Entwicklung spieltheoretischer Modelle bewährt hatten, wanderten, arbeitslos geworden, in die Wall
Street und erfanden dort jene Finanzmodelle, mit denen
wertlose Kredite immer weiter so verpackt werden konnten,
dass am Ende die einen riesige Profite machten, die anderen
durch die Finger schauten.

Das ist eine interessante, zu Unrecht mit viel Häme bedachte
Theorie, die den Nachteil hat, dass der Verdacht ungeheuer
ist, die Profiteure aber im Dunkeln bleiben. Es muss ja jemanden geben, der die Spieltheorie zum Unguten instrumenta-
lisiert. Das berühmte spieltheoretische Gefangenendilemma
läuft darauf hinaus, dass die beiden Gefangenen dann am besten fahren, wenn sie einander nicht belasten. Kooperation ist
besser als Egoismus. Die Spieltheorie allein ist es nicht, es ist
die Anwendung.

Wer sind die Profiteure, und warum kann man nicht ein paar
einfache Fragen stellen, um ihnen das Handwerk zu legen?
Warum trocknet man nicht alle Steuerschlupflöcher aus?
Warum lassen sich die Staaten auf würdelose Weise von Pro-
fiteuren an der Nase herumführen? Ich bleibe bei Goldman
Sachs. »Nachdem sie an vier historischen Blasen mitbetei-
ligt war, nachdem sie half, fünf Billionen Dollar Vermögen
von der Nasdaq-Börse verschwinden zu lassen, nachdem sie
Tausende toxische Kredite auf Pensionsfonds und Städte ab-
gewälzt (...), 100 Millionen Menschen weltweit in den Hunger getrieben und – beaufsichtigt vom eigenen Exchef – in
einer Serie von Bailouts Dutzende Milliarden an Steuergeld
kassiert hatte«[12], zahlte die Firma 2008 in den USA vierzehn
Millionen Dollar Steuer, während im gleichen Jahr ihr Präsident Lloyd Blankfein ein Gehalt von 42,9 Millionen Dollar
bezog.

Man kann es damit erklären, dass die »Kapitalversteher«
(Streeck) in den Regierungen schon während ihrer Amtszeit
für Vorträge und Expertisen bezahlt und anschließend mit

fürstlichen Jobs belohnt, also schlicht korrumpiert werden. Bleibt die noch einfachere Frage: Warum nehmen das die Bürger einfach so hin?

Josef Ackermann bekam als Chef der Deutschen Bank allein 2011 6,3 Millionen Euro dafür, dass die Bank in seiner Amtszeit die Hälfte ihres Werts verlor. VW-Chef Martin Winterkorn erhielt 2011 mehr als 17,4 Millionen Euro. Winterkorn steht immerhin an der Spitze einer Firma, die etwas herstellt. Lloyd Blankfein macht nur Geld aus Geld. Der Chef des Fonds Pimco, William H. Gross, bei dem sich europäische Regierungen diskret um Rat anstellen, wie sie sich verhalten sollen, damit er nicht gegen sie spekuliert, bezog 2011 ein Einkommen von zweihundert Millionen Dollar[13], also 22 831 Dollar pro Stunde, wenn er ohne Sonn- und Feiertag und ohne Schlaf durcharbeitet (solche Leute bilden sich ja ein, sie täten das). George Soros verdiente an seiner Spekulation gegen das britische Pfund in den 1990er Jahren etwa eine Milliarde Dollar.

Dass die Managerklasse gierig wird, verwundert nicht. Dass die Gesellschaft sich das bieten lässt, schon eher. Darin bestand vielleicht das simpelste Geheimnis des neoliberalen Erfolgs: das Anheizen eines Treibhausklimas, in dem alles möglich schien. Durch Symbolträger wie überbezahlte Profisportler, Showstars und dergleichen wird das Publikum an von jeder Leistung entkoppelte Gehälter gewöhnt, an absurde Boni, an astronomische Bezüge von CEOs. Die Gesellschaft durchsetzt sich mit Strukturen des Glücksspiels. Es ist nicht nur die Spieltheorie, es ist das Spiel selbst, der Charakter der Wette, welche die neoliberalen Gesellschaft ausdrückt und die altmodische Fiktion ersetzt, man könne es mit Arbeit zu etwas bringen. Spielerisch wird die Menschheit auf ein Leben in Ungerechtigkeit eingestimmt, wenn nicht abgerichtet. Am Sport selbst wird die Wette wichtiger als der Wettbewerb. Glück besiegt Tüchtigkeit.

Noch so eine einfache Frage: Das Wievielfache eines Durchschnitts- oder Mindesteinkommens ist für Spitzenverdiener vertretbar? Die sogenannten Finanzplätze, die Märkte sind Oasen des Abgreifertums. Die von ihnen an den Rand des Bankrotts getriebenen Staaten sehen aus wie Schuldige, aber sie sind es nur zum Teil. Man staunt darüber, wie das Aufklärungsprojekt der Europäischen Union im fiebrigen Sumpf der Blasen und der Glückritter endet, und wie deren Ideologie von christlichsozialen Samtzungen wie Merkel und Schäuble weich geredet wird. Immerhin: Die EU hat Bankerboni gedeckt, sie dürfen nur in Ausnahmefällen die Höhe eines Jahresgehalts überschreiten. Das nenne ich an Symptomen doktern: Die Geschäftsbedingungen für Goldman Sachs, Pimco und Konsorten bleiben aufrecht. Es wird gespart, nicht reguliert.

Noch eine einfache Frage: Warum übt die EU nicht Druck auf alle Steueroasen aus? Die britischen, die amerikanischen, die kanarischen? Warum verbietet sie nicht den Hochfrequenzhandel mit Aktien? Wenn Steueroasen wie Luxemburg griechischen Rentnern die Pension kürzen, wenn Staaten wie Deutschland und Österreich (selbst unter Steueroasenverdacht) Separatabkommen mit Steueroasen wie der Schweiz und Liechtenstein aushandeln, wenn sich die EU nicht auf eine für alle Mitgliedstaaten geltende Finanztransaktionssteuer einigen kann, darf man wohl von einer Entwürdigung des europäischen Gemeinwesens (der »Gemeinschaft«) reden.

Die Wette gilt: gegen die Würde öffentlichen Eigentums und für die weitere Diffamierung des Staates. Im Zweifelsfall hilft die gute alte Frage: Wem nützt es? Das würde ich gern einmal im öffentlich-rechtlichen Rundfunk hören statt Stimmungsberichten von »den Märkten«: »Profitiert hat heute der Fonds X und dessen Eigentümer Y.«

Das alte Herz. Vor einigen Jahren las ich einen Aufsatz des Wirtschaftsphilosophen Wolf Dieter Enkelmann mit dem schönen Titel »Europa – nichts als ein Versprechen«. Enkelmann zeichnete jenen Moment nach, als Politik entstand. Als sich die Polis, die Stadt, vom Haushalt, dem Oikos trennte. Wer sich in die Polis begab, ließ den Oikos hinter sich. »Die Menschen, Männer zunächst, erhielten einen autonomen Status und die Chance auf eine individuelle, nicht durch Funktion und Gebrauchswert in der familiären Lebensreproduktion bedingte Würde.«[14] Die Polis selbst hatte nichts, kontrollierte aber die Vermögen aller und deren Handel damit. Handelsfreiheit schuf die Polis und machte sie groß. Ihr Markt konnte aber dazu führen, dass ein verarmter Marktteilnehmer von einem reichen, bei dem er sich verschuldet hatte, versklavt wurde. Hier zog Solon, der kluge Gesetzgeber, die Grenze. Er unterband nicht die Möglichkeit, dass einer verarmte, aber dass er soweit verarmte, dass er der Polis abhanden kam, weil er als Sklave verkauft wurde – das hätte Athen zu sehr geschwächt. Die Polis, die nichts hatte außer ihre Teilnehmer und deren Fähigkeiten, schärfte diese Fähigkeiten im Wettbewerb. Das Ergebnis, die Kultur der attischen Demokratie, bewundern wir noch heute. Und vergessen dabei, dass es sich um das Ergebnis einer weisen Selbstbeschränkung handelte.

Selbstbeschränkungen gehen oft in die falsche Richtung. Sie wollen Politik, Demokratie, Volkswillen und Volkssouveränität begrenzen, damit auch die Würde der Staatsvölker. Angesagt wäre vielmehr die Selbstbeschränkung der Wirtschaft, aber die ist offenbar nicht zu haben, also wird man sie beschränken müssen. Auf vernünftig regulierten Märkten sind auch Spekulation und Wetten zulässig, solange sie sich auf reale Vorgänge, wirkliche Firmen beziehen und Hoffnungen ausdrücken, dieses oder jenes Unternehmenskonzept könne sich auszahlen. So verstanden hätte Risikokapital einen Sinn.

Die europäische Idee kann man auf hundert Weisen beschreiben. Eine der weisesten geht so: Entstand der Markt, um die Würde des Menschen im freien Tausch zu realisieren, dient die Einschränkung dieses Markts erst recht der Erhaltung der Menschenwürde.

Herzprobleme demokratischer Politik. Abdankung und Selbstdiskreditierung der Politik, mit solchen Vorwürfen sind wir nicht leichtfertig zur Hand. Aber wie können Leute für öffentliche Würde sorgen, wenn sie selbst ein Beispiel für Gier und Demoralisierung bieten? Allein die Tatsache, dass sich Europa eine Figur wie Berlusconi im Kreis der Regierungschefs bieten lassen musste: Korruption, Begünstigung, Behinderung der Justiz, Aushebelung des Rechtsstaats – man wird beim Aufzählen gleich müde. Der französische Budgetminister Jérôme Cahuzac, ein Sozialdemokrat, eine zentrale Figur bei der Sanierung der Staatsfinanzen, unterhielt ein Konto in einer Steueroase. Der Steuerhinterziehung verdächtigte Finanzminister, auf Autobahnen von der Polizei wegen Korruptionsverdacht festgenommene Ex-Staatschefs, Klep-tokratie nicht nur in den Volkswirtschaften der ehemaligen Ostblockländer, Privatisierung, also Staatsberaubung im Sinne von Günstlingen nicht nur im Westen, erzwungene Staatsberaubung, um Märkte günstig zu stimmen in südlichen Sanierungsländern, Aufhebung der Rechtssicherheit, Bündnisse mit organisiertem Verbrechen, Amtserschleichung durch Fälschung der Dissertation – all das klingt geradezu klassisch. Es klingt nach jenen Gründen, aus denen der Feudalismus weggeschafft wurde. Kann man sie als bloßes historisches Begleitgeräusch zum globalen Akkumulationsprozess des Finanzkapitals begreifen? Als bloßes moralisches Quietschen der Achse einer Postkutsche, die unaufhaltsam vom Postfaschismus in die Postdemokratie rollt? Als Störgeräusch, das sich

nur mit noch etwas mehr Schmiere, mit etwas mehr Schmiergeld abstellen lässt?

Offenbar schafft nun Demokratie die Voraussetzungen, sich
selbst abzuschaffen. Wehrhaft kann man sie nicht mehr nennen. Der nicht nur populistisch geschürte Zorn der Massen lässt sich als Vorstufe dazu sehen. Tendenzen der Rena-
tionalisierung sind unübersehbar, das Gerede vom Kapitalismus nach chinesischem Muster ist unüberhörbar. Das öffentliche Leben ist demoralisiert. Politik gilt als unwürdige
Tätigkeit schlechthin. Das ist nicht neu (»politisch Lied, ein
garstig Lied«). Und Politiker sind gewiss auch selber daran
schuld, mit ihrem »üblichen demoskopisch-administrativen
Zugriff«[15]. Der Gegenbegriff, »mentalitätsgestaltend«, würde
voraussetzen, dass Politiker tatsächlich etwas wollen, und
wenn sie es wollen, auch über die öffentlichen und medialen
Voraussetzungen dazu verfügen. Alle drei Dinge treffen selten
zusammen, im Gegenteil: Der populistische Mediendruck
mit seinem immer nationalistischen Hintergrund verleitet
Europapolitiker zum Doppelspiel; zuhause so, in Brüssel anders – dabei verlieren sie weiter an Glaubwürdigkeit.

So flüchten sie sich zusehends in Arkanbereiche, agieren hinter verschlossenen Türen, machen feudale Kabinettspolitik.
Ergehen sich in Ritualen, die nicht ihre Verantwortung auf-
klären, sondern ihre Überforderung akzentuieren: Nachtsitzungen, deren mühsam erzieltes Ergebnis sofort wieder
kippt, Verteidigung von Standpunkten, die man als unhalt-
bar erlebt. Dazu gestiegene Anforderungen einer globalisier-
ten Welt. Der »regulatorischen Gemeinschaft« fehlen das or-
ganisatorische Niveau und die Expertise der ökonomischen
Konkurrenz, sie muss sich auf externe Experten verlassen. Das
resultierende Beraterwesen mündet in Skandale, in die Her-
ausbildung von zwischen Wirtschaft und Politik schweben-
den Einstreifpulks. Weil das Regieren den Nationalstaaten
vorbehalten ist, ergeht sich die EU in Regulierung.

Gefährdete Politiker: Die einen nehmen die Würde des Amts nun als Hülle für ihre krummen Geschäfte; die anderen treten die Würde mit Füßen, um dieses Amt zu erschleichen; dritte misshandeln das Amt selber, indem sie ihre Politik bloß auf Amtserhaltung ausrichten. Oder sie verwalten es nur, indem sie es anderen Interessen unterordnen. Man kann sich vorstellen, dass die Vorsprache spanischer Politiker bei Pimco-Chef William H. Gross ähnlich demütigend ablief wie die Audienz eines tangutischen Vasallen in der Jurte von Dschingis Khan.

Auf sein Herz hören. Gehört zur Würde nicht ein Leben in Gerechtigkeit? »In einer zivilisierten Gesellschaft demütigen die Menschen einander nicht, während es in einer anständigen Gesellschaft die Institutionen sind, die den Menschen nicht demütigen.« Die kommunistische Tschechoslowakei habe man als zivilisierte, aber nicht anständige, die tschechische Republik als anständige, aber nicht zivilisierte Gesellschaft bezeichnen können, bemerkt Avishai Margalit.[16] Was bleibt uns übrig, als uns am Ideal einer anständigen und zivilisierten Gesellschaft zu orientieren? Und erlaubt es das Wirken der Troika gegenüber Griechenland, Zypern und den anderen noch, von einer anständigen Gesellschaft zu sprechen?
Gewiss, der Begriff des Anstands scheint prekär. Anstand wirkt, weil wir daran glauben. Würde besteht nicht aus wechselseitiger Anerkennung, stellt sich aber darin her. Demütigung, also der Entzug von Achtung, Respekt, Ehre, ist nicht nur logisch, sondern auch emotional aufgeladen, wie Margalit feststellt. Politik ist auch eine Frage der Gefühle und Leidenschaften, und ich kann mich durchaus von einem Repräsentanten respektlos behandelt fühlen, der sich im Namen meines Staates schlecht benimmt.
Ich kann mich für eine österreichische Finanzministerin

schämen, die eine Ratsversammlung verlässt, um vorzeitig einen Beschluss auszuplaudern, und die folgende schlechte Laune des Vorsitzenden öffentlich damit erklärt, er leide eben unter seinen Nierensteinen. Ich kann mich dafür schämen, dass Repräsentanten meines Landes als Inbild der Korruption dastehen, oder dafür, dass sie aus dem doch funktionierenden Sozialstaat Österreich (einem starken Herzen gleich liege dem Erdteil es inmitten, heißt es fälschlicherweise in der Nationalhymne) nichts nach Europa tragen, dass sie vielmehr am liebsten das europäische Finanzregime dazu benützen möchten, diesen Sozialstaat zu demontieren. Maria Fekter, so heißt die Finanzministerin, verteidigt das österreichische Bankgeheimnis, weil es in der Verfassung stehe und Teil der Identität des Landes sei. Das darf man ruhig zu Ende denken: Es geht bei der Aufhebung des Bankgeheimnisses nämlich nicht um den Schutz der Privatsphäre oder des Rechts auf Eigentum, sondern darum, Steuerbetrug zu verhindern. Steuerbetrug als Verfassungsgut? Steuerhinterziehung als Menschenrecht? Man schämt sich. Scham ist ein Resultat von Demütigung.

Herz an welchem Fleck? Der Stand der europäischen Dinge kann einen ratlos machen. Man hat das Gefühl, von Leuten im Nebel herumgeführt zu werden, die entweder das Wesen der Krise nicht kapiert haben oder nicht anders können, als gegen besseres Wissen zu handeln. Ein spezielles Gefühl, denn die Krise ist längst nicht ausgestanden. Im Gegenteil, manche reden bereits von einer Logik des Zerfalls der EU.
Wäre eine Teilung des Euro in eine Leit- und eine Zählwährung die Lösung? Keynes hatte seinerzeit mit dem Bancor eine Leitwährung vorgeschlagen, was die Amerikaner ablehnten, weil sie den Dollar dazu machen wollten. Unter dieser Leitwährung hätten verschiedene nationale Währungen die

Möglichkeit, in Maßen abzuwerten und ihre Volkswirtschaften konkurrenzfähig zu machen. Wolfgang Streeck und andere Ökonomen schlagen das vor. Neuerdings taucht die Idee auch in der populistischen Programmkarikatur der Stronach-Partei auf. Ein typisch ökonomischer Vorschlag, denn er unterschätzt die symbolische Kraft des Euro. Die Rede, es gebe auch ein Europa ohne Euro, hört man mit Misstrauen. Man muss nicht gleich der Rede von der »List der ökonomischen Vernunft«[17] glauben, aber der Euro ist ein gespaltenes Projekt: ehrgeizige Zielvorgabe eines europäischen Staates und Instrument der Neoliberalisierung in einem. Ihn aufzugeben hieße wohl, das Ziel der Gemeinschaft aufzugeben und zur Freihandelszone zurückzukehren.

Ein New Deal, wie ihn Stephan Schulmeister vorschlägt, klingt schon deutlich plausibler als ein Ende des Euro. Schulmeister fordert die Umwandlung des Rettungsfonds ESM in einen Währungsfonds, die Stabilisierung der Wechselkurse, langfristige Preisabkommen zur Stabilisierung des Erdölpreises, das Verbot und die Einschränkung von Finanzakrobatik und Hochgeschwindigkeitshandel an den Börsen, die Gründung einer europäischen Ratingagentur. Klingt gut, hätte es nicht die Einsicht der regierenden politischen Klasse zur Voraussetzung. Wo wäre der europäische Roosevelt?

Ratlos, das ist der Lösungsvorschlag vieler Kritiker, auch der von Robert Menasse. Er attackiert den Europäischen Rat der Regierungschefs zu Recht als demokratisch nicht legitimiertes Organ. Daraus gleich zu schließen, die Nationalstaaten wären abzuschaffen und die Regionen als nächste Ebene unter der europäischen einzuziehen, scheint mir dennoch zu weit zu gehen. Als gelernter Österreicher weiß ich, dass die regionale Ebene – obwohl näher zum Wahlvolk – keine Beförderung der Demokratie bedeutet, dass sich vielmehr ihre Potentaten als Reformbremse im Interesse ihrer Lokalmacht verstehen. Auch Kenner spanischer Provinzen oder slowenischer Gemeinden würden mir zustimmen. »Exekutivföderalismus« (Jürgen Habermas) haben wir in der EU bereits genug.

Ich weiß schon, Rousseau konnte sich Demokratie nur im Genfer Maßstab vorstellen oder in dem von Korsika, und als man ihn bat, die korsische Verfassung zu schreiben, hatte er keine Zeit. »Ein Kontinent ohne Nationen«[18], das scheint mir eine zu kühne Vorstellung. Andererseits kann es nicht genug Utopie geben, und warum auch nicht ein Kontinent der aufgehobenen Nationen? Wenigstens ist es unter europäischen Intellektuellen (von extrem rechten abgesehen) vollkommen unumstritten, dass das unersetzliche Friedensprojekt Europa nicht scheitern darf. Selbst bei solchen, die den Ausstieg aus dem Euro konstatieren, Verfallserscheinungen diagnostizieren oder sich »weniger Europa« wünschen (als könnte man Gemeinwesen steigern oder mindern).

Jürgen Habermas konstruiert sein Europa aus Menschenwürde. Geradezu programmatisch setzt er den Nachweis an den Beginn seines neuesten Europabuchs, dass die Menschenrechte »die normative Substanz der Menschenwürde nur ausbuchstabieren«[19]. Habermas legt nahe, die »ursprünglich geteilte Volkssouveränität« führe dazu, dass sich jeder Bürger und jede Bürgerin nach dem Lissabon-Vertrag gleichsam selbst gegenübertrete: als Bürgerin des Staatsvolks und als europäische Bürgerin,[20] und so nun die Möglichkeit habe, zur Weltbürgergemeinschaft fortzuschreiten.

Perry Anderson verhöhnt diesen Ansatz mit zum Teil unlauteren Mitteln. Habermas schreibe von Bürgern und Völkern, nicht von Staaten, behauptet Anderson – Habermas schrieb »Staatsvolk«. Es handle sich, so Anderson, um das Dokument eines »europäischen Narzissmus«[21], der nichts weniger als provinziell sei. Auch das kann man in seiner Bosheit noch als Beitrag zur Entstehung einer europäischen Öffentlichkeit sehen. Voltaire, D'Alembert und Grimm waren ebenfalls keine

Waserln. Anderson ist empört darüber, dass der von Frankreich, den Niederlanden und Irland per Referendum abgelehnte EU-Verfassungsvertrag durch den Lissabon-Vertrag dennoch zu geltendem Recht wurde; die Grundrechtscharta ist Teil dieses Vertrags. Übrigens erklärte der österreichische Verfassungsgerichtshof 2012 die Charta zum Maßstab geltender Verfassungsnormen – eine europäische Pioniertat.

Während Habermas darauf hinweist, dass wir vor der Alternative stehen, »den in der Währungsunion erreichten Grad der Einigung aufs Spiel zu setzen« oder »Voraussetzungen für eine engere Zusammenarbeit« der Mitgliedsländer zu schaffen,[22] setzt Anderson auf den Protest, der wie in Griechenland oder in Zypern die Kosten der Sanierung für die Märkte in die Höhe trieb, der aber auch zur Abstumpfung wie in Russland führen könne. Wenn der Protest massenhafte Formen annähme, müssten die Märkte ihr Kalkül ändern, so die Hoffnung. Die Ansicht des deutschen Philosophen, eine weitere Einigung könne eben nur in einem Verfassungsprozess gelingen, und er weise wieder auf Mitbestimmung daran hin, wie die Welt künftig regiert werde, mag man als idealistisch verhöhnen. Genauso gut kann man Anderson Blauäugikeit verwerfen. Es wird wohl beides brauchen: Bürgerproteste und einen Verfassungsprozess, der sie zur Kenntnis nimmt.

Es könnte ja sein, dass sich die EU zu einer wirklichen Demokratie entwickelt, mit einer Wirtschaftsregierung (die vielleicht ein Europa mehrerer Geschwindigkeiten zulässt und die Währungsfrage anders löst) und vor allem mit einem verfassungsmäßig angemessen ausgestatteten Parlament. Am Ende werden das die Nationalstaaten entscheiden. Die Frage ist, ob sie sich überhaupt noch entscheiden können. Ob sie sich nicht längst durch ihre Teilnahme an den diversen Programmen so weit ineinander verwickelt haben, dass eine Auflösung des jetzigen Zustands nur mit Schaden, also lieber nicht denkbar scheint. Mehr Entwicklung, weniger Verwicklung: Ohne europäische Öffentlichkeit, ohne eine zweite europäische Aufklärung ist das nicht denkbar. Die Versuche, an ihr teilzunehmen, sie einzurichten, anzuregen, nehmen eher zu als ab. Eine Republik wird die EU so schnell nicht werden. Was sie wird, bleibt offen. Wollen wir Europäer sein, müssen wir zu unserer europäischen Würde finden.

Wie mich die *Neue Zürcher Zeitung* einmal beinahe gedruckt hätte

Am 26. Oktober 2011, dem österreichischen Nationalfeiertag, fand ich folgendes Mail in meinen Posteingang, das ich aber nicht gleich las, weil ich das längere Wochenende maillos verbrachte: »Lieber Herr Thurnher, zwei Anfragen habe ich an Sie: Hätten Sie nicht Lust, bei unserer Serie When the Music's Over dabei zu sein – einer persönlichen Erinnerung an die Tage, als die Rock-Musik noch von politisch-gesellschaftlicher Relevanz war (so 5000 Zeichen)? Weiter hätte ich gerne von Ihnen einen Oped-Gastkommentar zum Thema Österreich – eine kleine ›Vergangenheitsbewältigung‹ der Ära Schüssel. Die Länge wäre genau 5800 Zeichen. Eine oder noch besser zwei Zusage(n) würden mich freuen. Herzliche Grüße ...« Und der Name des Feuilletonredakteurs.

Kaum zurückgekehrt, am 2. November, antwortete ich: »Lieber Herr Redaktor, war übers lange Nationalfeiertags- und Allerseelenwochenende weg, deswegen erst jetzt ein freudiges Ja zu Ihren beiden Anfragen. Bis wann soll's denn sein?«

Postwendend kam die Antwort: »Lieber Herr Thurnher, das freut mich sehr zu hören. Ich hoffe, es klappt diesmal. Beim Rock haben wir momentan einen schönen Rückstau, so dass ich den Text erst im Lauf des Dezembers bräuchte. Die Österreich-Sache wäre mir für die zweite Hälfte November recht, der Text sollte nicht an Tagespolitisches gebunden sein. Es sind genau 5800 Zeichen – Sie kennen vielleicht unser Gast-Oped-Format und wissen, wer einmal pro Monat am Mittwoch auf der gegenüberliegenden Seite schreibt ... Was Sie nicht hindern soll, kein Blatt vor den Mund zu nehmen. Es grüßt Sie herzlich aus Zürich ...«

Natürlich kannte ich den Gast. Es war Wolfgang Schüssel, der ehemalige österreichische Bundeskanzler. Ich antwortete dem Redaktor unverdrossen: »Alles klar! Ein Blatt oder kein Blatt – darüber denke ich derweil noch nach« und zierte meinen mäßigen Scherz mit einem Emoticon: »;-)«. In der Schweiz, im Hort des Liberalismus, würde man die Würde der Pressefreiheit hochhalten, dessen war ich mir gewiss. Wenngleich mir aufgefallen war, dass ich als Auskunftsperson bei der *NZZ* deutlich weniger willkommen war als zu Beginn der Schüsseljahre; damals hatte man mich in langen Interviews befragt, mitunter meine Artikel zitiert und einmal sogar einen samstäglichen Leitartikel mit einem Zitat von mir begonnen. Konnte natürlich Zufall sein, dass sich die Schweizer nicht mehr für mich interessierten. Jedenfalls freute ich mich über ihr anscheinend wiedererwachtes Interesse.

In den Tagen der *NZZ*-Anfrage war ich etwas strapaziert, weil ich den Toleranzpreis des österreichischen Buchhandels erhalten, eine Rede vorzubereiten und noch einige außertourliche Verpflichtungen wahrzunehmen hatte. Ich bat kurz um Aufschub, aber am 28. November war es so weit. »Lieber Herr Redaktor, hier ist mein Schüssel-Stück. Ich habe versucht, bei der ›Ära‹ zu bleiben, über die Person gäbe es manches mehr zu sagen. Bitte geben Sie mir Bescheid, ob und wie es angekommen ist! Als Autorenzeile wäre fein: A.T. ist Chefredakteur der Wiener Wochenzeitung *Falter*.«

Wenig später die Antwort: »Lieber Herr Thurnher, hart, aber fair – der Text gefällt mir gut. Er ist eine Spur zu lang. Ich muss ihn dann noch die ›Instanzen‹ hochschicken. Herzliche Grüße.« Wie gesagt, ich befand mich in der Schweiz, wo das Wort Instanzen weniger kafkaesk klingt als in Österreich. Eher schien es mir dort etwas Festes, Bestätigendes auszustrahlen. Ja, die *Neue Zürcher Zeitung* war eine Instanz, deren Urteil man sich ohne

Sorgen unterwarf. Am 1. Dezember jedoch kam etwas kleinlaut der Bescheid über den Ausgang des Prüfungsverfahrens: »Lieber Herr Thurnher, tut mir leid, aber unser Chefredaktor hat sein Veto eingelegt. Er empfindet den Text als Affront gegen unseren Kolumnisten. Selbstverständlich zahlen wir ein Ausfallhonorar. Wenn Sie mir die nötigen Angaben bitte mailen würden. Ich hoffe, Sie sind nicht so vergrault, dass nun auch der vereinbarte Feuilleton-Beitrag über den Rock ins Wasser fällt. Mit herzlichen Grüßen …«

Das hatte ich nicht erwartet. Ich ließ meiner Enttäuschung freien Lauf: »Als Leser der *NZZ* bin ich entsetzt über die Auffassung von Journalismus, die aus der Begründung Ihres Chefredaktors spricht. Bisher hatte ich die *NZZ* nicht im Verdacht des Gefälligkeitsjournalismus; Byzantinismus glaubte ich eher in Wien beheimatet als am Zürisee. Ich darf Ihnen mitteilen, was die Wiener *Presse* über meinen Schüssel-Kommentar im *Falter* schrieb (und der war schärfer als mein Stück für die *NZZ*): ›Diese Woche war eine der Abrechnungen. Die Gazetten und Journale beschäftigten sich mit dem Phänomen Schwarz-Blau in seiner höchsten Emanation. Der *Falter*-Chef führt in seinem wöchentlichen Kommentar vergleichsweise die feinste Klinge: ‚So sehen wir in Schüssel wieder einmal einen österreichischen Politiker, der seine besseren Möglichkeiten nicht nutzte‘, beschließt Armin Thurnher die ‚Zwischenbilanz einer Ära‘. Sein Urteil fällt ziemlich negativ, aber doch zivilisiert aus.‹ Gewiss haben Sie Ihrem Chefredaktor kommuniziert, dass ich kein Schuljunge bin, den man einfach so zurechtstutzt, damit er jemand anderen nicht kränkt. Lieber Herr Redaktor, nicht Sie haben mich vergrault, aber der Kollege Chefredaktor hat nicht nur eine seltsame Auffassung von Journalismus, er weiß offenbar auch nicht, was sich gehört. Ich darf Sie bitten, ihm dieses Mail mitzuteilen. Von dem geplanten Rockbeitrag werde ich leider ebenfalls Abstand nehmen müssen, ich bin nicht teilbar, sodass man mich vorne beleidigen, hinten aber trösten könnte.«

Mit bedauerndem Gruß schickte ich meine Bankverbindung, das Abstandshonorar schien mir eine allzu milde Strafe, aber was blieb mir übrig? Es war das gute Recht des Blattes, Texte abzulehnen, ich hatte kein Recht, gedruckt zu werden. Skandalisieren mochte ich die Angelegenheit nicht. Dem Redaktor war die Sache wirklich unangenehm. Er schrieb gleich zurück: »Lieber Herr Thurnher, ich verstehe Ihren Verdruss und auch Ihre Absage und werde Ihre Mail entsprechend Ihrer Bitte weiterleiten. Auf meine Kappe muss ich nehmen, dass die internen Vorabklärungen zu diesem Artikel zu wenig weitreichend waren. Nichtsdestoweniger mit guten Grüßen ...«

Ich dankte ihm und beruhigte ihn, ihn träfe keine Schuld, er brauche nichts auf seine Kappe zu nehmen, schließlich hatte er mich auf die Existenz des Kolumnistenkollegen ausreichend hingewiesen. Ein zweites Mal in diesem Buch sei es erlaubt, Karl Kraus zu zitieren: »Ganz nüchtern wird der Osten, wenn der Westen besoffen ist.« Ich musste über sechzig Jahre alt werden und nach Zürich kommen, um eine Erfahrung zu machen, die mir in sämtlichen österreichischen und deutschen Blättern, für die ich bisher schrieb, erspart geblieben war. Hier nun das *Corpus deletum*, in voller Länge, unzensuriert:

»Die Schüsseljahre dauerten von 2000 bis 2006. Österreich würgt noch heute an ihnen. Kein Tag, an dem nicht ein Regierungsmitglied aus dieser Zeit – Ära wäre denn doch zuviel gesagt – in den Medien auftaucht. Und zwar in der Regel mit einem Skandal, der ihm angelastet wird. Die Unschuldsvermutung, die für dieses Personal zu gelten habe, ist zum geflügelten Wort geworden, zum Witz, den man pflichtgemäß anbringt, wenn man von Vorwürfen gegen ehemalige schwarz-blaue Minister oder anderes Personal redet, zur Kabarettistenpointe, die den Weg in den bitteren Alltagshumor fand.

Vor wenigen Wochen musste der Namensgeber dieser Jahre, Altkanzler Wolfgang Schüssel, selbst seinen Sitz im Nationalrat aufgeben. Kein Mensch hatte verstanden, warum er nach seiner Zeit als Regierungschef nicht sofort das Feld geräumt, sondern erst als Klubobmann der christlichsozialen ÖVP und danach als einfacher Parlamentarier weitergemacht hatte. Am Ende zwang ihn die Affäre der österreichischen Telekom zum Rückzug. Manager der unter Schüssel teilprivatisierten Telekom Austria hatten den Kurs ihrer Aktie auf kriminelle Weise beeinflusst, um in den Genuss der ihnen vertraglich zugesicherten Boni zu kommen. Außerdem hatte sie ihre bulgarische Tochter unter undurchsichtigen Umständen erworben.

Da der Telekom-Skandal mit zahlreichen anderen Affären im Mittelpunkt eines parlamentarischen Untersuchungsausschusses steht, der demnächst seine Arbeit aufnimmt, wollte die Volkspartei sich und ihrem einstigen Obmann den Tort einer permanenten öffentlichen Anprangerung im Parlament ersparen.

Der Schweizer OECD-Korruptionsbekämpfer Mark Pieth nennt Österreich eine ›Oase der Korruption‹. Peter Pilz, Nationalrat der Grünen, Aufdecker und Nutznießer solcher Ausschüsse, sagt unter Berufung auf Pieth: ›Diese Oase haben Wolfgang Schüssel, Jörg Haider und Karl-Heinz Grasser gemeinsam geschaffen.‹

Das stimmt, und es stimmt nicht. Die Regierung Schüssel hat die Korruption nicht in Österreich eingeschleppt. Diese war schon zuvor endemisch, wurde aber hingenommen, solange ihre Vorteile den Parteien zugute kamen, während nach 2000 Einzelne die Parteien als Mittel zum Zweck ihres persönlichen Vorteils auffassten. In Schüssels Regierungszeit kam das von Jörg Haider in Discotheken und anderswo nach Kriterien schierer physischer Attraktivität und einer gewissen verbalen Rotzigkeit rekrutierte Personal zum Zug, Leute wie Karl-Heinz Grasser, die das Prädikat Feschismus vollauf rechtfertigten. Die Zeitgeschichte wird klären müssen, ob Schüssel deren skandalösem Treiben zusah oder ob es hinter seinem Rücken geschah.

Wolfgang Schüssel begann seine Regierungszeit mit einem gebrochenen Wahlversprechen. Sollte seine Partei nur den dritten Platz belegen, hatte er versichert, werde er in Opposition gehen. Drei Monate späte bildete er mit Jörg Haiders rechter FPÖ jene Koalition, die Europa empörte und vierzehn EU-Staaten zu am Ende wirkungslosen Sanktionen inspirierte; gegen Staaten wie Italien und Ungarn unterblieb dergleichen in der Folge. 2002 profitierte Schüssel von der Selbstauflösung der Haiderpartei, die sich spaltete, und gewann die Wahl mit Hilfe des attraktiven Karl-Heinz Grasser, den er zum Finanzminister gemacht hatte und der sich nun auf Schüssels Seite schlug. Schüssel beendete seine Amtszeit mit einer Fehleinschätzung. Er glaubte nach dem Triumph von 2002, auch 2006 die SPÖ unter Alfred Gusenbauer nicht ernst nehmen zu müssen und verspielte einen nicht nur von ihm für sicher gehaltenen Sieg. Diese Niederlage konnte er nie verwinden, als Verhandlungsführer gönnte er danach dem ungeliebten Koalitionspartner nicht den kleinsten Erfolg; als Klubobmann achtete er darauf, dass Gusenbauer keinen Fuß auf den Boden bekam.

Schüssel war persönlich verletzt, er hatte seine Kanzlerschaft wohl bereits als Erbpacht betrachtet. Und sein Projekt war nicht einmal ansatzweise vollendet. ›Mehr privat, weniger Staat‹ lautete der Titel eines Buchs, das er 1983 herausgebracht hatte. Im Angesicht der blockierten österreichischen Nachkriegsgesellschaft war die Parole nicht unverständlich. Staat und Staatsdiener galten Schüssel als die Quelle allen Übels, die Tüchtigkeit eines neuen unternehmerischen Zeitalters sollte emporkommen, etwas, das George W. Bush ›ownership society‹ nannte. In den USA endete das Zeitalter in Immobilienblase und Finanzkrise, in Österreich im moralischen Bankrott. Schüssel hatte eine Pensionsreform versucht und beantragte für sich selbst seelenruhig eine Politikerpension nach altem Muster – darin ganz der seiner Rechte bewusste Sozialstaatsösterreicher.

Die Justiz, eine entscheidende Funktion des Staates, wurde

unter Schüssel geschwächt und kommt – sofern sie nicht selber welche liefert – mit den vielen Skandalen kaum zurande. In der EU ist die österreichische Bevölkerung noch immer nicht angekommen; sie hängt in Verkennung der politökonomischen Lage ihrem alten Hurrapatriotismus nach. Der überzeugte Europäer Schüssel hat mit diesen Emotionen gespielt. Mit dem Judohebel der Sanktionen brachte er einen nationalen Schulterschluss zustande; um bei Provinzwahlen zu punkten, hielt 2005 seine Außenministerin Ursula Plassnik die EU-24 in Luxemburg zwei Tage lang davon ab, Beitrittsgesprächen mit der Türkei zuzustimmen.

Der Neoliberalismus unter Schüssel blieb verbale Deklaration, oder, wie die zahlreichen, von der Staatsanwaltschaft derzeit untersuchten Fälle zeigen, individuelles Bereicherungsprogramm. Hilfe könnte aus der Schweiz und aus Liechtenstein kommen, denn dort wurden Stiftungen, Konten und Büros durchsucht, aber das Ergebnis lässt auf sich warten. Leute wie Grasser, gegen die wegen Korruptionsverdachts ermittelt wird, schöpfen vorsichtshalber nicht nur die Unschuldsvermutung, sondern alle Rechtsmittel aus.

Im Rückblick auf die Schüsseljahre kann man sagen, man habe die Wende zur Modernisierung Österreichs gekannt, wie sie noch so klein war. Sie ist seitdem nicht viel größer geworden.«

*

Das Abstandshonorar betrug fünfhundert Schweizer Franken und traf in Form von 403,45 Euro am 14. Dezember 2011 auf meinem Konto ein. Pünktlich sind sie, die Schweizer. Meine Autorenehre erachte ich mit dem Abdruck dieses Tagebucheintrags als wiederhergestellt.

4. Korruption, Skandale, Österreich.
Eine Wirtshaustirade

*Wer (...) hätte sich je einen zutreffenden
Begriff von Österreich gemacht?*

Alfred J. Noll

So nicht. Die Ära Schüssel wurde mit einer Lüge eingeleitet. Der spätere Kanzler kündigte vor der Wahl an, sollte seine Partei den dritten Platz belegen, werde er sich in Opposition begeben. Tatsächlich bildete er jedoch mit der FPÖ eine Koalition und wurde Bundeskanzler. Inwiefern verletzt das die Menschenwürde? Wenn Entscheidungen im Vertrauen auf die Richtigkeit einer Aussage getroffen werden, verletzt eine Lüge die geistige Integrität und damit die Möglichkeit zur Selbstbestimmung jener Wählerinnen und Wähler, die Schüssel wählten, aber just dieses Ergebnis nicht wollten. Die blau-schwarze Ära begann also mit einer Missachtung der Menschenwürde. Das Verhalten einiger Minister und Spitzenpolitiker dieser Ära schloss sich an. Wer das in ihn gesetzte kollektive Vertrauen bricht, die in ihn gesetzten Vorstellungen und Erwartungen hintergeht, zum Beispiel indem er korrupt wird, verletzt nicht nur seine Dienstpflichten, sondern auch die Menschenwürde.[1]

So kann man rechtsphilosophisch reden, aber so wollen wir dieses Kapitel nicht anfangen. Wir haben gesehen, was Würde ist. Wir haben den Kampf um ein würdiges Europa zusammengefasst. Jetzt lassen wir den Saft aus der Wunde des politischen Österreich rinnen. Es gibt auch das würdige Österreich, zweifellos, nur handelt es sich um einen stillen Kontinent. Ein Volksbegehren für mehr Demokratie, initiiert von integren ehemaligen Politikerinnen und Politikern, erhält um einiges weniger als 100 000 Unterschriften. Das unwürdige Österreich lärmt, es drängt sich schrill in den Vordergrund, in den vergangenen Jahrzehnten hat es in seiner politischen Klasse freche Gestalt angenommen und Gestalten hervorgebracht, die schwer zu ertragen sind. Politgangster, käufliche Figuren, Diebe, Verführer. Proleten, aber keine Proletarier. Wo Würde fehlt, mangelt es nicht an Empörung. Ja, meine kalte Wut ist in gewisser Weise die Kehrseite öffentlicher Würdelosigkeit. Aber nur, weil ich es anders haben möchte, paradoxer Patriot, der ich nun einmal bin. Wutbürger, der ich nicht sein will.

Im Wirtshaus wia z'haus. Kürzlich saß ich mit drei deutschen Gästen beisammen. Manchmal kommen noch Besucher, mitten im tiefen Frieden, und erkundigen sich nach den österreichischen Zuständen. Irgendwer hat meinen Namen als Informant populär gemacht. Mit dem Thurnher musst du sprechen. Ihre Augen werden größer, während ich erzähle. Ihre wohlmeinenden Fragen kenne ich auswendig, und sie lösen bei mir immer wieder das Gleiche aus: eine Tirade. Manchmal glaube ich, es gibt keine Österreichs Zuständen besser angemessene literarische Form als die Tirade.
Ich gestehe, ich genieße es, die Strumpfmaske gleichmütiger Freundlichkeit von ihren Gesichtern (och, ihr Östreicher!) zu ziehen und darunter jenes leicht verächtliche Staunen zum Vorschein zu bringen, das sie so freundlich zu verbergen suchen, wenn ich von unserem Land erzähle. Aber dann – wir sind Europa – kommt ihnen die Erkenntnis: Sooo anders isses bei uns ja auch nicht. Wie auf Bestellung helfen ein hantiger Ober oder eine grantige Kellnerin mit nötigem Lokalkolorit aus, schon lächeln die Gäste wieder, sie sind ja nur für einen

Tag hier, das Essen und der Wein und die Kultur – dagegen kann man nun wirklich nichts sagen.

Die Qualität des österreichischen Weins entstand bekanntlich aus einem Skandal. Winzer hatten, statt sich um Verbesserung des Produkts zu bemühen, das Frostschutzmittel Glykol in den Wein gemischt. Die Sache flog auf, der Weltmarkt für österreichischen Wein, sofern vorhanden, brach zusammen, Österreichs Winzer entschlossen sich, auf Qualität zu setzen, weil ihnen nichts anderes mehr übrig blieb. Wider Erwarten hatten sie Erfolg damit. Wir stoßen an mit einem ordentlichen Veltliner. Die Rindsrouladen sind schon fast aus, die letzten beiden kriegen die Gäste. Wenn die schon einmal auf der Karte stehen, muss man sie nehmen, und wenn sie schon einmal da sind, bekommen sie die Rouladen – so hebe ich den Fremdenverkehr.

Wenn sich das österreichische Weinwunder aus dem Pantscherskandal entwickelt hat, steht der Welt demnächst das österreichische Politikwunder bevor. Wir arbeiten von der Maschekseite her daran. Verzeihen Sie, so sagt man bei uns, wenn man etwas von der verkehrten Seite angeht – nicht von hinten, denn bei dieser Ortsbezeichnung fühlen wir uns Karl Kraus zufolge derart ertappt, dass wir alles versuchen, sie zu vermeiden. Maschek heißt bei uns auch ein Parodistenensemble, das zu TV-Bildern von Politikern einen verkehrten Text spricht, also den wahren. Ein bisschen billig, aber lustig. Wir häufen zuerst einmal so viele Skandale auf, bis sie mit unwiderstehlicher Wucht zum Wandel führen. Lachen Sie nicht. In Kärnten ist das vor kurzem geschehen, das Regime der Posthaideristen ist dort zusammengebrochen und wurde von einer rot-grün-schwarzen Koalition abgelöst. Warum? Weil die Justiz ein paar Urteile gesprochen hat. Weil ein kluger Verhandler, Staatssekretär Josef Ostermayer, die Ortstafelfrage endlich gelöst hat, sodass die Kärntner Rechte nicht mehr wie gewohnt vor Wahlen die slowenische Karte ziehen konnte.

Beinahe sechzig Jahre hat es gedauert, bis sich Kärnten bereit erklärt hat, den Staatsvertrag zu erfüllen und zweisprachige Ortstafeln in Gebieten mit slowenischer Minderheit aufzustellen. Selbst Bruno Kreisky hatte vor den Kärntnern kapitulieren müssen. Jörg Haider benützte die Angelegenheit, um den Bundespräsidenten und den Präsidenten des Verfassungsgerichtshofs zu verhöhnen. Haider und seine Vasallen rückten Ortstafeln hin und her und zeigten der Republik, dass sie deren Gesetze überhaupt nicht kümmerten. Haiders Nachfolger steigerten den frechen Ton, den er in die Politik gebracht hatte, übertrieben es allerdings, denn ihnen fehlte das Geschick, mit dem Haider diverse Affären einfach wegadministrierte und wegfabulierte: den Spitzelskandal, die Stadionaffäre, die Reisen zu Saddam Hussein und Muammar Gaddafi. Von den Umständen seines Regimes redet heute keiner mehr, das würde man vor allem in Kärnten nicht als Aufklärung, sondern als Störung der Totenruhe betrachten. Die Frittatensuppe kann ich Ihnen empfehlen.

Hypo-Alpe-Adria, sagen Sie? Wäre vielleicht vergessen, gäbe es nicht die Bayerische Landesbank, die sich beim Kauf der Kärntner Bank über den Tisch gezogen fühlt und hartnäckig prozessiert, um ihn rückgängig zu machen. 2007 wurde die Bank an die Bayern verkauft, der Kärntner Landtag erfuhr davon aus den Medien. Jörg Haider, damals Landeshauptmann, stellte Bedingungen. Der Fußballverein SK Austria Kärnten sollte durch die Hypo mit fünf Millionen Euro gefördert werden. Die Bayern zahlten über eine Tochtergesellschaft. Zuvor hatte sich der ehemalige Hypo-Vorstand und Investor Tilo Berlin eine Sperrminorität an der Bank gesichert. Zahlreiche österreichische und deutsche Investoren beteiligten sich per Genussschein an Berlins Anteil und dem folgenden, natürlich steuerschonend über Luxemburg, die Cayman Islands und eine Stiftung abgewickelten Deal. Berlin verkaufte seinen Anteil mit einem Gewinn von 150 Millionen Euro; die

Münchner Staatsanwaltschaft untersucht, ob das Geschäft nicht aufgrund von Insiderinformationen zustande kam. Berlin war Chef der Bank und dürfte gewusst haben, dass und an wen verkauft werden würde. Er und seine Investoren machten fette Gewinne. Unter Berlins Investoren war neben dem damaligen Chef der österreichischen Industriellenvereinigung auch Karl-Heinz Grasser, der angeblich für seine Schwiegermutter aus 500 000 Euro innerhalb weniger Monate 783 971,50 Euro machte. Grassers Schwiegermutter wusste allerdings nichts von ihrem Glück. Grasser selbst war zum Zeitpunkt des Deals noch Finanzminister.

Ja, den Grasser kennen Sie. Er tauchte noch vor kurzem in deutschen Talkshows als Sachverständiger in Wirtschaftsfragen auf. Griechenland pleite gehen lassen, sagte er. Ein guter Rat, der im Europäischen Rat der Finanzminister gewiss schmerzlich vermisst wird. Nein, er ist nicht verurteilt, es gibt noch nicht einmal eine Anklage. Das gehört ins Unterkapitel »Kärnten als österreichischer Geisteszustand«, denn Grasser ist Kärntner. Lassen Sie mich zuerst den Kärntner Umschwung erläutern. Klar, wegen eines Bankenverkaufs, wegen einer Bankenpleite verliert man keine Wahl, da haben Sie recht.

Wahrscheinlich hat die Sache mit Haiders Steuerberater Dietrich Birnbacher die Rechte in Kärnten erledigt. Der kassierte für seine Beratung beim Verkauf der Kärntner Landesanteile der Hypo an die Bayern ein Honorar von sechs Millionen Euro. Ursprünglich hatte er zwölf Millionen gefordert, gewährte aber nach öffentlicher Empörung einen »Patriotenrabatt« von fünfzig Prozent. Das Geld sollte zwischen Haiders BZÖ, der ÖVP und ihm selbst gedrittelt werden. Der Plan flog auf und führte zur gerichtlichen Verurteilung von Birnbacher, dem ÖVP-Politiker Josef Martinz und zwei BZÖ-Funktionären wegen Untreue. Die Hypo-Alpe-Adria war bald pleite und wurde aus unerfindlichen Gründen von der Republik gerettet, vermutlich um dem Land Kärnten eine Landespleite zu ersparen, denn das Land hatte Haftungen übernommen, die es nicht schultern konnte. In der Nacht, als dies geschah, stellte sich Uwe Scheuch, stellvertretender Landeshauptmann von Kärnten, einer von Haiders Erben, ins TV-Studio und verkündete mit breitem Feschistengrinsen, dies sei ein guter Tag für Kärnten. Als die Bayern die Hypo übernahmen, hatte Haider behauptet, Kärnten sei reich. Wie gesagt, die Bayern prozessieren gegen die Hypo, deswegen erfährt die Öffentlichkeit Details. Die Blütezeit der Bank, als sie freihändig Kredite auf dem Balkan vergab – man mutmaßt Geldwäsche und organisierte Kriminalität –, bleibt wohl für immer im Dunkeln.

Lassen Sie Ihre Suppe nicht kalt werden. Der Tafelspitzsalat schmeckt? Nur ein wenig Kärnten noch, damit Sie verstehen. Kärnten spielte das gallische Dorf Österreichs auf Pump, die rechtspopulistische Enklave, den Frechstaat. Machte Antistaatlichkeit vor, inklusive Kleptokratie, Paternalismus und vom Landesfürsten persönlich verteilten Geldgeschenken. Gab den Schüsseljahren ihre Karnevalsfassung. Gerhard Dörfler, Haiders Nachfolger als Landeshauptmann, beging in der Sache der Ortstafeln klaren Rechtsbruch. In einer Weisung des Justizministeriums hieß es, Dörfler dürfe nicht angeklagt werden, weil er nicht über das nötige juristische Fachwissen verfüge und nicht ahnen habe können, dass man Urteile des Verfassungsgerichtshofs nicht ignorieren darf. Wie das aufkam? Empörte Whistleblower steckten Florian Klenk, dem Aufdecker des *Falter*, die Akten. Erstmals wurde offenbar, wie die Justiz prominente Causen vertuschte.

Nein, »Opas Rindsgulasch« bezieht sich nicht auf das Alter des Rindes, das soll die Traditionshaltigkeit des Gerichts unterstreichen. Gulasch im Beisl können Sie immer nehmen. Ich erzähle Ihnen jetzt nichts vom Bauskandal um das überdimensionierte Stadion, nichts vom mit Geld aus dem Umfeld des Landes aufgeblasenen FC Kärnten, nichts von unqualifizierten Personen, die Haider in der Disco auflas und blitzartig in politische Führungspositionen hob. Haider spaltete die FPÖ und gründete das BZÖ. Nach seinem Tod entstand aus seinem Umfeld die FPK, eine Art Kärntner Filiale der FPÖ. Haiders gleich freche, aber weniger geschickte Nachfolger schienen keine Schranken zu kennen, weder im Zugreifen noch im Benehmen. Landeshauptmannstellvertreter Uwe Scheuch, nun FPK, wurde rechtskräftig wegen Bestechlichkeit schuldig gesprochen; er hatte von russischen Interessenten Beiträge für seine Partei gefordert, würde er ihnen zum Erhalt der österreichischen Staatbürgerschaft verhelfen. Seine Bemerkung, das sei »no na net part of the game«, wurde Teil des österreichisch-defätistischen Korruptologen-Sprech. Sein Bruder und politischer Nachfolger Kurt Scheuch nannte einen Richter eine Kröte. Nachdem sich sämtliche Kärntner Richter befangen erklärt hatten, endete die Sache in Graz ohne Urteil, mit einer kleinen Geldstrafe und einer Diversion.

Misswirtschaft und Korruption der Posthaideristen war zwar in einem Ausschuss und durch investigative Journalisten teilweise aufgedeckt worden, mit seiner spezifischen Frechheit verstand es Jörg Haider aber meist, seine Machenschaften zu vertuschen. Als er bei einem spektakulären Autounfall starb, klagten seine Weggefährten, die Sonne sei vom Himmel gefallen. Bald verdüsterte sich der Horizont für seine Nachfolger. Erst das Birnbacher-Urteil machte Schluss mit dem Spuk. Noch versuchten Haiders Nachfolger das Unvermeidliche zu verzögern; jede Woche verließen sie den Landtag, als die Opposition den Neuwahlantrag stellte. Insgesamt zwölfmal verhöhnten sie derart auf legale Weise noch einmal die Demokratie, ehe sie im März 2013 abgewählt wurden.

Also, die Sonderstellung des Bundeslandes Kärnten, dessen angemaßter rechtlicher Ausnahmezustand inklusive Verhöhnung des Bundespräsidenten, des Verfassungsgerichtshofs und des Parteienstaats ist vorüber. Der angerichtete Schaden bleibt. Kärnten als Geisteszustand hat sich auf ganz Österreich ausgeweitet.

Aber natürlich, auch Kärnten selbst ist nur ein Symptom. Woher die allgemeine Politikverachtung in Österreich kommt, möchten Sie wissen? Sie haben Recht, das Land ist gut regiert, im Allgemeinen herrscht Rechtssicherheit, es gibt hohe Lebensqualität, keine sozialen Verwerfungen. Die wirtschaftlichen Kennzahlen stimmen, die Leute verdienen nicht schlecht, die Arbeitslosigkeit ist verhältnismäßig niedrig. Warum sie trotzdem so unzufrieden sind? Ich kann Ihnen nicht alle Details erklären, aber wenn Sie den Grad der Medienboulevardisierung ansehen, verstehen Sie einiges. Die Politik macht, wie überall in Europa, bei einem Wettbewerb der Selbstdegradierung mit. Ein Teil davon sind öffentliche Gehaltrückstufungen auf Zuruf, ein anderer Ziel die Kooperation mit übel beleumundeten Medienzarewitschen.

Der grassierende Populismus? Der hat sicher mit der allzu langen Vorherrschaft der beiden großen Koalitionsparteien zu tun, die so groß nun nicht mehr sind. Allzu lange währte deren Postfeudalismus, dagegen erhoben sich, sobald sich das Regime lockerte, die Hausmeister. Der Aufstand der Hausmeister, so kann man den Aufstieg der *Kronen Zeitung* und Haiders erklären. Dabei waren das eher altmodische Phänomene mit egoistischen, aber inhaltlichen Ambitionen, verglichen mit der Egomanie von Karl-Heinz Grasser, Wolfgang Fellner und Frank Stronach, den moderneren Varianten der Hausbetreuung. Arbeitsrechtlich ist der Hausmeister abgeschafft, was nicht bedeutet, das Gebäude habe an Würde gewonnen.

Warum es keine Widerstände gab im Haus Österreich? Ein Land hatte das Gefühl, gegängelt zu werden, zu kurz zu kommen, im Nachkriegsmuff zu ersticken. Die Intellektuellen wollten die Fenster nach Europa aufreißen und hofften auf die frische Luft von Westen. Die sozialdemokratischen Wirtschaftsimperien brachen zusammen, nach 1989 schien es auch im Westen mit staatlicher Bevormundung zu Ende zu gehen. Das neoliberale Paradigma hatte es nicht schwer, der Sozialstaat sah auf einmal aus wie ein systemgewordenes Hemmnis individueller Tüchtigkeit. Die gewachsene Bürokratie und die großkoalitionär dominierte Gesellschaft ließen dem Einzelnen zu wenig Freiheit, der Überdruss daran, kombiniert mit neoliberaler Propaganda, erledigte den Rest. Überall waren jetzt neue Sozialcharaktere gefragt.

Österreich ist ein Land der politischen Gefühle. Den Leuten ist es egal, wie es ist. Es geht ihnen gut, aber sie fühlen sich schlecht. In den Nullerjahren waren es nicht nur die Finanznöte von Ländern, Gemeinden und Staaten, die diese in riskante Spekulationen trieben. Es war die Ideologie eines neuen Sozialcharakters, des antistaatlich gesinnten Managers. Im Treibhaus der Deregulierungen und Privatisierungen hatten die Tüchtigen Glück. Selbst die kleinste Gemeinde fühlte sich nach der Jahrtausendwende geradezu verpflichtet, auf »den Märkten« ihr Steuergeld zu mehren. Man hätte es als schlechtes Regieren angesehen, es bei den mageren Renditen von Staatsanleihen oder sonstigen sicheren Formen von Veranlagung zu belassen. Sie kennen das aus Deutschland. Die Banken waren flott mit Finanzmodellen zur Hand, der Staat war unfähig, diskreditiert, das Einzige, was zählte, war sogenanntes Finanz-Know-How. It's the economy, stupid – mit zehn Jahren Verzögerung traf der Slogan bei uns ein. Sumpfblüten, Blasen, Gier, Zwang zu blitzartigen Bereicherung, Abwertung der sogenannten Realwirtschaft. Nur mit Zinsen machte man Kohle. Geld heckte Geld.

Die rote Bawag, die Bank der Gewerkschaft, ging beinahe pleite, weil ihr Direktor in Summe eine Milliarde Dollar einem Exilösterreicher übergab, dem Sohn des Ex-Bankdirektors, der sie in Spekulationsgeschäften versenkte. Die Gewerkschaft haftete heimlich für die Milliarde und verlor deshalb ihre Bank an den US-Investmentfonds Cerberus. Die blauschwarze Regierung wirkte durch Begünstigung eines Bankenruns kräftig an der Pleite mit, die Leute hoben in Panik ihre Sparguthaben ab. Als alles vorbei war, eröffneten Schüssel, Grasser und Haider demonstrativ Sparbücher in einer Bawag-Filiale. Zynischer ging es nicht mehr. Die Rache der Geschichte bestand darin, dass Schüssel die Nationalratswahl im gleichen Jahr dennoch verlor.

Die Bawag-Affäre war ein Vorbote der Bankenkrise und ein Schlusspunkt unter die Idee sozialdemokratischer ökonomischer Macht. Ich sehe, Sie nicken, das kennen Sie in Deutschland genauso. Genau, auch die Neue Heimat wurde um einen Euro verkauft. Helmut Elsner, der mächtige Bawag-Bankdirektor, wurde in Frankreich gefasst, in Untersuchungshaft genommen und zu mehreren Jahren Haft verurteilt; man konnte ihn geradezu als Österreichs einzigen politischen Gefangenen bezeichnen. Wolfgang Flöttl, der Spekulant, ging mit einer Kronzeugenregelung letztlich frei. Die Richterin wurde zur Belohnung Justizministerin, eine eklatante Fehlbesetzung, die bald korrigiert wurde. Der Verbleib von Flöttls Milliarde ist ungeklärt. Er interessierte die Richterin weit weniger als die Verurteilung des Bawag-Chefs.

Im Bund kam die Privatisierung programmatisch daher, sie hatte insofern Erfolg, als jede Menge öffentliches Eigentum versilbert wurde. Dieser Erfolg hatte zwei Namen. Wolfgang Schüssel, der von Jörg Haider dessen Zögling Karl-Heinz Grasser, den Spross eines deutschnationalen Kärntner Autohändlers, als Finanzminister übernahm. Der enttäuschte Haider nannte Grasser später einen »ideologischen Flachwurzler«. Luftwurzler wäre besser gewesen, denn Grasser kannte nur eine Ideologie. Fest wurzelte seine New Egonomy in neoliberaler Morgenluft. Die Vernunft des Marktes stellt sich durch die Summe aller privaten Unvernünftigkeiten her. Phantastisch! Ah, da kommen Ihre Rindsrouladen. Ich hoffe, Sie mögen Spiralnudeln, das ist die klassische Beilage. Und in der Mitte muss ein Essiggurkerl sein, zusammen mit einem Stück Karotte, umwickelt von etwas Speck. Guten Appetit!

Jetzt ernten wir auf Gemeinde- und Landesebene die Skandale dieser Mentalität. Ja, sie regiert noch immer, die Märkte sagen, was zu geschehen hat, die Staaten sparen, und die Finanzwirtschaft plant. Wir können derweil Zwischenbilanz ziehen, ah, sehen Sie, da ist die pikante Seele der Roulade, hoffe, die Sauce ist Ihnen nicht zu kräftig. Nein? Fein. Das Bestürzende ist, dass sich Politik selbst beim Aufräumen der Skandale nicht zu helfen weiß, sie lässt sich dabei von Investmentbankern beraten. Das ist, als würde Italien ein Problem der inneren Sicherheit mit Hilfe der Mafia lösen.

Im Salzburger Finanzskandal spekulierte eine vife Beamtin freihändig; der Skandal bestand in dieser Freihändigkeit. Das Land, durch die Öffentlichkeit panisch gemacht, steigerte den Skandal und führte durch Notverkäufe Verluste herbei, die vermieden werden hätten können. Die Höhe des Verlusts gestaltete sich variabel und ist noch immer nicht genau bekannt. Außerdem war in Salzburg die mitregierende ÖVP scharf darauf, den Finanzreferenten der SPÖ, eine kommende politische Hoffnung, auszuschalten, und ließ den Skandal platzen. In Niederösterreich, wo es um viel höhere Beträge und weit finsterere Tatbestände ging, schaffte es die mit absoluter Mehrheit regierende ÖVP, das zu verharmlosen. Trotz Kritik des Rechnungshofs gewann sie die Wahl 2013 – mit absoluter Mehrheit. Man kann natürlich immer sagen, über solche Dinge dürfe nicht offen gesprochen werden, um die Märkte nicht zu beeinflussen. Märkte schaffen eine eigene Form von Öffentlichkeit – politische Transparenz mögen sie gar nicht. Aber wir kennen dieses verborgene Agieren längst von der europäischen Ebene. Der Salat ist ein wenig süß, entschuldigen Sie, ich vergaß Sie darauf hinzuweisen, die Wiener tun gern Zucker in die Marinade.

Karl-Heinz Grasser? Noch längst nicht angeklagt! *Er* klagt den Staat. Ja, das ist phantastisch. Erntete Elsner die volle Härte der Justiz, genießt Grasser deren volle Elastizität. Er versichert dauernd, er tue alles, um seine finanziellen Verhältnisse offenzulegen, und behindert in Wahrheit die Justiz bei jeder Gelegenheit. In Liechtenstein hat sein Stiftungsvorstand, ein Anwalt, ein Papier aus dem offiziellen Akt entwendet und mehrere Wochen nicht zurückgegeben. Das Verfahren dauert deswegen länger, schon fühlt sich Grasser in seinem Menschenrecht auf kurzen Prozess verletzt. All the justice money can buy. Wenn's fad wird, setzt er sich ins Fernsehen und liest einen Fanbrief vor, in dem steht, er sei einfach zu schön und zu klug und werde deswegen verfolgt.

Nein, die ganze Geschichte würde den Rahmen unseres Mittagessens sprengen. Ex-Kanzler Schüssel sagt, er habe nichts von Grassers Treiben mitbekommen. Tatsächlich wollte er ihn nach seiner Niederlage 2006 zum Spitzenkandidaten der ÖVP machen. 2002, nach seiner spektakulären Trennung von Haider, hatte Grasser zum großen Sieg der ÖVP beigetragen. Das ÖVP-Präsidium verhinderte Grasser dann nicht aus moralischen Bedenken, sondern nur, weil das einen Tiroler den Ministerposten gekostet hätte. Der wurde später Tiroler Landeshauptmann und ließ sich Gamsböcke schenken. Halali. Verzeihen Sie meine Abschweifungen. Wir haben noch nicht einmal einen Maibock auf der Karte stehen.

Kennen Sie Grassers Urszene im Finanzministerium? Er stellte sich der Beamtenschaft vor, dann öffnete er eine Tür, und herein kam sein Beraterstab, alle jene Leute, deren Namen später Tausende Seiten von Polizeiprotokollen füllen und deren bloße Erwähnung in der korruptologischen Öffentlichkeit Heiterkeit erregt: Ernst Karl Plech, Walter Meischberger, Peter Hochegger und wie sie alle heißen. Auf diese Leute werde er sich stützen, bedeutete Grasser den verdutzten Beamten. So etwas hatten die noch nie erlebt. Die Unverschämtheit segelte im neoliberalen Rückenwind und dem Treibhausgefühl, man müsse nehmen, was man kriegen kann. Das römische Prokonsul-Gefühl. Hier ist meine Provinz, hier greife ich zu, hier werde ich reich. Alle Privatisierungen, die anstanden, liefen über die österreichische Industrieholding ÖIAG, zuständig: der Finanzminister. Enrichissez-vouz, lautete die Parole. Die müden sozialdemokratischen Beamten kündigten nicht einmal ihm ihre Loyalität.

Grasser verlor keine Zeit und berief den befreundeten Immobilienmakler Plech in den Aufsichtsrat der Bundesimmobiliengesellschaft BIG und der Buwog, der damals staatlichen Bundeswohnungsgesellschaft. Auffällig war bereits einer von dessen ersten Immobiliendeals. Die Juristen des großen Wiener Bezirksgerichtes Innere Stadt (zuständiger Minister: Haiders Anwalt Dieter Böhmdorfer) mussten aus einem soeben renovierten wunderbaren Art-Déco-Gerichtsgebäude, in dem sie sich alle wohlfühlten, in einen neu errichteten hässlichen Büroturm übersiedeln. Dabei wurde – von Bundesgebäude zu Bundesgebäude – eine Provision von 607 476 Euro fällig, die Plechs Maklerbüro einstrich. Privat, obwohl er im Aufsichtsrat der Buwog saß.

Die Schüsselregierung setzte, tüchtig im neoliberalen Zeitgeist, auf Privatisierung. »Mehr privat, weniger Staat« hatte schon der Titel eines Buchs von Schüssels aus den achtziger Jahren gelautet, Grasser war der geeignete Exekutor – von keinerlei weltanschaulichen Bedenken gehemmt. Die Sozialpartnerschaft erschien als eine Fessel der Tüchtigen, der Rheinische Kapitalismus ein Ammenmärchen längst vergangener Tage, soziale Marktwirtschaft eine Augenauswischerei für keynesianische Weicheier. Bei Privatisierungsroadshows hopste Grasser vor begeisterten Managern herum und tanzte den Neoklassik-Tango. Die Industriellenvereinigung schenkte ihm, nein, einem ihm nahestehenden Verein eine absurd überteuerte Homepage. Grasser zahlte für sie keine Steuer und bestellte als Minister bei einem seiner Beamten einen Steuerpersilschein.

Alles musste raus. Der Staat erwies sich als reich bestückter Selbstbedienungsladen. Unternehmen wie die Staatsdruckerei, das Dorotheum, die Flughafen-Wien-Gesellschaft, die Österreichische Postsparkasse, die Telekom Austria AG, die Austria Tabak, die Voest Alpine, die VA-Tec, Böhler-Uddeholm, die Post und viele andere standen ganz oder teilweise zur Privatisierung an.

Beim Versuch, die Voest an Stronach weiterzuprivatisieren, wurde Grasser – einst selbst Stronach-Mitarbeiter – erwischt. Minerva hieß der Stronach-Geheimplan, aber für diesen Flug war es doch zu dämmerig, daraus wurde nichts. Die Voest ging schließlich an die Börse, zu billig, wie viele behaupten, sie ist nun im Streubesitz und gehört teilweise Siemens und oberösterreichischen Banken. Die Umstände der Privatisierung der Buwog wären ohne einen anderen Skandal nicht aufgeflogen. Der Chef der Immofinanz hatte riskante Kreditgeschäfte getätigt und außerdem sich und seinen Vorstandskollegen auf undurchsichtige Weise Millionen zukommen lassen. Die Immofinanz bot gegen andere Immobilienfirmen um die Bundeswohnungen der Buwog mit. Durch den Tipp eines Insiders erfuhr sie, der Zuschlag würde um 960 Millionen plus x erteilt. Die Immofinanz bot 961,2 Millionen und erhielt die Wohnungen – um eine Milliarde zu günstig, wie grüne Parlamentarier später behaupteten.

Was Grasser damit zu tun hat, fragen Sie? Dieser Deal war umzingelt von Grasser-Freunden, während Grasser natürlich von allem nichts ahnte. Den Tipp hatte Walter Meischberger gegeben, der sich später in anderer Korruptionssache am Telefon mit den geflügelten Worten und der Frage auf gut Korruptologisch: »Wo war mei Leistung?« erkundigte, was er denn wirklich getan habe. Er und der Lobbyist Peter Hochegger kassierten eine Provision von einem Prozent, die sie stilsicher und steuerschonend über Zypern und Delaware nach Liechtenstein zurückführten. Ernst Karl Plech war als Buwog-Aufsichtsrat und Vorsitzender des Privatisierungsausschusses tätig, der gute Grasser-Bekannte Karlheinz Muhr vermittelte Lehman Brothers als durchführendes Investmenthaus (obwohl ein deutlich günstigeres Konkurrenzoffert vorlag). Die Staatsanwaltschaft ermittelt bereits seit Jahren gegen Grasser, dessen Liechtensteiner Stiftungen in Österreich Villen, Anwesen und Penthouses besitzen, deren Mieter oft Karl-Heinz Grasser heißt. Zufälle gibt's! Die Frage, wer Meischberger die Summe von 960 Millionen Euro nannte, kann dieser nicht mehr beantworten. Korruptologisch gesprochen ist er hier »supernackt«. Die Justiz ermittelt gegen Grasser, hat aber von dessen Unschuld auszugehen. Die Summe von 960 Millionen kannte damals außer dem Finanzminister praktisch jeder in Wien.

In den Liechtensteiner Stiftungen liegt auch einiges Geld, das Grasser in seiner kurzen Tätigkeit bei Meinl International Power verdiente, mindestens neun Millionen Euro, der Steuer deklarierte er nur drei. Nun will die Finanz den Rest von fünfeinhalb Millionen sehen. Der Bankier Julius Meinl V. befindet sich noch länger als Grasser im Visier der Staatsanwaltschaft, ihm wird Anlegerbetrug vorgeworfen. Gegen eine Kaution von hundert Millionen Euro kam er frei; auch er verzögerte seinen Prozess nach Kräften, seine Anwälte mobben einen Sachverständigen nach dem anderen weg und jammern gleichzeitig über das langsame Tempo der Justiz. Quo usque tandem, möchte man rufen, gäbe es ein Forum, das man adressieren könnte.

Korruptologen erfreuen sich übrigens an einem legendären Segeltörn im August 2005 mit der Besatzung Grasser, Meinl und Flöttl. Für Meinls Firma Meinl International Power (MIP) leistete Grasser unschätzbare Dienste als Werbeträger. In Inseraten verleitete der populäre Hopser Tausende Bürgerinnen und Bürger zum Teil gegen die Warnungen ihrer Bankberater dazu, ihr Geld in MIP-Aktien zu investieren, wo sie es prompt verloren. Grasser erhielt seine fette »Management-Fee«, die Meinl-Gesellschaft residiert auf den Kanalinseln, die Anleger schauten durch die Finger. Grassers »Fee« wanderte steuerschonend in seine Stiftungen mit den feenhaften Namen Silverland und Silverwater; nicht nur Finanzstrafen, auch eine Haftstrafe könnte ihm blühen, falls man ihm steuerlich »Hinterziehungsvorsatz« nachweisen könnte. Seien wir unbesorgt. Ein ehemaliger Finanzminister wird doch nicht das Finanzstrafrecht der Republik gekannt haben!

Ja, wenn Sie das mit dem ehemaligen deutschen Bundespräsidenten Christian Wulff vergleichen, wo die Staatsanwaltschaft wegen Peanuts Anklage erhob, kann man bei uns von großer Langmut des Staates sprechen. Oder von sehr großer Sorgfalt. In Wahrheit war es so: Erst verschleppte die schwarze Justizpolitik die Sache, so gut es ging, indem sie viel zu wenig Personal zur Verfügung stellte. Als der öffentliche Druck zu groß wurde, stockte sie die Korruptionsstaatsanwaltschaft auf und setzte Maßnahmen. Der Buwog-Verkauf fand 2002 statt, 2009 flog er auf. Der Banker der Investkredit ist längst in erster Instanz verurteilt. Grasser spielt auf Zeit und verzögert seine Anklage. Die Schweizer lieferten Ermittlungspannen, Liechtenstein hat in der Causa Grasser geschwärzte Akten geschickt, nachdem der liechtensteinische Grasser-Stiftungsanwalt zuerst diese Papiere dem Gericht geklaut und wochenlang in seiner Kanzlei hatte, wer weiß, was der dort damit gemacht hat, schließlich haben sie mehr als ein Jahr gebraucht, um diese mit hoher Wahrscheinlichkeit entschärften Papiere noch ein wenig einzuschwärzen und endlich nach Österreich zu liefern – rechtlich immer alles korrekt. Ob Grasser damit durchkommt? Die Unschuldsvermutung, die er beansprucht, ist jedenfalls zum korruptologischen Hohnwort geworden, zur Folklore.

Beinahe zwanzig Prozent würden Grasser heute trotzdem noch wählen, ergab eine Umfrage. Der Mann hätte beinahe die bürgerliche Partei als Spitzenkandidat angeführt, bedenken Sie! Was man ihm zugutehalten muss: Er hat unsere Skandale international anschlussfähig gemacht. Anschluss suchen wir ja immer, das wissen Sie doch, Zypern, Delaware, Brüssel, Virgin Islands, Kasachstan – wir machen uns, wir wachsen mit Europa, mit der Welt zusammen. Die soll sich vor uns in Acht nehmen! Nehmen wir noch ein Achterl vom Veltliner? Das dachte ich. Und noch Wasser bitte, nein, kein stilles. Das Leitungswasser kann man in Wien noch trinken, das ist geheiligtes öffentliches Gut.

Sie müssen sagen, wenn es genug ist. Ich könnte Ihnen vom Glücksspielskandal erzählen, als die Glücksspielfirma Novomatic die ÖVP-BZÖ-Regierung überzeugt hatte, das Glücksspiel zu liberalisieren, und als die betroffene Monopolfirma Casinos Austria schnell einmal 300 000 Euro in Form eines Auftrags zum Thema »Responsible Gaming« an das BZÖ hinüberschoben, wofür sie ein neun Seiten langes Paper bekamen. Die graue Eminenz der Casinos musste übrigens wegen Demenz nicht vor dem parlamentarischen Untersuchungsausschuss aussagen.

Habe ich Ernst Strasser schon erwähnt? Den Innenminister der ÖVP, der den Großauftrag seines Ministeriums für ein Blaulichtfunknetz einem Konsortium entzog und einem anderen übertrug, das Alfons Mensdorff-Pouilly als Lobbyist betreute? Die Abschlagsprovision von etwa dreißig Millionen Euro für das Konsortium, dem er den Auftrag wegnahm, bezahlte er aus dem Flüchtlings- und Zivildienstbudget des Innenministeriums. Bald danach trat er als Minister zurück.

Ja, das ist jener Strasser, den die englischen Journalisten erwischten, als er sich in Brüssel dafür empfahl, Gesetze gegen

Honorar zu verändern. Strasser weinte, als ihn das Gericht dafür zu vier Jahren Haft unbedingt verurteilte (nicht rechtskräftig). Ja, das ist jener Strasser, der gnadenlos sein Ministerium umfärbte und nur Parteifreunde auf Posten hievte. Seine Mails flogen auf und wurden der Staatsanwaltschaft zugeleitet, aber der zuständige Staatsanwalt übersah das Konvolut von achtzig Seiten und vergaß bedauerlicherweise, Anklage zu erheben. Strasser, der die Asylbetreuung privatisierte und ohne mit der Wimper zu zucken Asyl suchende Tschetschenen zurückverfrachten ließ, mit dem unvergesslichen, monumental niederträchtigen Satz: »Ich lade sie ein, umzukehren.«

Das und noch mehr stand alles in den Zeitungen, es gibt Bücher, die »Das Land der Diebe« heißen oder »Unmutsverschuldung«, das alles und mehr wurde in einem Untersuchungsausschuss abgehandelt, der lange, ehe er mit seiner Arbeit zu einem Ende kommen konnte, von den Regierungsparteien SPÖ und ÖVP abgedreht wurde. Der Reigen auftretender Figuren erinnerte an die »Letzten Tage der Menschheit«, es waren aber nur die letzten Tage des Neoliberalismus (hätte man meinen sollen, aber er lebt munter weiter). Nein, den gemischten Käseteller »Österreichischer Affineur« kann ich Ihnen nicht wirklich empfehlen. Nehmen Sie lieber was Süßes.

Da wäre noch die Telekom-Affäre, bei der führende Telekom-Mitarbeiter den Aktienkurs manipulieren ließen, um in den Genuss von Bonuszahlungen zu kommen. Und alle noch nicht und vielleicht nie mehr untersuchten Privatisierungen (im Wortsinn: Staatsberaubungen), die gewiss nach dem System Buwog abliefen.

Oder der erwähnte Graf Alfons Mensdorff-Pouilly, der bei vielen Affären lobbyiert und doch mit nichts etwas zu tun hat, und seine vielen Jagdeinladungen Dutzender korrupter Jagdgäste, gern auch auf das Schloss in Schottland. Graf Ali wird wegen Geldwäsche angeklagt, das einzige Delikt, auf das die

Justiz meint, die Hand legen zu können, und wird in einer Nebensache, wegen Beweismittelfälschung, bedingt verurteilt. In der Hauptsache geht er frei. Aber der Richter haut dem Grafen eine Begründung um die Ohren, die schlimmer ist als jedes Urteil. In seinem größten Skandal hatte Mensdorff Glück. Er war schon in englischer Untersuchungshaft gesessen, aber der Rüstungskonzern EADS kaufte sich bei den Briten und den USA per Abschlagszahlung frei. Damit ist der Akt geschlossen, die Sache unaufklärbar, und Graf Ali ist aus dem Schneider.

Warum die Parteien den Untersuchungsausschuss abdrehten? Vor dem Superwahljahr 2013 kam bei ihnen das Gefühl auf, sie würden sich selber gegenseitig schaden. Die FPÖ, an vielen Skandalen beteiligt, suggerierte erfolgreich, Haiders Nachfolger, obwohl seit Jahrzehnten dabei, seien eine neue, unschuldige Generation. Nur in Kärnten ging das nicht. Die Schwarzen schafften es, die Inseratenaffäre der Roten als Balance für den ungleich schwereren Packen ihrer Affären zu benutzen. Am Ende bleibt nichts weiter als noch ein Beitrag zur Selbstdiskreditierung der politischen Klasse.

Bitte, wir würden gern die Nachspeise bestellen. Und noch ein Glas Veltliner. Warum die Grünen nicht stärker sind? Gute Frage. Sie sind die einzige saubere Partei, in keine Affäre involviert, sie haben die beste Aufklärungsarbeit geleistet. Aber sie haben ihren populären Frontmann Alexander van der Bellen verloren, einen Ökonomen, den sie gerade in der Krise dringend brauchen könnten. Sie sind zu schnell fertig mit verdienten, hochqualifizierten Leuten, weil sie an ihrer vermeintlichen Überalterung leiden und sich an ihrer Frauenquote erfreuen. Für entscheidend halte ich, dass es in Österreich kein linkes Post-68er Milieu gibt wie in Deutschland. Der Protest bei uns steht rechts. Immerhin haben die Grünen bei fast allen Regionalwahlen dazugewonnen; in vielen Bundesländern regieren sie mit.

Sie nehmen die Schönbrunner Palatschinke mit Nüssen und

Schokosauce? Ich bin gerührt, Sie kennen das Geschlecht der Palatschinke. Das kompensiert, dass Ihnen kurzzeitig der Name unseres Bundeskanzlers entfallen war. Sehr gut. Den Apfelstrudel mit Vanillesauce kann ich auch empfehlen.

Warum die Rechte so stark ist in Österreich? Es stimmt, man muss die FPÖ des Heinz-Christian Strache und die Partei von Frank Stronach zusammenzählen, dann kommt man – glaubt man den Umfragen – auf dreißig Prozent. Das hat zu tun mit der Schwäche der ewigen Regierungsparteien, die zu wenig Macht haben, ihre Klientelwirtschaft effizient fortzusetzen. Zudem lösen sich ihre moralischen Standards auf (ÖVP) oder sie können nicht recht vermitteln, dass sie überhaupt welche haben (SPÖ). Ihre Macht ist einfach verbraucht. Das sozial-partnerschaftliche System, auf dem Österreichs Wohlstand beruht, ist schlecht angesehen, ebenso seine Verwaltung. Die Leute schauen nicht nach Griechenland, sonst sähen sie, was eine gute Verwaltung, was wenig oder nicht korrupte Beamte wert sind. Das Publikum schätzt das nicht, es sieht nur die Verbrecher da oben. Der mediengestützte Postfeudalismus kann diese Sicht nicht korrigieren, dafür sorgt dessen medialer Teil. Postdemokratische Figuren wie Stronach profitieren davon. Er kann sich die Öffentlichkeit kaufen, die er braucht.

Immerhin fehlt ihm jene xenophobe Note, mit der Strache bei jeder Wahl aus dem österreichischen Elektorat ein paar Prozent herausquetscht. Sie kennen Stronach, ja? Selfmademen und Milliardäre überzeugen die kleinen Leute immer, die können daherreden, was sie wollen. Und Frank macht alles mit seinem eigenen Geld, wie er stets betont. Stimmt zwar in keiner Weise, in Kanada und in den 1990er Jahren in Österreich hingen seine Firmen am Staatstropf. Stimmt aber wieder insofern, als er sich erst Ex-Politiker, dann einen ganzen Parlamentsklub zusammenkaufte. Ämterkauf ist das Mindeste, was man ihm nachsagen muss. Die Goldene Regel interpretiert er auf seine Weise: Wer das Gold hat, macht die Regel. Dafür lieben ihn die Gegoldregelten.

»Ich nehme mein eigenes Geld, um die Wahrheit zu erklären. Die Politiker nehmen das Geld der Bürger, um die Macht zu erhalten und um die Stimmen der Bürger zu kaufen«, sagt er. Berlusconi stürzte Romano Prodi mit einem um drei Millionen Euro gekauften Abgeordneten. Wie viel Stronach ausgab, ist unbekannt, er besorgte sich eben fünf Abgeordnete im Nationalrat, und wenn einer von denen in einen Landtag wechseln muss, kauft er einfach einen nach. Es wäre zu überlegen, im Parlament wie im Fußball Übertrittsfristen einzuführen. Im Fußball war Stronach ebenfalls engagiert. 2006 sollte Österreich Weltmeister sein, hatte er angekündigt. Wie dieses hat er viele seiner Fußballversprechen gebrochen, jetzt verspricht er halt Sachen in der Politik. Aber er nimmt den Rechten von der FPÖ Stimmen weg, deswegen tun die Regierungsparteien nichts gegen ihn.

Stronach spricht nicht wirklich, er äußert eine Art wolkiges Genuschel, wenn man ihn etwas Konkretes fragt. Fragt man ihn zu direkt, wird er patzig. Im Fernsehen benimmt er sich lustvoll daneben und lässt Interviewerinnen nicht zu Wort kommen, verliest gegen die Abmachung lange Statements, kurz, er macht eine tolle Show. Das Publikum frisst ihm aus der Hand, die Verachtung der paar Intellektuellen kann ihm egal sein.

Er wird nicht als der böse autoritäre Onkel gesehen, sondern als einer, der es endlich einmal allen hinein- und alles frei heraussagt! Denen da oben und denen, die man als Teil des herrschenden Establishments rezipiert, den Journalistinnen und Journalisten aus dem Tross des politmedialen Komplexes. Bei denen spürt der kleine Maxi irgendwie, da stimmt was nicht, die sind doch mit der Politik im Bunde, und flugs dehnt er sein Ressentiment auf sie aus. Es hilft nicht, Frank

Stronach mit seinen Stildefiziten zu konfrontieren. Stilistische Defizite sind nun einmal sein Stil, und darin erkennt sich ein guter Teil der schweigenden Stilversager im Land wieder. Sinnlos, sich hier schutzsuchend an die Peergroup der eigenen Klientel zu wenden und zu rufen: Hilfe, Onkel Frank geht unfair mit mir um! Schon verwandelt sich der Kritiker in ein Schandmaul, das ein Lebenswerk schlechtmacht. Und mit dem großen Werk des Frank all die kleinen Werke der Bürgerinnen und Bürger, die draußen im Verborgenen blühen und die keiner je anerkennt. Der Respektlose fordert Respekt. Und er bekämpft, wie die 68er, wie Jörg Haider, »das System«. Tranzparheit, Fairenz, Wahrness! Enrichissez-moi!

Der Strudel schmeckt? Das freut mich. Sie haben Recht, es ist merkwürdig, dass gerade in Zeiten der Finanzkrise Politik nichts, Wirtschaft alles zu gelten scheint. Mindestens zehn Prozent des Publikums glauben, Stronach sei gut für Österreich, in Kombination mit Grasser wären es vielleicht auch dreißig Prozent. Das spricht weniger für diese Herren als für die eklatante Schwäche demokratischer Politiker.

Wie sich die österreichische Bevölkerung in Europa sieht? Na, Sie wollen Sachen wissen! Sie hat keinen Ort, würde ich sagen. Für Österreich in Europa gibt es weder ein politisches Konzept noch eine Rolle. Auch wenn Österreich bei der Einführung der Transaktionssteuer mitwirkte, im Land selbst wird diese geradezu geheim gehalten. Fast könnte man meinen, man geniere sich dafür. Der grüne Abgeordnete Johannes Voggenhuber spielte beim EU-Verfassungskonvent eine wichtige Rolle? Was geht das uns an? Macht ihn zu Hause nicht angesehen, eher verdächtig. Die soziale Marktwirtschaft als Modell anpreisen? Da müsste man an sie glauben. Es gibt Politiker, die das schüchtern versuchen. Bundeskanzler Werner Faymann machte sich einst durch einen Leserbrief-Kotau vor der *Kronen Zeitung* unmöglich, in dem er gemeinsam mit seinem Vorgänger Alfred Gusenbauer versprach, jede künftige Vertragsänderung werde einer Volksabstimmung unterzogen. Daraus wurde nichts, ESM-Rettungsschirme und Billionenhaftungen gingen unabgestimmt dahin. Faymann wechselte zu europafreundlicheren Tönen; das fiel ihm vermutlich angesichts des europapolitischen Desasters seines Regierungspartners ÖVP etwas leichter.

Welche Ideen die österreichische Politik leiten? Bitte? Jetzt habe ich glatt vergessen, was für eine Nachspeise ich selber bestellen wollte. Kann ich noch einmal die Karte haben? Erstens Machterhalt, zweitens Machterhalt und drittens der Versuch, an die Macht zu kommen, falls man noch nicht dort ist. Und an die Macht kommt man bei uns nicht mit Ideen, auf die Idee ist seit Kreisky jedenfalls keiner mehr gekommen.

Wer die einflussreichen Berater und politikmächtigen Intellektuellen sind? Sie stellen Fragen! Deutsche Werbeagenturen für die ÖVP, Wirtschaftstreibende für die SPÖ – aber Denker? Früher gab es Think Tanks im Umfeld der Sozialpartner, die gibt es noch, aber sie sind marginalisiert. Das Geistesleben an den Universitäten – ausgetrocknet. Dafür kann man sich zahlreiche Intellektuelle anhören, meist Ihre Landsleute, die einreisen, sich glänzend honorieren lassen und bei Vorträgen brillieren. Die Neoliberalen leisten sich Ideenpools und ein paar irregeleitete radikalliberale Blogger. Die in den Medien veröffentlichte intellektuelle Kritik zählt in der Politik nicht, nada, null, verstehen Sie. Deswegen gibt es auch kaum mehr interessante Debatten. Intellektuelle haben an ihrer Selbstmarginalisierung durchaus lustvoll mitgewirkt. Man geniert sich, das als Publizist zu sagen, aber politisch zählt nur die Machtausübung via Medialpartnerschaft, Boulevardkorruption in Ewigkeit, Amen. Nächste Frage, bitte.

Ob derzeit in Österreich ein Reinigungsprozess stattfindet? Gewissermaßen schon, die leichte Aufrüstung der Justiz hilft, aber es wurde zu viel versäumt, man nimmt nur mehr die

Oberfläche mit. Nur Auswüchse können justiziell behandelt
werden, und von denen erwischt man – siehe Mensdorff – nur
die kleinsten Warzen. Der Staat hat die Würde seiner Selbstbehauptung verloren. Den Ex-Finanzminister dafür zur Re-
chenschaft zu ziehen, dass er die Bundeswohnungen zu billig
verkauft hat, das steht überhaupt nicht zur Debatte! Was der
Staat bei den Privatisierungen verlor, will keiner auch nur ver-
suchsweise vorrechnen. Verantwortung ist abgeschafft. An
das Unglaublichste hat man sich gewöhnt.

Zudem ist die Figur des Saubermanns ein Problem für sich.
Gut, wenn es ihn sauber gibt. Walter Geyer, der Chef der Korruptionsstaatsanwaltschaft, war so ein Glücksfall. Wenn ich
einige unserer Saubermänner betrachte, werde ich, offen gestanden, etwas unruhig. Spricht der Rechnungshofpräsident
und fordert Transparenz, sehe ich eine Szene vor mir, in der
er 1996 als FPÖ-Mitarbeiter im Büro des Dieter Böhmdorfer
ein Plastiksackerl mit fünf Millionen Schilling in bar übergab – eine illegale Parteispende des Industriellen Turnauer an
Jörg Haiders FPÖ. Der grüne Aufdecker Peter Pilz schildert die
Szene,[2] nennt Zeugen. Moser selbst spricht von einem Kuvert,
dessen Inhalt er nicht gekannt habe. Konsequenzen gab es
nie. Höre ich die sonore Stimme von Mosers Vorgänger Franz
Fiedler, erinnere ich mich daran, wie der seinen Posten nur
bekam, weil Haider den für die Stelle vorgesehenen Steuer-
fachmann Werner Doralt verleumdete. Die Verleumdung erwies sich später als unwahr. Ein Mann von Charakter wäre zu-
rückgetreten und hätte das Amt für Doralt geräumt.

Vielleicht habe ich zuviel über Würde gelesen, um ernsthaft
über österreichische Politik reden zu können. Meine Herren,
Sie fragen mich zum falschen Zeitpunkt. Nehmen Sie noch
einen Kaffee? Gut, ein Digestif stimmt milder. Die einst ent-
mannte, gebremste Justiz hat sich besser aufgestellt. Unter-
suchungsausschüsse wurden abgewürgt, aber immerhin gab
es sie. Bei Skandalen bleibt die Frage: Ist es wirklich so, dass

durch Aufdeckung alles besser wird, wie manche Aufdecker frohgemut behaupten, daraus natürlich die eigene moralische Überlegenheit ableitend? Oder helfen Skandale einer Gesellschaft nur zu verstehen, wie die Wirtschaft wirklich funktioniert? Sind sie gleichsam Agenturen öffentlichen Wissens? In denen eingeübt wird, wie weit man gehen kann, was durchgeht? In denen man Praktiken verfeinert?

Hält man Politikern vor, sie seien selbst schuld an ihrer Degradierung, stimmen sie einem zu. Dann gehen sie hinaus und tun desgleichen. Man kann ihnen schwer raten; sie lassen sich am liebsten von den Falschen helfen, aber das ist nicht nur bei uns so. Hört Ihre Kanzlerin auf *Bild* oder auf die *FAZ*? Willig verzichten sie auf bessere Dienstwagen oder auf die Anpassung ihrer Bezüge. Vom allgemeinen Lizitieren scheinen sie ausgeschlossen. In Bezug auf Privatisierung oder auf die Machenschaften der Finanzwirtschaft haben sie nichts geahnt, aber alles getan oder geduldet. Manche lassen sich zwecks Kompensation in die Korruption treiben. Die meisten hoffen, nach ihrer leidvollen politischen Laufbahn in der Wirtschaft noch ordentlich Kohle abgreifen zu können. Würdige Rollen im Alter sind nicht vorgesehen, der Bundeskanzler hat nicht, wie in Deutschland, ein Büro mit Fahrer.

An die Würde verdienter Politiker wird im Kleinstaat kaum gedacht. Politik hat mit ihren Möglichkeiten zur Versorgung auch jene zur Selbstversorgung eingebüßt. Politiker finden oft in der Politpension ihre Rollen nicht, werden zu übelgelaunten Kiebitzen oder übereifrigen Abgreifern und tragen das Ihre zum sinkenden Ansehen der politischen Klasse bei. Dazu kommt eine unverhohlene Altersverachtung, die merkwürdig mit dem Ansehen alter Politiker von Italien bis in die USA kontrastiert. Alter wird bei uns mit Vertrottelung gleichgesetzt. Im Gegensatz zu Cicero, bei dem der Untergang von Staatswesen so begründet wird: »Es kamen neue Redner auf, bartlose Knaben, Torenvolk.«[3]

Vom menschenrechtlichen Versagen dieses kleinen, fetten Staates habe ich noch gar nicht gesprochen. Wie er Asylwerber misshandelt, Flüchtlinge abweist, unbarmherzig bürokratisch agiert, bis zu Folter und Tod geht. Vielleicht haben Sie von den Namen Bakary J., Cheibani Wague, Marcus Omofuma gehört. Der eine von der Polizei krankenhausreif gefoltert; der Amtsarzt konstatierte nichts. Der andere von Rettungskräften bis zum Herztod stillgestellt; der dritte auf dem Abschiebungsflug erstickt. Ja, auch das geschah in diesen Nullerjahren. Auch das kann der Staat. Dieses gemütliche Gemeinwesen ist zu unmenschlicher Gemeinheit fähig.

In seinem Parlament sitzt ein dritter Präsident, den die Parteien heute nicht mehr wählen würden, ein Rechtsnationaler, in dessen Umfeld alle paar Monate ein Rechtsextremer auffliegt. Das Umfeld der FPÖ hat sich nicht gebessert. Sie feiern Hitlers Geburtstag und begehen den Tag des Einmarschs der Roten Armee als Niederlage. So schaut sie aus, unsere Republik, und im Fernsehen krönen sie den Wahnsinn mit hirnlähmenden Runden voller Parteisekretäre und unerträglicher Experten. Ein Herablizitieren der politischen Würde ist das, ein dignitätsfreier Rundenreigen, und die Wette gilt, dass wir uns in den nächsten Wochen an Würdelosigkeit noch unterbieten. Wir schnüren ein politisches Paket, das unser Würdeproblem löst, packen einen Verhaltenskodex hinein, setzen es in den breiten Strom gutsubventionierter Publikationen und sehen zu, wie es still am Horizont verschwindet.

Ich fürchte, ich habe mich hinreißen lassen. Sie haben ja Recht, alles ist prima verwaltet, der Rechtsstaat klappt, die Autos bleiben bei Rot stehen, die Strafmandate werden eingehoben, die Bankomaten spenden Geld. Für Untergangsgefühle besteht inmitten dieser Durchschnittsidylle kein Anlass. Die Welt steht bestimmt nimmer lang, dieser Slogan gilt höchstens als Versprechen besonders guter Unterhaltung. Ohne Zweifel rieselt es im Gemäuer, aber das Rieseln ist Musik in unseren Ohren. Kassandra hat einen Job als Animateurin in einer Karaoke-Bar. Singen wir miteinander: Kleine, fette Republik, mach dir doch dein Glück! Bricht dem Euro das Genick, kehrst zum Schilling du zurück.

Über das Positive reden wir ein andermal. Morgen reisen Sie schon wieder ab, schade. Herzlichen Dank für die Einladung. Gehen Sie heute noch ins Konzert! Oder in die Oper. Sie müssen nicht fürchten, dort etwas Zeitgenössisches zu hören. Unser Kulturleben ist so brav, dass es fast schon wieder böse ist. Eine echte Idylle. Ein Standortvorteil! Und Wien ist wunderschön, wer würde das bestreiten!

*

Dank an Unbekannt

Mein Misstrauen
an euren Bärten!

Heute stand ich neben
einem Selbstmordattentäter
in der U-Bahn.

Er war so freundlich,
den Gürtel nicht zu zünden,
von Praterstern bis Schwedenplatz.

Dann stieg ich aus;
nach mir das Blutbad

Der belastete Souverän

Schwergewichte unterwegs. Trägt einer Verantwortung, Krankheit
oder ein anderes schweres Los, mag er das mit Würde tun. In
anderer Hinsicht macht uns die automatisierte Welt zu Lasten-
trägern. Buchstäblich. Schon Schulkindern bürdet man
Gewichte auf, die das Rückgrat verformen – ganz unmetapho-
risch gesprochen. Die Lastwagen werden größer, die Güterzüge
länger, die Transportflugzeuge monströser. Irgendwer muss das
Zeug auch schleppen, irgendwohin. Neuerdings ist Self-Storage
aus den USA zu uns gekommen: an den Peripherien drängen
sich die Stauräume. Überall wachsen die Lagerhallen, gern in
geförderter EU-Überdimension. Das Berufsbild des Postboten
wird auf Paketkuli umdefiniert, die Stadt ist voller Warenträger,
ein Technobasar der Belasteten und Belastbaren.
Ein Bandscheibenvorfall machte mir klar, welches Gewicht ich in
meinem urbanen Rucksack mit mir herumschleppe – Laptop,
Bücher, Papiere. Mein Arzt wog ihn in seiner Hand und sah mich
mit jenem Ausdruck an, den ich an ihm besonders mag: amü-
siert ungläubig darüber, dass ich so blöd bin, wo ich doch so
gescheit bin. Viel zu schwer, der Rucksack! Aber was zum Teufel
sollte ich weglassen? Mein Laptop ist mein Büro, der braucht
sein Netzkabel. *FAZ* und *Süddeutsche* lese ich gern in der U-Bahn,
ein Buch im Zug, Schreibgeräte benütze ich für Notizen, von
Taschenmesser, Sonnenbrille, iPod samt Kopfhörern und ein
paar Notfalltabletten für Rückenschmerzen kann ich ebenfalls
nicht absehen.
Ich gehöre zu denen, die den Sack vom Rücken nehmen, ehe sie
öffentliche Verkehrsmittel betreten. Das unterscheidet mich von

anderen U-Bahn-Fahrern. Während in Tokio die U-Bahn-Fahrenden in die Waggons geschoppt werden und in New York sich selber schoppen, aneinander gepresst sich Atem und Würde nehmend, verteilt die Wiener Variante, mit mehr Platz gesegnet, Watschen per Rucksack. In seiner erniedrigenden Variante stopft sich der Rucksackträger noch ein glutamatduftendes Stück Müllfutter hinein, während aus seinen Ohrenstöpseln nervtötendes Techno-Gefiepse dringt. U-Bahn-Züge sind keine Garnituren, wie der Euphemismus lautet, sondern Lastzüge, voller Geschleppe.

Jedes Mal, wenn ich auf dem Perron stehe und die Werbungen betrachte, fällt mir der Satz eines Geschäftsführers ein, dessen Firma nicht unter den Werbetafeln vertreten ist: »Entscheidungsträger fahren nicht U-Bahn.« Ich, Sackträger, nicht Entscheidungsträger. So sehe ich die Anzugträger, deren Zahl in den vergangenen Jahren stetig zugenommen hat, mit anderen Augen: auch sie entwürdigt durch U-Bahn-Fahren. Keine Aussicht auf Dienstwagen, die Freude am Pkw genommen, die Krawattenpflicht geblieben.

Ich bin Kepler, ruft in diesem Augenblick ein junger Austrotürke in sein Handy. Für einen Augenblick hoffe ich, dass am anderen Ende einer ruft: Ich bin Kopernikus! Aber der Junge kennzeichnet nicht seinen astronomischen Erkenntnisstand oder seinen Eintritt in die Moderne, sondern seinen Standort: U-Bahn-Station Keplerplatz. Güterzug fährt ein.

Aus Supermärkten schleppen Menschen Lasten in ihre Autos, als wären sie ihre eigenen Dienstleute. Sie sind es, nur tragen sie kein Amtskapperl. Sollten sie beim Eingang aufgesetzt bekommen – mit Werbeaufschrift: Rewe, Aldi, Ikea. Ohne Zeichen des Dienstrangs erkennt man ihre Entwürdigung nicht so gut, meinen sie. Schämen sie sich für ihren Job? Um sie davon abzulenken, dass sie als Lastenträger arbeiten, werden sie vom Personal mechanisch gegrüßt, Nachäffen einer amerikanischen Unsitte. Das Zurückgrüßen gewöhnt man sich nach dem dritten Gruß ab – hallo, ich bin schon da! Aber der Gruß gilt niemandem, ist nur Formel, Teil der Jobdescription der Grüßenden. Andererseits kann gespielte Freundlichkeit zu echter führen. Besser falsches Lächeln als echter Grant.

Die Vielfachgegrüßten heben die Waren in den Einkaufswagen, den sie durch den ganzen Supermarkt und dann an die Kasse schieben; dort schichten sie die gekauften Gegenstände auf das Laufband – Fließbandarbeit – und anschließend wieder in den Wagen zurück, ehe sie das Zeug in ihre Einkaufssäcke umschichten und zu ihren Autos schieben, wo sie es in den Kofferraum und auf die Hintersitze heben. Danach bringen sie die Wägelchen brav an den vorgesehenen Ort zurück, um nicht den eingesetzten Euro zu verlieren. Zuhause schleppen sie den Einkauf von den Parkplätzen in die dafür vorgesehenen Stockwerke.
Milliarden Schlepper wälzen eine Welt an Gewicht um. Schauen mitleidigen Blicks auf Bilder schwerbepackter Menschen in der Dritten Welt. Irrtum: Die belasten ihre Körper wenigstens mit dem Können des gelernten Kulis. Drei Kilo flüssige, eineinhalb Kilo feste Nahrung, eineinhalb Kilo Frischluft, dreizehn Kilo Raumluft verbraucht der Mensch am Tag, aber versuchen Sie einmal zu addieren, wie viel Gewicht er täglich verschleppt! Entwürdigung durch Aufbürdung; hat man uns als Selbstbedienung verkauft, und keiner dachte darüber nach, was das heißt, dass alle selbst zu Dienern werden.

Entwürdigung durch Stau: die Schlange. Was in England als stolzer Ausweis demokratischer, autonomer Einordnungsfähigkeit diente (und vielleicht noch dient), was wir deshalb bei Englandreisen als exotische Kuriosität bewunderten – *The Queue* –, dient heute zur Herabwürdigung des Menschen. Vor Sicherheitskontrollen, beim Einreisen, beim Einchecken auf Flughäfen, in Krisen vor Banken und Bankomaten, verschärft dann in

Lebensmittelhandlungen: Die Gelegenheiten, an denen es sich staut, häufen sich, man braucht nicht einmal ein Auto dazu. Verschärft wird das Warten natürlich dadurch, dass man dauernd fürchten muss, etwas zu versäumen. Die millimeterweise Bewegung der Schlange erfordert die volle Konzentration, weil am anderen Ende gerade der Anschlussflug verpasst wird. Unterwerfungsform Schlange, die zeitgemäße Gestalt des Teufels.

Dabei sind Erniedrigungsrituale am Flughafen noch Gold, Zeitvertreib für verwöhnte Best-Ager. Millionen warten irgendwo auf der Welt in Schlangen vor indolenten bis sadistischen Bürokraten, warten auf Speise, auf Zulassung zur Freiheit, der Willkür von Bürokratien und Demokratien ausgeliefert, die nach Gutdünken (und ökonomischen Kriterien) die Schlange beschleunigen, auflösen oder blockieren und zur klumpigen Masse anschwellen lassen.

Kassa bitte! Die Kombination von Schlangen- und Bedienungsentwürdigung: die Packschlange. Darauf warten, seine Arbeit tun zu dürfen. In einem innerstädtischen Supermarkt, einem Gourmettempel, wird einem das Einpacken abgenommen; das Gedränge und Geschiebe mit den Wagen bleibt einem auch hier nicht erspart. Immerhin hilft einem eine Person, die ihr Packhandwerk versteht. Sie verstaut die Ware in reißfeste Tragtaschen, achtet darauf, das Gewicht pro Tasche nicht zu überschreiten, schlichtet schwere, feste Gegenstände unten ein, legt leichte, quetschempfindliche obenauf.

Das Dienen ist hier Teil des Luxusgefühls; die Dienenden sind entweder lebenslänglich auf diese Rolle festgelegt, demütige Migrantinnen erster Generation, die sind noch froh, dass sie dienen dürfen; oder sie stehen am Anfang einer Karriere: Knaben mit Gelfrisur, deren Devotheit nur auf die Gelegenheit wartet, umzuschlagen und zurückzuschlagen. Demut ist ihnen nur die

notwenige Vorstufe zur Herrschaft. Hier dient man nicht in
Würde, hier dient man in Demut oder in Lauerstellung; das
raubt auch der temporär zur scheinbaren Herrschaft hinaufge-
schmeichelten Kundschaft die Würde. Alles nur Vorwand, alles
nur Geschäft.

Ganz anders die Lage beim Diskonter. Hier nötigt der Personal-
spardruck die wenigen an der Kassa sitzenden Frauen zu höhe-
rer Geschwindigkeit; auch wir, die Kunden, werden dadurch
unter Zeitdruck gesetzt. Die mit dem rechteckigen blau-gelb-
orangen Logo sind die schnellsten. Bei der gelb-roten Konkurrenz erkennt man den Aufstieg von der Billigmarke zum vorgeblichen Gourmetmarkt daran, dass die Kassiererinnen sich mehr
Zeit nehmen.

Wer bei Blau-Gelb-Orange nicht in atemberaubendem Tempo
die von Barcodescanner im Staccato mit weithin hörbarem
Piepston für die Kassa registrierten Waren wieder in sein Wägel-
chen packt, erntet bei den Wartenden böse Blicke: Er verursacht
Stau. Mit dem Tempo der Kassiererin mitzuhalten ist schweiß-
treibend. Geschickte Designer haben hinter der Kassa keinerlei
Raum vorgesehen, etwas abzustellen. Das Laufband bricht dort
ab, wo man im gemeinen Supermarkt die Waren hinlegt. Pieps.
Pieps. Pieps. Die flinken Hände der Kassiererin reichen eine
Ware nach der anderen durch, die Kundschaft muss sie in den
Wagen häufen, da sonst kein Platz mehr da ist.

Ware türmt sich auf Ware, du kannst sie nur mehr panisch in den
Einkaufswagen werfen, den du von weitem geholt und mit
einem Euro Einsatz von der Kette gelöst hast. Wer seinen Wagen
nicht randvoll gefüllt hat, braucht erst gar nicht an der Kasse zu
erscheinen. Rechts von dir, durch den gern auch für Werbung
genutzten Trennstab von deinem Einkauf abgetrennt, erstreckt
sich ein imposanter Teppich an Billigware. Der Blockwart und
seine Frau haben alles blitzschnell aufgeschichtet, marktgestählt
und zahlbereit schieben sie sich und ihren Warenteppich näher,
während du deine paar Dosen Katzenfutter zu balancieren ver-

suchst, damit sie nicht den Salat zerdrücken. Hinter dem Blockwart neue Blockwarte mit vollen Wagen, die Schlange der zahlbereiten Blockwarte schwillt in den Markt hinein, staut und blockt und blickt aus bösen Blockwartaugen zu dir hin, der du schuld bist, weil du an der Kassa nicht weitertust. Die Bankomatkarte solltest du längst schon gezückt haben. Versuch nicht, mit Bargeld zu bezahlen oder mit Gutscheinen, das dauert zu lange. Und wehe, du hast ein Stück Obst nicht gewogen und mit dem Preisschild versehen! Blockwartspießrutenlauf! Aber das kann dir hier nicht passieren; um das zu vermeiden, ist alles abgepackt und ausgepreist. Hier wissen sie um die Unzuverlässigkeit der lastentragenden Masse Bescheid.

Was wäre, kämest du mit dem Warenschlichten nicht nach? Würde die Kassiererin deinen günstigen, im Übrigen gar nicht schlechten Grana Padano auf den Boden werfen? Du riskierst die Probe nicht. Vielleicht würde sie ihn mahnend hochhalten, den hinter dir Drängelnden zum Beweis, dass nicht sie, sondern du schuld an der Verzögerung bist. Das Fließband ist hier extra lang, damit möglichst viel darauf gehäuft werden kann: Der Warenstrom treibt dich an. Sie würde dich demütigen, indem sie den anderen zeigt, wie langsam du bist, wie sehr du den Betrieb aufhältst. Du darfst alles, nur das nicht: den Betrieb aufhalten. Zückst du einen Geldschein, klimpert die Kassiererin schon mit Retourgeld. Die Entwürdigung der Eingliederung in einen von dir nicht vorgegebenen Ablauf. Vergiss die Idee, eine Ordnung der Waren im Wägelchen herzustellen, die später das Einpacken erleichtert. Wirf einfach alles rein. Während das letzte Milchpackerl noch einen Bogen durch die Luft beschreibt, präsentiert dir die Kassiererin schon die Rechnung.

Mutabor. Du hast als Souverän, als Kunde den Supermarkt betreten. Spätestens an der Kassa hast du deine Würde verloren, du hast sie an der Kassa abgegeben, hast dich in den Rhythmus der Kassiererin zwingen lassen, den dieser wiederum irgendwelche Optimierer vorgegeben haben, Stoppuhr in der Hand. Und die Gaffer in der Schlange hinter dir, gierig, ihre Tüchtigkeit durch Einordnung in den vorgegebenen Rhythmus zu beweisen, häufen ihre Berge auf das Band, aus ihren vollen Wägelchen, machen Tempo, helfen dir und sich, auf Trab zu bleiben.

Der souveräne Kunde hat sich verwandelt. Statt dass er kraft seines Geldes über das Angebot gebietet, für das er bezahlt, arbeitet er unbezahlt an diesem Angebot mit. Da steht er nun im Bleichlicht an der Supermarktkassa, umspielt von Muzak, schwitzend, unwürdig, entkräftet, und bemerkt vor Atemlosigkeit schon lange seine zwei Körper nicht mehr: den des Souveräns, der bezahlt, und den des Untertanen, der, wie die schöne österreichische Wendung sagt, einsackelt. König Kunde und unbezahlter Arbeiter in einem. Zum Sherpa gemacht von Begierden, die womöglich nicht einmal die seinen sind.

5. Wehrwürde.
Zur Feinmechanik österreichischer Debatten.
Ein Exempel mit Kasperlmoment

Zu wos wöhma
de Kasperln?

Heer und Korruption. Der EU-Beitritt kam 1995, ein Nato-Beitritt folgte nie. Österreich gab sich im Jahr 2000 eine blau-schwarze Regierung, die auf bemerkenswert undurchsichtige Weise beschloss, die teuersten aller Abfangjäger zu kaufen, die Eurofighter. Der Finanzminister, bis zur letzten Sekunde auf den billigeren schwedischen Gripen eingeschworen, änderte kurz vor Ablauf der Entscheidungsfrist seine Meinung und drohte, alles zu blockieren, falls das Heer nicht die Eurofighter kaufe. Die Motive dieser plötzlichen Sinnesänderung sind bis heute unerforscht.

Mehr als ein Jahrzehnt mauerte Schwarz-Blau, obwohl einige Details der unwürdigen, zumindest aber merkwürdigen Affäre aufkamen. Die Provisionszahlungen von EADS, dem Hersteller der Eurofighter, waren und sind Gegenstand von Prozessen. Bekannt wurden aber nur Randphänomene wie eine von einem FPÖ-Propagandisten um 90 000 Euro veranstaltete Pressekonferenz, merkwürdige EADS-Kredite an den Airchief des Bundesheers, ein unerklärliches Sponsoring des Fußballklubs Rapid Wien oder um ein Jahrzehnt zeitversetzte Zahlungen von EADS an den damaligen Verteidigungsminister – Beratungshonorare für ganz anderes, versteht sich. Die Staatsanwaltschaft blieb trotz konkreter Hinweise untätig.

136

Offiziell liefen die mit dem Eurofighter-Deal vereinbarten Gegengeschäfte zum Wohl der österreichischen Wirtschaft, aber da es sich um Kontrakte zwischen privaten Firmen handelte, blieb vieles im Dunkel. Selbst ein ÖVP-Minister konstatierte 2012, hier könne nicht alles mit rechten Dingen zugegangen sein. Frank Stronach behauptete zuerst, niemals Gegengeschäfte mit EADS getätigt zu haben; als sie ihm nachgewiesen wurden, korrigierte er sich. Die Regierung habe ihn dazu gedrängt, er habe ihr, hilfreich und gut, wie er eben ist, sozusagen nur ausgeholfen.

Aus Unterlagen des britischen Serious Fraud Office geht hervor, dass Graf Alfons Mensdorff-Pouilly mit seiner Lobbyingfirma MPA in den frühen Neunzigern verhinderte, dass Österreich Lockheed-F-16-Flugzeuge kaufte. EADS konnte dank Mensdorffs Intervention auf Entscheidungsträger »Druck ausüben« und doch an der Ausschreibung teilnehmen – ein Wunder gräflicher Diplomatenkunst.

Später war Mensdorff für den Gripen engagiert und verlangte vom britischen Flugzeugproduzenten BAE, dem Partner von EADS, Geld zurück, weil man ihn aufgefordert hatte, nicht mehr für den Gripen zu lobbyieren. Das Serious Fraud Office verfolgte die Affäre intensiv, Mensdorff wurde 2010 wegen des Verdachts aktiver und passiver Bestechung verhaftet und saß hundert Tage in London in Untersuchungshaft. Schließlich einigte sich BAE mit dem Serious Fraud Office und dem US-amerikanischen Justizministerium und bezahlte 280 Millionen Pfund. Mensdorff erhielt eine saftige Haftentschädigung und kam frei, wesentliche Unterlagen blieben der österreichischen Staatsanwaltschaft fortan verschlossen. Bekannt wurde immerhin ein Bericht der MPA, der sich folgendermaßen brüstete: »Im Anschluss an die aggressive Zahlung von Erfolgsprämien an wichtige Entscheidungsträger gab Österreich einen Auftrag in Höhe von € 1,79 Milliarden für den Eurofighter Typhoon bekannt.«

Einzelne Aspekte der Eurofighter-Affäre wurden zwar beleuchtet, vor allem der grüne Abgeordnete Peter Pilz, der auch einen unter der Regierung Gusenbauer eingerichteten parlamentarischen Untersuchungsausschuss leitete, erwarb sich – man traut sich kaum mehr, diese Formulierung zu gebrauchen – große Verdienste. Der Verdacht, es seien hundert Millionen Euro an Schmiergeld geflossen, ließ sich zwar nicht ausräumen, im Gegenteil, immer neue Indizien tauchten auf, die italienische, die deutsche Justiz und eine interne Politikänderung bei EADS selbst (der neue Konzernchef ordnete »no tolerance« für Korruption an) machen gewisse Hoffnungen auf späte Aufklärung. Aber bis auf ein paar Nebenfronten kam es bisher kaum zu juristischen Verurteilungen, und die Faustregel aller österreichischen Aufklärung lautet – allen Fortschritten der Justiz zum Trotz – besser nie als spät.

Auch Mensdorff wurde im Zweifel freigesprochen und erhielt wegen Dokumentenfälschung zwei Monate bedingt. Er war nur wegen Geldwäsche angeklagt gewesen, die ist leichter nachzuweisen als Korruption. Die legendären Jagdeinladungen auf seinem Gut im Burgenland und seinem Schloss in Schottland tauchten zwar in vielen Affären der Republik auf, von Siemens über Telekom, OMV bis zum sinnlosen Ankauf von Grippeschutzmasken, die Ankläger konnten aber keine tauglichen Beweise beschaffen. Der Richter konstatierte in seiner Urteilsbegründung im Prozess gegen Mensdorff, die Sache stinke, aber sie stinke nicht genug – als wäre ein Gericht zur Beurteilung olfaktorischer Tatbestände da. Das Urteil habe also auf Freispruch zu lauten, was er, der Richter, für »mehr als unbefriedigend« halte.

So war das. Es riecht nicht gut, die Ursachen des üblen Geruchs sind zwar bekannt, aber es fehlen die juristischen Mittel zur Trockenlegung. Immerhin wird wenigstens eine Art juristischen Deodorants angewandt, politischer Landschaftspflegespray sozusagen.

Ein idealer Zivildiener. Die Eurofighter wurden immerhin Bundeskanzler Schüssel zum politischen Verhängnis, er hatte den Effekt der unaufgeklärten Affäre unter- und den der Bawag-Pleite überschätzt. 2006 gewann völlig überraschend der Sozialdemokrat Alfred Gusenbauer die Wahl. Leider verlor er anschließend die Koalitionsverhandlungen und machte Norbert Darabos zum Heeresminister.

Die Öffentlichkeit und die Rechte quietschten auf, denn Darabos war der idealtypische Zivildiener, nicht unsympathisch, integer, zurückhaltend, das Gegenteil von korrupt, slick und bellizistisch. Leider auch das Inbild eines bürokratisch disziplinierten Politikers, dem Parteiräson vor Würde geht. Er versuchte vergeblich, das Eurofighter-Geschäft rückgängig zu machen, reduzierte die Zahl der Flugzeuge von achtzehn auf fünfzehn, hatte mitsamt seinem Ministerium aber die Folgen des übeteuerten und sinnlosen Kaufs zu verdauen.

Mein ernst gemeinter Vorschlag, Schweizer Jets anzumieten und mit der ebenfalls neutralen Schweiz einen Überwachungsvertrag zu schließen, wurde nicht einmal ignoriert. Wahrscheinlich betrachtete ihn die österreichische Regierung als dieses Landes unwürdig. Ihre Würde verteidigen sie am liebsten dort, wo sie am wenigsten gefährdet wäre.

Darabos war der adäquate Verteidigungsminister eines Landes, das nichts zu verteidigen hatte. Immerhin verteidigte er die Wehrpflicht, das Freiwilligen- und Milizheer. Das war in seiner Partei stets Programm gewesen, sie hatte den Wehrdienst verkürzt, den Zivildienst eingeführt, den Nato-Avancen wiederstanden – immer gegen der Rechten. Und sie war dabei mehrheitsfähig geblieben, wenngleich ihre Sache weder rational noch moralisch Bestand hatte. Ihr Argument: In einem Bürgerkrieg wie im Februar 1934 würde ein Berufsheer wieder auf Arbeiter schießen, ein Freiwilligenheer niemals.

Dass sich die Arbeiterklasse auf einer Schwundstufe befand und ein Bürgerkrieg nicht auf der Tagesordnung stand, war der ehemaligen Partei dieser Arbeiterklasse nicht entgangen, aber sie passte ihre Argumente der neuen Lage nur sehr zögerlich an. Sozialdemokratischer Politikbegriff: nicht versuchen, die Lage mit Argumenten zu ändern, stets die Argumente der Lage anpassen!

Die neue Partei der Arbeiterklasse, die rechtspopulistische FPÖ, beharrte treu auf einem Berufsheer. Unsere Ehre heißt Treue, hatte noch vor wenigen Jahren einer ihrer Funktionäre in eine Parteiversammlung gerufen; ohne weitere Konsequenzen, angeblich war ihm nicht bewusst gewesen, dass es sich um den Wahlspruch der SS gehandelt hatte. Voraussehbarerweise hielt diese Nibelungentreue nicht lange.

Gestillter Beißhunger. Es kam jener 5. Oktober 2011, als der Wiener Bürgermeister, im Wahlkampf stehend, einen Happen brauchte, um den Beißhunger der *Kronen Zeitung* zu stillen oder gar nicht aufkommen zu lassen. Dieses Blatt hatte schon die längste Zeit für ein Berufsheer und für die Abschaffung der Wehrpflicht geworben. 1999 publizierte der *Krone*-Herausgeber Hans Dichand den wunderbaren Satz: »Der Zwang, mit der Waffe Dienst zu tun, ist in Friedenszeiten unchristlich und undemokratisch.«

Solches heuchlerische Frömmlertum brachten Dichands Nachfolger zwar nie mehr zusammen, weil sie nur mehr an ihre eigene Gage glauben. Es war aber wirklich gut gedacht: Was im Frieden unchristlich ist, verwandelt sich im Krieg in heilige Pflicht. Und welche Pflichten in der Demokratie als undemokratische Zwänge angesehen werden müssen, das pflegte bis zu seinem Tod zwanglos der Alte zu bestimmen. Tempi passati! Aber das ewige Anliegen des Blattes, die Politik vor sich herzutreiben, sie in einem Zustand des Schreckens zu halten, den diese durch kräftige Inseratenzahlungen besänftigen zu müssen glaubt, diesem Anliegen wurden auch die beklagenswertesten Dichand-Epigonen gerecht. Ein früh vergreister Nachwuchskolumnist bildete Gegner eines Berufsheeres ab und nannte sie »Frustgesichter«; der oberste Salzburger Finanzbeamte wurde in Berichten über die Finanzaffäre des Landes angegriffen (er sprach von Medienjustiz), weniger weil ihm finanzdienstliches Fehlverhalten nachgewiesen worden wäre, sondern wegen seines Amts als Präsident der österreichischen Offiziersgesellschaft.

Neben der sanften politischen Erpressung war das zweite verborgene Motiv der *Krone* bei ihrem Engagement in Heeresdingen, ihre überalterte Leserschaft zu verjüngen. Die jungen Generationen haben die Sinnlosigkeit des Präsenzdienstes erlebt und wollen sich nicht Lebenszeit klauen lassen, die *Krone* bot ihnen dafür die Sinnlosigkeiten nach ihrer Fasson.

Dass die *Kronen Zeitung*, die selber das Monopol auf Nationsschulung beansprucht, den Primat des Heeres, die Blüte der Nation zu verderben, nicht anerkennen will, mag – zumindest bei ihrem ehemaligen Herausgeber – ebenfalls eine Rolle gespielt haben. Es bestand also eine natürliche Konkurrenz zum Heer. Die Jugend zu schulen war, neben Katastropheneinsatz, internationalen Aufgaben und dem Schutz der Bevölkerung, wohl immer dessen Hauptzweck. Das konnte man zu Zeiten eines rationalistisch gesinnten aufgeklärten Absolutismus vielleicht noch akzeptieren. Demokratie braucht eine Schule zur freien Erziehung von Selbständigen, ein Heer jedoch taugt eher zur Einübung in die Unterwerfung unter eine Ordnung. Heer oder Medien: Skylla und Charybdis staatsbürgerlicher Bildung und Bindung.

Landgraf, werde hart! Zurück zum armen Darabos und seinem schwankenden Charakter. Gerade noch war er für die Wehrpflicht gewesen, nun war er dagegen. Das Argument, dass einer sofort aus der Politik auszuscheiden hätte, weil er von heute auf morgen seine Meinung ändert, wurde ihm in konservativen Zeitungen vorgehalten; Winston Churchill, politisch kein Leichtgewicht, hätte darüber gelacht. Darabos lachte nicht. Er wurde immer bleicher. Statt mit Konrad Adenauer zu sagen, sein Geschwätz von gestern kümmere ihn nicht, pflegte er still sein Leid und ließ sich alles gefallen.

Darabos' Höchststrafe bestand darin, dass er sich von der *Kronen Zeitung* für etwas preisen lassen musste, was ihm noch gestern widerstrebt hatte. Unsicher geworden, entließ er ohne Not seinen obersten Offizier, weil der ihm widersprochen hatte. Der weiche Darabos zeigte Härte. Endlich, hätte man sagen können, agierte er wie ein Verteidigungsminister. Leider musste er den Generalstabschef nach dessen Beschwerde gleich wieder einstellen und hatte nun ein sichtbares Zeichen seiner beschädigten Ehre im Büro.

Darabos hatte nämlich zu einer Debatte über das Bundesheer aufgerufen, aber ehe sie losgegangen war, merkte er, dass er neunzig Prozent des Offizierskorps gegen sich hatte, legte sich auf ein Modell der Heeresreform fest und forderte von seinen Offizieren statt Diskussion Gehorsam und Linientreue. Dass die sich nun zusammenrotteten und ihm, dem verachteten Zivi, ihrerseits Stalinismus vorwarfen, mutet zwar grotesk an, ist aber nicht unverständlich.

Psychologische Motive für eine solche Selbstbeschädigung heranzuziehen interessiert mich nicht. Eher interessiert mich der Vorgang der öffentlichen Entwürdigung dieses Mannes. Noch mehr interessiert mich die Frage, ob es denkbar gewesen wäre, in Österreich einmal eine politische Debatte zu führen, bei der klar gesagt worden wäre, worum es geht. Zum Beispiel, was der Zweck des Bundesheeres wäre und wie er erreicht werden kann. Ausgerechnet jener Heeresminister, dem die *Kronen Zeitung* den Politikschwenk vorgeschrieben hatte, deklarierte stattdessen den Primat der Politik. Er meinte aber die Selbstabschaffung von Politik. Das Lob, das er von den Zynikern des Boulevards für seinen Maulkorberlass kassierte, kam einer ultimativen Verhöhnung gleich.

Das Gesetz des Scheinhandelns. Darabos war nicht der Einzige, der in dieser Sache sein Ansehen verlor. Die ÖVP, die Partei der Privatisierer, Staatsskeptiker und neoliberalen Nehmer, entdeckte ein für sie neues Thema: die Gemeinschaft, den gesellschaftlichen Zusammenhalt, die umfassende Solidarität in einer grausamer werdenden Wettbewerbsgesellschaft. Unversehens kämpfte sie nun für alles, was freiwillig ist, vor allem gegen jenes Berufsheer, das ihr noch vor kurzem als Lösung aller Probleme erschienen war. Brauchte nicht eben noch ein professionelles Heer professionelle Piloten? Und die Eurofighter-Gegengeschäfte, hätte man die Amateuren überlassen wollen?

Die FPÖ, ehemalige Koalitionspartnerin der ÖVP, verdrängte ihre Regierungsbeteiligung ins nachtschwarze Grab ihrer Haider-Amnesie. Ihr schien es nun geradezu logisch, die Vorzüge eines Volksheeres nach Schweizer Muster zu entdecken und verbal abzurüsten. Man muss den ehrlich entrüsteten Ton gehört haben, mit dem deutschnationale Recken im Parlament den Ausdruck »Söldner« gebrauchten – wäre es nicht so lächerlich gewesen, man hätte es glänzende Unterhaltung nennen können.

Sind solche Lucken im Würdehaushalt jemandem aufgefallen? Ehe man darüber nachdenken konnte, kamen SPÖ und ÖVP auf eine weitere großartige Idee: eine Volksbefragung. Sie sollte das Jahr 2013 eröffnen, in dem vier Landtage (Kärnten, Niederösterreich, Tirol, Salzburg) und der Nationalrat gewählt werden. Mit ihrer Hilfe sollten, so das Kalkül, die beiden Regierungsparteien die politische Szene usurpieren und die Opposition an den Rand drängen.

Vor allem die ÖVP ergriff die Gelegenheit, das Gesetz des

Scheinhandelns zurückzubekommen, das ihr in den Jahren ihrer Skandale entglitten war. Begeistert rief Vizekanzler Spindelegger ein ums andere Mal in die TV-Kamera: »Mit mir nicht!«, »Dafür stehe ich nicht zur Verfügung« und dergleichen markige Sprüche – zu Themen, für die seine Partei die ganze Zeit zur Verfügung gestanden war.

Die SPÖ wusste, dass sie diese Befragung nicht gewinnen konnte (schon das zeigt die Absurdität des Ganzen: Kann man eine Befragung gewinnen?), aber sie tröstete sich damit, ihre Zielgruppe, die Jungwähler, anzusprechen und ihnen in der Niederlage sympathisch zu erscheinen. Ihrem Minister Darabos gab sie keinerlei Mittel für eine Informationskampagne. Erst zwei Wochen vor der Befragung begann sie, einigermaßen aktiv zu werden. Mit Darabos konnte man es ja machen. Hauptsache, die *Krone* schnurrte behaglich.

Der ORF, das öffentlich-rechtliche Fernsehen, entdeckte zu seiner Verblüffung, dass politische Themen massentauglich sein können, wenn sie die Leute betreffen. Herrlich konfrontationstauglich, dieses Heer! Jeder war einmal dabei (jede nicht), jeder hat ein Anekdötchen zu erzählen! Jede Partei kam bei Debatten vor! Der Direktor des ORF dachte schon an die nächste Generaldirektorswahl, deshalb durfte er es sich mit keiner Fraktion verscherzen. Und das alles bringt noch Quote! Das Publikum verbucht die taktisch überkalkulierten Spitzfindigkeiten, die oberschlauen Meinungsschwenks, die ultimative Selbstentwürdigung der Politik mit Ingrimm: Wir werden von Unwürdigen regiert, dass macht auch uns ein Stückchen unwürdiger.

Andererseits: Wir sind unserer unwürdigen Staatsspitzen würdige Untertanen.

Wegwerfende Geste.

Land des Abwinkens.

Die Regierungsparteien redeten sich ein, sie hätten gepunktet, weil sie die Opposition aus dem Rampenlicht drängten.

Forum mit kurzem Kasperlmoment. Wenn Politik die Unterhaltungsabteilung der Wirtschaft ist (Frank Zappa), ist das öffentlich-rechtliche Fernsehen die elektronische Spaßfraktion der Politik. Nationale Fragen werden hier gern zu sogenannten populären Formaten umgestaltet, die Volksbefragung bedurfte eines Formats der Volksverarschung. Als im Jahr 2000 vierzehn EU-Staaten Sanktionen gegen Österreich verhängten, weil Wolfgang Schüssels ÖVP Jörg Haiders FPÖ in die Regierung nahm, traten die Großen des Staates im ORF bei einem »Österreich-Gespräch« auf, an einem Tisch sitzend, umrahmt von politisch fein austarierten Abordnungen empörten Volks.

Nun war es wieder soweit. Hinein mit dem Volk ins Studio! Vielleicht hatte der ORF gegen die eigene Überzeugung gehandelt, vielleicht ging da was. Am Tag danach staunten die TV-Leute selber über die Quote. Überraschend war das nicht. Ein Heer, selbst ein verkommenes Operettenheer, ist für den Staat etwas Existentielles, und an Verlogenheit und Operettenhaftigkeit entspricht es diesem Staat durchaus. Staatsexistenztheater mit Volk, das kommt immer gut. Staatsexistenzoperettentheater kommt noch besser.

Der Unterschied zu 2000: Der Kanzler und sein Vize standen stehend an Pulten, das muss man so sagen, denn sie wurden an ihr Pult gerufen, schritten schreitend an ihre Pulte und standen dort, aufrecht, mit verlorenem, aber entschlossenem Gesichtsausdruck, das Stehen war wichtiger Teil ihres Daseins, ihre Würde erforderte es, ordentlich zu stehen, es hatte was von US-Präsidentschaftsdebatte, früher wären sie gesessen, aber das Sitzen hat man ihnen auf Amerikanisch abgewöhnt, die Würde des Aktes erfordert längst das stehende Stehen, das Stehen im Stehen, das Stehen als Akt, das stehengelassene Stehen. Das Stehen an diesen schlanken Pulten üben sie jede Woche nach dem Ministerrat, an Pulten, die den ganzen Mann zeigen, die nicht seine tänzelnden Beine, seine scharrenden Füße, seine schlecht gebügelte Hose, seinen offenen Hosenschlitz verbergen. Hier wird der ganze Mann gezeigt, die ganze Bundeskanzlerin natürlich auch, hier stehen sie stundenlang, diskutieren transparent, von der medialen Macht machtlos gemacht. Alles klar?

Zwischen den beiden der Chef des Abends, ein kahlrasierter Moderator, der seine Autorität sonst an Querulanten erprobt, die einander in absurden Verfahren vor Kleingerichten beschimpfen.

Die Fallhöhe war unbeträchtlich.

Auch gab es eine Art Medienhostess, das hat man jetzt so, zuerst sah ich eine derartige beim Privatsportsender Sport 1, einer Unternehmung des Tycoons Murdoch. Dort saß eine Tussi migrantischen Hintergrunds, fesch und leicht prolo in der Anmutung, und referierte, was in den sogenannten Social Media gerade so dahergeraunzt und dahingerülpst wurde. Der ORF, als öffentlich-rechtlicher Sender, nuancierte das ab. Da war das fesche Migrantenkind sauber gekleidet, Kostümchen, tadelloses Make-up, wenn nicht sogar Perlenkette. Und die öffentlich-rechtliche Note: Bei uns können Sie auch anrufen, wenn Ihnen Twitter zu steil ist. Hand aufs Herz: Twitter, um ins Fernsehen zu kommen?

Gespielt wurde zur Eröffnung des Abends natürlich ein Film. Immer werden diese Dinge mit zusammenfassenden Filmchen eingeleitet, man kann ja nicht in einer Diskussion einfach ansagen, worum es gehen soll. Diesfalls kam das bewährte Mittel der Straßenumfrage zur Anwendung. Der Höhepunkt: Ein bekappter Pensionist, unverkappter Alltagsfaschist, Lodenjäckchen, sagte am Ende seines unbeträchtlichen Statements, das ungefähr besagte, er kenne sich nicht aus und wisse nicht, worum es gehe, das sollten die Politiker entscheiden: »Zu wos wöhma de Kasperln?«

Der kahlköpfige Moderator reichte die Frage an Kanzler und Vizekanzler weiter, mit einer bedeutungsvollen Pause an jener Stelle, an der das Wort »Kasperln« gefallen war, das er aber durch »Politiker« ersetzte. »Zu was wählen wir die – Päuschen – Politiker?« Über seinem Kahlkopf leuchtete in diesem Augenblick eine riesige Vernunftkappe auf, die Tarnkappe der Rationalität, er war der Mann, der hier das Volk vertrat, doublespeakgeeicht, klartextgeschult, er war der Volksvertreter, die anderen beiden, mächtig zwar, aber Kasperln, die er nicht mehr so zu nennen brauchte, denn das Kasperlwort hing nun drastisch über der Veranstaltung, eindringlich und pausenlos schien es zu fragen: Ja, zu was wählen wir euch beide und knüpfen euch nicht an der nächsten Laterne auf wie 1848 den Minister Latour?

In der kleinen Pause, die der Kahlköpfige offen ließ, ehe er nicht Kasperln, sondern Politiker sagte, war folgendes nichtgesprochene Statement der gesamten öffentlich-rechtlichen Redaktion auf einem flammenden virtuellen LCD-Display zu lesen: Früher hättet ihr zwei uns rausgeschmissen, wenn wir den Kasperlsatz nicht rausgeschnitten hätten. Aber jetzt spürt ihr, dass das keinen Sinn mehr hat, wir können euch beweisen, dass das Volk so über euch denkt, wie es immer schon gedacht hat, aber neu daran ist, dass wir jetzt die Macht haben, euch das vorzuhalten und ihr dagegen nichts machen könnt, außer uns per Intrige sonstwohin versetzen zu lassen.

Der Kanzler und sein Vize sahen beide das flammende virtuelle Display an der Wand, der Satz leuchtete auf, und er leuchtete ihnen ein, es war eine Zehntelsekunde der Entscheidung:

WÜRDE / NICHTWÜRDE

Und beide dachten an ihren inneren Spindoctor, beide hörten nicht auf ihr Herz, das ihnen ganz leise zupochte: Ich bin doch kein Kasperl, ich bin Bundes-/Vizekanzler, reiße mir Tag und Nacht den Arsch auf, tue mein Bestes für deklassierte Typen wie diesen bekappten Alltagsfaschisten und diesen frechen Kahlkopf, der ihn nicht aus dem Trailer herausgeschnitten hat, aber wenn ich dem Alltagsfaschisten widerspreche, verstärke ich vielleicht dessen Botschaft, also sage ich lieber nichts und lasse es vorübergehen, denn dann, Herr der Medien, lässt auch du es vielleicht an deinem ewigen Archiv vorübergehen, und niemand wird mein Versäumnis beachten.

So dachten sie, so standen sie, so klammerten sie sich an ihr Pult, die Zehntelsekunde wehte vorüber, und keiner ging mit einem Wort auf den Kasperl ein. Danach fühlten sich die beiden Herren links und rechts des Moderators nicht wohl. Ihren Kasperlmoment hatten sie vertan, nun standen sie zwei Stunden an ihren Wichtigtuerpulten, und über ihnen wehte der Wimpel des unwidersprochen gebliebenen Kasperltums.

Politisch sprechen heißt schlagfertig sein und an der richtigen Stelle den vorbereiteten Sager platzieren; das war früher ein Vorzug der rechten Frechdachse von der FPÖ, sie waren unverschämt genug dafür. Die von der ÖVP hätten es gern gekonnt, war aber meist übergecoacht. Die SPÖ litt lange darunter, dass manche ihrer Exponenten politische Bildung als etwas verstanden, das vor dem Repertoire der gelernten Schriften bestehen muss, und daher den Gegner besiegten, ohne dass dieser und das Publikum es bemerkten.

Das ist lange her. Jetzt präsentieren Kanzler und Vizekanzler sich und ihre Sager wie polierte politische Schulungsstücke, zwei verträgliche Gesellen, denen das Polemische nicht liegt, ja bei denen es überdeutlich unorganisch-aufgesetzt wirkt. Die Leute mögen keinen Streit, sagen die Win-Win-Doctoren. Insofern agieren ihre Kreaturen, die Politiker, total unpolitisch, aber auch wieder nicht, denn die Macht wollen sie beide, und dafür waren sie bereit, sich zum Werkstück machen zu lassen. Seht nur, wie sie stehen, wie sie entschlossen schauen, wie sie körpersprachlich korrekt gestikulieren. Daumen nach außen, sagt der Körpersprachecoach. Fremdsprache Körpersprache. Nichts werden sie zulassen, dafür stehen sie, wofür sie eben stehen, und wie sie stehen. Die Kasperlfahne klirrte im Äther.

Man hat eine Zeitlang nach politischen Verwaltern gerufen, weil man von politischen Verführern genug hatte. Hier haben wir zwei Verwalter. Die werden uns nie mit politischen Flausen gefährlich werden. Die setzen nichts aufs Spiel, nicht einmal eine Nullsumme. Aber dieses Sich-Beziehen auf etwas, das man nicht sieht, auf diese unsichtbare Riege von Beratern, die vor dem Fernseher bangt, dieses bloße Verwalten plus Schauspielern wider Willen, das ist unwürdig.

Eine Figur namens Scheibner, Ex-FPÖ-Nun-BZÖ-Politiker, saß da, weil er einmal Verteidigungsminister gewesen war, und obwohl er jetzt eine Firma betrieb, auf deren Konto man ab 2010 merkwürdige Zuflüsse des ehemaligen Geschäftspartners EADS registrierte, die aus den Vereinigten Arabischen Emiraten kamen, wir kommentieren das hier nicht näher, dieser Scheibner also sagte in Richtung der beiden stehenden Herren, sie wären nach der Wahl wohl selbst Geschichte.

Da lief ein Leuchten über des Kanzlers Gesicht, und es kam ihm ein politischer Gedanke, dass nämlich Scheibner am allergewissesten nach diesem Wahltag politische Geschichte sein würde, weil seine Partei, das in aller Hybris von Jörg Haider gegründete BZÖ (was soviel bedeuten sollte wie Bündnis Zukunft Österreich, aber mittlerweile so lächerlich klingt wie das politische Vermächtnis Jörg Haiders, so lacherlich, dass kaum mehr jemand das Wort Vermächtnis ausspricht, weder Freund noch Feind dieser Partei), weil dieses Hybrid namens BZÖ bei der nächsten Wahl zwischen der politischen Kaufkraft des Frank Stronach und der Aufreibkraft des Heinz-Christian Strache zerrieben werden würde.

Und Bundeskanzler Faymann, der dies wusste, sprach: Das ist sehr mutig von Ihnen, Herr Scheibner, dass Sie so etwas sagen. Es wäre ungenau zu sagen, sein Gesicht strahlte dabei, er hielt sich zurück wie bei seinem unterdrückten Kasperlkommentar, konnte aber nicht verhindern, dass eine Freude über den gut angebrachten Gag ihm ebenso aus den Augen leuchtete wie zuvor der Grimm über sein Kasperldebakel, er hat Humor, wenn er auch nur am Fall des Feindes sich weidet, solcher Humor leuchtet denn doch zuweilen aus dem Win-Win-Auge, ebenso wie die Vorfreude über das Ende dieser Partei, das aber nicht allzu groß sein dürfte, denn die SPÖ hatte durchaus in Erwägung gezogen, dieses BZÖ in eine Dreierkoalition miteinzubeziehen; sogar zu Lebzeiten des bösen Jörg Haider hatte die Option einer SPÖ-Minderheitsregierung bestanden, die von diesem BZÖ im Parlament geduldet worden wäre; aufgrund übergroßen Mutes des Bundespräsidenten wurde diese Möglichkeit aber nie zur Wirklichkeit.

So sprachen sie lange, dienstfertig berichtete das fesche Migrantenkind, wenn sie gefragt wurde, wer sich in ihren sozialen Netzen verfangen, wer angerufen und etwas gesagt, wer ein Mail geschrieben hatte und welche Frage der Kahlköpfige vielleicht noch aufnehmen könnte. Mürine, so hieß die Bedienerin der Netze, war viel zu wohlerzogen, um wirklich zu berichten, was da getweetet wurde – Kasperln war wohl noch das Allerfreundlichste.

Am Ende zog der Kahle die Bilanz der Redezeit. In den Kulissen rieb sich der Generaldirektor die Hände. Eine Million Zuseher! Die sieben Mediensekretäre des Kanzlers berichteten ihm über die Zustimmung, die ihm auf Facebook, Twitter und per SMS entgegengeschlagen war, und die Entourage des Vizekanzlers tat desgleichen. Das Reinigungspersonal zog unauffällig die Kasperlfahne ein.

Ende mit Halluzinationen. Die SPÖ kassierte bei der Volksbefragung pflichtgemäß die wohlverdiente Schlappe. Die ÖVP behandelte die Antwort der Bevölkerung auf eine schlecht gestellte Frage wie einen Triumphzug, bei dem man nur aus Humanität darauf verzichtet, die Unterlegenen als Gefangene nackt und in Ketten zur Schau zu stellen. Geographisches Entzücken bei ihrem Obmann. Nie sah er dem Loriot-männchen ähnlicher als jetzt, da er sagte, er sei glücklich, »dass Österreich so eine Bevölkerung hat«. Der niederösterreichische Landeshauptmann, schon werktags einigermaßen pastoral im Tonfall, erreichte nun die geradezu episkopale falsche Süße eines echten Kardinals, als er tremolierte, der klare Auftrag sei nun umzusetzen, auf Deutsch: Er und niemand sonst sei bei der nächsten Wahl zu wählen. Die Rechten versuchten es wie immer mit auswendig gelernten Sentenzen und hastig hervorgestoßenem Triumphgelaber, aber das war ebenso gleichgültig wie das, was die Grünen und die anderen Parteien sagten. Frank Stronach war gerade in Kanada.

Die direkte Demokratie habe gewonnen, war zu hören. Das ist insofern richtig, als das Wahlvolk offenbar gern Stellung zu Sachfragen nehmen will, wenngleich die Motivforschung nahelegt, dass es nicht wirklich wusste, wozu genau es befragt wurde. Die Politiker meinten, sie hätten nach dem Heer gefragt, die überwiegende Mehrheit von 74 Prozent der für die Wahlpflicht Votierenden sagte, sie habe für den Zivildienst gestimmt.

»Sind Sie für die Beibehaltung der allgemeinen Wehrpflicht und des Zivildienstes?« hatte die Frage gelautet, die mehrheitlich mit Ja beantwortet wurde.

Nach Tisch hörte man es anders. Am Tag nach der Wahl redeten die Politiker aller Parteien plötzlich von einem gewaltigen Reformauftrag.

»Sind Sie für die Beibehaltung der allgemeinen Wehrpflicht und des Zivildienstes?«

Wer darauf – wie 59,8 Prozent der Befragten – mit Ja antwortete, erteilte einen Beibehaltungs-, keinen Reformauftrag. Froh rief der Landwirtschaftsminister Berlakovich, bekannt für seine militante Effizienz gegen den Klimawandel: »Die Menschen sagen Ja zur Reform!« Der abgekanzelte Kanzler rapportierte den halluzinierten Reformauftrag im Feldwebelton, der erfolgstrunkene Vizekanzler antwortete auf eine Frage des TV-Moderators Armin Wolf, warum der Zivildienst länger dauere als der Dienst mit der Waffe, mit den goldenen Worten: »Weil es immer so war!« Und SP-Klubobmann Josef Cap erkannte in der ORF-Debatte: »Wir haben einen Auftrag: Fünfzig Prozent der Leute wollen, dass wir sie nicht papierln!«

Diese Frage hätten sie stellen sollen!

»Sind Sie dafür, dass wir, die Parteien von Regierung und Opposition, Sie, das Volk, weiterhin papierln?«

Die *Kronen Zeitung* hätte gewiss eine Kampagne dafür lanciert, das Gratisblatt *Heute* wäre eher dagegen gewesen, das andere Gratisblatt *Österreich* hätte gewartet, wer am meisten inseriert, und das Volk hätte sich knapp dafür entschieden, dass alles so bleibt, wie es ist.

Weiterpapierln!

Der Klamauk, der dem Publikum nach dieser Befragung als Politik untergejubelt wurde, war nur mehr peinlich. Die Wähler hätten »im Sinn einer rotweißroten Entscheidung eine Entscheidung getroffen«, hechelte der bis auf die Knochen schwarzweißrote Strache im Fernsehen. Der einst von Darabos entfernte und gleich wieder eingestellte General lallte siegestrunken, die Offiziere seien »die fleißigsten Buben in der Gasse«, worauf ihn die Moderatorin mit der Bemerkung unterbrach, sie müsse nun »aufs Tempo drücken«. Gleich schaltete ich, gleichgeschaltet wie ich bin, zum politischen Sonntagabendgespräch im ARD, wo sie einen wenigstens auf durchschnittlichem Niveau papierln. Und ich genierte mich für den Zustand der österreichischen Politik.

Deren beschämender Zustand legt zwar nahe, dass das Wahlvolk seine Fähigkeit im Lesen von Subtexten überdurchschnittlich perfektioniert hat. Man sagt ihm ja auch nie, welche Koalition zur Wahl steht. Die Tatsache, dass derart tiefgreifend desinformiert wurde, dass sich Politiker und Volk nicht einmal über das Thema der Abstimmung einig waren, bleibt jedoch erstaunlich.

»Siebzig Prozent!« rief die Innenministerin Mikl-Leitner am Montag nach der Abstimmung, aber sie meinte nun, der Auftrag bestehe darin, »siebzig Prozent der Systemerhalter« beim Bundesheer einzusparen. Eine phantastische Idee, nach der sie niemand gefragt hatte. Das Heer, dessen Wesen in Autarkie besteht, das imstande sein muss, sich selbst zu versorgen, um anderen helfen zu können (im neutralen Verständnis), um operieren zu können (in jedem anderen Verständnis), dieses Heer soll seine Köche und Bäcker, seine Mechaniker und Buchhalter an die Privatwirtschaft auslagern. Selbstverständlich darf das nicht mehr kosten, quakte die Finanzministerin gleich dazwischen, ihrerseits eine Künstlerin von nicht ausgeschriebenen Auslagerungen von Aufträgen ihres Ministeriums an Parteifreunde.

Die Idee der kostengünstigen Auslagerung ist in der Schlaucherlpolitik ausbaufähig: Große Erfolge feierte sie unter Innenminister Ernst Strasser in der Flüchtlingsbetreuung, wo die Auslagerung so lange glatt lief, wie die beauftragte Firma European Homecare Profite machte. Als die Zahl der zu Betreuenden sank, kündigte European Homecare den Vertrag. Glatt gelaufen war es ohnehin nur für die Firma und ihre Profite, nicht für die betreuten Asylwerber.

Ihren Innenminister Strasser hat die ÖVP inzwischen mehrfach ausgelagert, zuerst an die Privatwirtschaft, diese Fortsetzung der Politik mit anderen Mitteln, danach an das Beratungsgewerbe in Kombination mit einem europäischen Abgeordnetenmandat und schließlich an die Justiz. Die hat ihn wieder eingelagert. Was in neoliberaler Sicht bedeutet, dass die Gefängnisse ausgelagert gehören! Hier schließt sich der Kreis. Das Endziel dieser politischen Auslagerungsbewegung besteht zweifellos in der Selbstauslagerung von Politik.

»Ein Treppenwitz« sei es, kommentierte der Heeresminister das Ergebnis der Volksbefragung, dass ausgerechnet der Zivildienst über die Zukunft des Heeres entschieden habe. Der wahre Treppenwitz bestand darin, dass das Volk für den Zivildienst und damit gegen den idealtypischen Zivildiener gestimmt hatte: gegen Norbert Darabos.

Das Wort Reife wurde im Zusammenhang mit dieser Befragung gern von Politikern gebraucht, die man eher als ranzig empfindet. Schlaucherln fragen etwas anderes, als sie wissen wollen, und Schlaucherln rufen ihnen ihre um die Ecke gedachte Antwort auf eine so nicht gemeinte Frage zu. Schon 1978, bei der Volksabstimmung über die friedliche Nutzung der Kernkraft, wurde nicht für ein Verbot von Kernkraftwerken abgestimmt (eine große Mehrheit wäre für Atomkraftwerke gewesen), sondern gegen den roten Kanzler Bruno Kreisky. Was Österreich nicht daran hinderte, sich fortan als atomkraftfreies Ökomusterländchen zu gerieren. Die österreichische Schlaucherldemokratie ist so reif wie alter Quargel, vor allem riecht sie ähnlich streng. Wer's mag.

Die politische Macht, man weiß es nicht erst seit Mao, kommt aus den Läufen der Gewehre. Auch für eine schlappe Demokratie gilt, will sie ihre Selbstachtung nicht auslagern, muss sie sich verteidigen können. Heinrich Heine warnte die Franzosen mit dem Verweis auf den Olymp: »Unter den nackten Göttern und Göttinnen, die sich dort bei Nektar und Ambrosia erlustigen, seht ihr eine Göttin, die, obgleich umgeben von lauter Fröhlichkeit und Kurzweil, dennoch immer einen Panzer trägt und den Helm auf dem Kopf und den Speer in der Hand behält. Es ist die Göttin der Weisheit.« Uns drohen keine Deutschen, vor denen Heine die Franzosen warnte. Uns droht bloß die kurzweilige und allzeit fröhliche, weil unter falschen Vorzeichen stattfindende und nur im Subtext verständliche Selbstentwürdigung.

Versuch eines vernünftigen Nachworts. Abgesehen vom üblichen Ressentiment jener älteren Männer, die meinen, hat es mir nicht geschadet, wird es euch auch nicht schaden, wäre offenbar die Frage eines Staatsdienstes eine Frage, über die abzustimmen sich gelohnt hätte. Die Idee, sie mit der Frage des Wehrdiensts zu verknüpfen, war verrückt. Die einstige Zivildienstpartei SPÖ verlor damit jede Glaubwürdigkeit, eine andere Art von Staatsdienst als der nur Männern offene Wehrersatzdienst war damit vom Tisch.

Ein für beide Geschlechter verpflichtendes Sozialjahr (oder Halbjahr), das wahlweise auch in Form eines Militärdienstes abgeleistet werden könnte, wäre möglicherweise mehrheitsfähig gewesen. Das befragte Volk wünscht offenbar – ich finde das durchaus sympathisch – eine Bindung junger Menschen an jenen Staat, den sie als Steuerzahler finanzieren und dessen Souverän sie sind. Ließe sich ein solcher Sozialdienst so organisieren, dass er die Gesellschaft zusammenhält und nicht durch Stumpfsinnigkeit desintegriert wie derzeit das Heer, wäre er jede Debatte und jede Volksbefragung wert.

Ein Sozialdienst als Schule der Gesellschaft wäre eine Option. Die Erziehung nachwachsender Generationen wird offenbar im Elternhaus, von TV und Internet und in der Schule nicht ausreichend vorgenommen, und auch das Heer kann den staatspädagogischen Ansprüchen, wie oben ausgeführt, nicht genügen.

Zur Erziehung gehört nämlich, Menschen ein Gefühl für die Gesellschaft zu vermitteln, in der sie leben, damit sie die Folgen ihres allfälligen Handelns abschätzen können. Reichen Kindern schadet es nicht, Armut und Krankheit zu sehen, und auch Ärmeren kann es nicht schaden, mit anderen Gesellschaftsschichten in Berührung zu kommen. Für Kids der zweiten Generation, deren Deutsch durch Kurse nicht zu verbessern war, sähe ich beim Roten Kreuz oder bei der Altenpflege diesbezüglich mehr Hoffnung. Neben Aufgaben der Integration könnte man diesen Sozialdienst tatsächlich nach pädagogischen Gesichtspunkten anlegen: Österreichs Jugend trifft ihre Gesellschaft. Wer das nicht mag, kann sich freiwillig immer noch zum Heer melden, um parieren und Waffen handhaben zu lernen.

Die Publizistin Sibylle Hamann hat darauf hingewiesen, dass das verpflichtende Jahr auch der Anreize bedarf, und zwar nicht nur finanzieller: Ein Punktesystem könnte helfen, das die Aufnahme in den Staatsdienst oder an die Universität erleichtert. Adäquate (nicht üppige) Bezahlung könnte dazu führen, dass der Sozialdienst bei der überfälligen Verwaltungsreform zum von Politikern heißgeliebten (sofern es die anderen betrifft) Sparen beiträgt. Der Sozialdienst sollte irgendwann zwischen dem achtzehnten und dem fünfzigsten Lebensjahr abgeleistet werden können. Eine Befreiung von diesem Dienst sollte nicht möglich sein. Als Chef dieses neuen, umfassenden Dienstes drängt sich der mittlerweile als Heeresminister abgetretene Norbert Darabos auf.

Harald Schmidt hat eine gute Frage

Vor kurzem hatte ich die Gelegenheit, mit dem berühmten
Entertainer Harald Schmidt zu sprechen. Beruflich. Der Mann
rang beim Bezahlsender Sky um die Quote, möglichst elegant,
also versuchend, sich nichts anmerken zu lassen. Der Sender bot
Interviews mit Schmidt an. Zuerst Gruppeninterviews, das
lehnte ich ab. Ich würde gern alleine eine halbe Stunde mit ihm
reden, sagte ich. Das wurde schließlich akzeptiert.

Solche Gespräche laufen unter dem Vorwand höchster Dringlichkeit ab, verteilt wird die Aufmerksamkeit der bedeutenden
Person Schmidt, keine Minute davon darf verschenkt werden.
Als ich einst unseren Verlag bei einem Privatsender vertrat, an
dem auch ein deutscher Medienkonzern beteiligt war, lernte ich
sie kennen, die Bedeutungsproduzenten. In Meetings pflegten
die eingeflogenen Bosse Dinge zu rufen wie »Radio ist Krieg«
und »Ich gratuliere Ihnen, Sie haben die Lizenz zum Geld-
drucken erworben!« Natürlich wurde niemand verwundet, aber
es gab Verluste. Am Ende waren wir froh, nur wenig Geld verloren zu haben.

Die Bosse flogen dringend wieder aus, ihre Erfüllungsgehilten
blieben. Damals waren gerade Mobiltelefone aufgekommen.
Man konnte sich mit diesen Managertypen nicht an einen Kaf-
feehaustisch setzen, schon hatte sie ihre Gurken gezogen und
brabbelten synchron sinnloses Zeug hinein, um ihre Unentbehr-
lichkeit, permanente Gefragtheit und Wichtigkeit kundzutun.
Wir sind jede Minute voll beansprucht. Die Vorspiegelung dieser Tatsache dürfte zu den anstrengendsten Seiten des Mana-
gerberufs gehören.

Bedeutung auch hier. Im Wiener Ringstraßenhotel »The Ring«, einer jener globalistischen Investmentruinen, die sich historischen Talmiglanz anmaßen und doch nur internationale Konfektionsware bieten, fanden sich im Halbstundentakt Jungjournalistinnen (Jungjournalisten sah ich keine) und Fotografen mit imposanten Beleuchtungsausrüstungen ein, um lustige Interviews abzumelken und die immergleichen Fotos zu produzieren: Schmidt mit Kopf nach oben, Augen geschlossen, Mund auf, Gebisskontrolle.

Auf Zehenspitzen betreten wir den Raum, in dem Schmidt gerade ein Gruppeninterview beendet. Wir halten uns hinter einer Säule, um die Konzentration nicht zu stören, Blick frei auf die Rücken der Jungjournalistinnen, Schmidt und die Alpaka-Tabletts voller kaum angerührter Brötchen und Petits fours vor ihm auf dem Tisch.

Schmidt ist Schauspieler, Poseur und König in der Disziplin des Abwinkens. Alle Themen, die ich mit ihm besprechen wollte, waren ihm zu ernsthaft. Er tat so, als wolle er nur Hölzchen geworfen bekommen, um in erstaunlicher Behendigkeit Pointen zu apportieren. »Da geh ich schon lange Kaffee trinken«, sagte er auf Fragen nach Medien und Demokratie. Gern auch: »Da türmen Sie ja einen Himalaya von Themen auf!« Was ist denn mit Ihnen los? Wollen Sie keine lustigen Antworten haben, Sie angegrauter Bedenkenträger? Das sagte er nicht, aber er dachte es ziemlich deutlich, und ich dagegen, hinter alldem einen mühsam unterdrückten Wunsch nach Ernsthaftigkeit spürend: Sie sind ohnehin lustig, Herr Schmidt, da können Sie gar nichts dagegen machen.

Hinter seinem Verhalten steht natürlich die Notwendigkeit, sich als Comedian auf nichts einzulassen, damit die anderen sich auslassen, und zwar so lange, bis sie auf dem Selbstausgelassenen ausrutschen. Dann herrscht Ausgelassenheit bei Schmidt und im Publikum. Schmidt braucht niemanden zu denunzieren, er bittet mit feiner Geste zur Selbstentblößung. Das kann nur gelingen, wenn er sich selbst nicht exponiert, indem er Authentizität vermeidet. Das hat ihn der Regisseur René Pollesch gelehrt, dazu bekennt er sich öffentlich. Bloß keine tranige Echtheit. Ich, von meinem Thema infiziert, werte es als seinen Versuch, die persönliche Würde zu behalten. Tatsächlich: Ihm kann nichts etwas anhaben.

Da wollte ich nicht mittun. Humorlos stellte ich ihm nach einem langen Gespräch über Qualitätsmedien und ein paar Erholungsfragen zu seinem Klavierspiel die Panzerfrage: »Herr Schmidt, was fällt Ihnen zu menschlicher Würde ein?«

Ganz kurz zuckte er. Ich meine nicht seinen berühmten Tick im Gesicht, den inhaltlich zuzuordnen ich nicht die Geistesgegenwart hatte, ich nahm nur sein Zucken wahr und dachte, da ist er also, der Tick. Sah reflexartig darüber hinweg. Nein, ein Zucken war es nicht, eher ein Zurückschrecken. Schmidt setzte sich ein wenig aufrechter in den Sessel und sprach: »Ein sehr, sehr hohes Ideal, von dem seit Neuestem viel geredet wird und von dem es doch nicht möglich ist, es allen zuzugestehen. Nicht allen ist es möglich, die Würde zu wahren.«

Wie er das meine?

»Sie müssen schon einen großen theoretischen Unter- und Überbau bemühen«, sagte er, »wenn Sie mehr als die Hälfte der Arbeitswelt noch mit der menschlichen Würde in Einklang bringen wollen. Das Thema wird ja gar nicht berührt. Wir müssen froh sein für jeden, der Arbeit hat, damit er das Wasser, die Miete, den Strom bezahlen kann, einen Spontanurlaub buchen und noch die Kinder in die Schule schicken. Da können wir uns nicht mit der Frage befassen, ob der Beruf als solcher abzuschaffen wäre.«

Wie das in seinem Beruf sei? Sei es ihm wichtig, seine Würde zu wahren?

»Der Begriff Würde wird inflationär benutzt«, wehrte er ab. »Damit beschäftige ich mich gar nicht. Plötzlich kriegt das so was Ethisches.«

»So was Ethisches«, das sprach er aus, als rede er von einem klebrigen Insekt. Klang wie so was Ekliges. Sowas von authentisch! Klar sei Würde ein ethischer Begriff, sagte ich. Aber müsse man dann gleich so tun, als gäbe es ethische Normen nicht?

Das wolle er nicht abstreiten. Nein. Er sage bloß, »soll mal der Bundespräsident eine schöne Rede halten. Der kann sich da ungebremster reinschmeißen. Ich versuche den Leuten nicht übermäßig auf den Keks zu gehen und niemanden bewusst zu schädigen. Aber Würde? Das ist so ein Presselieblingswort.«

Das saß. Ich dachte an all die Würdezitate, die mir aus den Medien entgegenquollen. Trotzdem meldete ich Skepsis an.

In Deutschland sei das so, sagte Schmidt. Als Pointe würde er sagen, »Würde muss man sich auch leisten können. Aber das würde dem Thema nicht gerecht. Das ist so, wie wenn Sie sagen, ich bin gegen Ausbeutung, aber natürlich kaufe ich mir bei H & M ein T-Shirt. Ich weiß auch, dass wir das System nicht aufrechterhalten können, wenn wir H & M nicht haben, aber allzu weit dürfen Sie nicht weiterdenken, sonst kommen Sie auf unschöne Schlüsse. Und wie man's dann löst, weiß ich auch nicht.«

Jetzt war der Zeitpunkt für ein Bekenntnis gekommen. Ich nannte ihm den Titel des Buches, an dem ich gerade arbeitete. »Republik ohne Würde.« Das wirkte. Aber nur kurz.

»Bezogen auf Österreich?« fragte er. »Das ist ein wahnsinniger Anspruch!« Und stellte gleich die kecke Gegenfrage: »Wann gab's schon einmal eine Republik *mit* Würde?«

Im alten Rom zum Beispiel, entgegnete ich. So leicht brachte er mich nicht in Verlegenheit.

»Entschuldigen Sie bitte, da hatten wir Sklaverei!« Schmidt geriet ganz unvermutet in Wallung. »Das ist so, als ob es heißt, früher konnten Leute Gedichte. Sage ich, das war genau damals, als Opa in Stalingrad war.«

Das Thema ging ihm offenbar auf die Nerven. Jetzt brauchte ich nur noch zu sagen: »An der Erinnerung ans alte Rom hat sich die Französische Revolution aufgerichtet!«, und er wäre vollends aus der Reserve gelockt. Tatsächlich. Ich hatte einen Stich gemacht. Hatte einen Punkt erreicht, an dem Schmidt authentisch wurde. Zumindest authentisch theatralisch.

»Was heißt denn Französische Revolution?« rief er. »Die Begeisterung dafür verstehe ich nicht, auch nicht diese Begeisterung für Napoleon. Wir haben den *Code civil*!« äffte er höhnisch einen eingebildeten Würdenträger nach. »Dann dürfen Sie aber nicht zu denen gehört haben, die in der Unterhose in der Beresina Baumstämme in den Fluss rammen mussten, damit der Kaiser im Schlitten zurückfahren konnte. In der Französischen Revolution durften Sie auch nicht zu denen gehört haben, die der Mob verfolgte. Ich hatte lange die Vorstellung, in der Französischen Revolution sitzt Saint-Just und sagt zu Danton, lass uns mal über Büchner reden. Irrtum! Der Mob war los. Robespierre lag drei Stunden mit zerschmettertem Unterkiefer auf dem Tisch und verblutete langsam. Gut. Das war nun auch ein schlimmer Finger, aber es erwischte jeden, der gerade die falsche Mütze aufhatte.«

»Trotzdem haben sie die Menschenrechte deklariert!« Das war ich der Französischen Revolution schuldig, die ließ ich mir von ihm nicht ins napoleonische und ins tugendterroristische Eck reden.

Ja. Schmidt beruhigte sich. »Aber wenn wir wollen«, sagte er, »dass auch Onkel Erwin mitredet, dürfen wir die paar Millionen, die da auf der Strecke bleiben, nicht so genau nehmen. Demokratie. Menschenrechte. Es ist ja meine Meinung, dass alles immer besser wird. Es gibt die These, dass ein Hartz-IV-Empfänger einen höheren materiellen Wohlstand hat, als ihn Karl V. jemals hatte. Man darf nur nicht vergessen, auf welchem Weg das erreicht wurde. Das ist halt so, Pech gehabt.«

Ich tröstete ihn mit dem bekannten Benjamin-Zitat: »Es ist niemals ein Dokument der Kultur, ohne zugleich ein solches der Barbarei zu sein.« Auch Schmidt hatte einen Lieblingstext parat. Gleich legte er aus dem Gedächtnis los.

»Dantons Tod«, Büchner, die Rede von Saint-Just, den habe er auf der Schauspielschule vorgesprochen. Und rezitierte aus dem Gedächtnis: »»Das Gelangen zu den einfachsten Grundsätzen und Erfindungen hat Millionen das Leben gekostet, die auf dem Weg starben. Ja! Die Schritte der Menschheit sind langsam, man kann sie nur nach Jahrhunderten zählen; hinter jedem erheben sich die Gräber von Generationen ... Wir werden unserm Satze noch einige Schlüsse hinzuzufügen haben; sollen einige hundert Leichen uns verhindern, sie zu machen?‹ In diesem Text ist alles drin, aber dann ...« Schmidt bremste seinen deklamatorischen Schwung. Für einen Moment war er aus der Rolle des Komikers getreten. Die Würde hatte ihren Tribut erhalten. Als höre ihm niemand zu, redete er weiter: »Man kann es eh nicht aufhalten, es passiert sowieso. Oder? Wir haben doch jetzt das Glück, dass siebzig Jahre in Mitteleuropa kein Krieg war. Da hat sich viel getan, da zählen auch Brüssel, die Nachtsitzungen und die Abstimmungen, die Proteste und die Eingaben und die Gedenkstätten, das zählt alles dazu. Und das fürchterliche Desaster, das Deutschland im Zweiten Weltkrieg angerichtet und erlebt hat. Danach haben die aktuellen Generationen die Schnauze voll vom Krieg.«

Es könne und dürfe wohl nie aufhören, dass Deutschland sich diesbezüglich mit sich selber beschäftige, sagte ich. Das hätte ich besser unterlassen, gleich war er wieder der Alte, zurück aus der Rolle in der Rolle.

»Es gibt ja das Problem: Haben wir noch genügend Bevölkerung für all die Gedenkstätten?« Schmidt lachte satt. »Superpointe! Da werden viele Leute total böse. Ein heute Zwanzigjähriger muss 1945 lernen wie das römische Imperium. Ich habe es noch beim Kaffee erzählt gekriegt, Opa, Vater Soldat, plus Vertreibung, die Frauen ffft, ab aus Brünn, halbe Stunde, Rucksack, tschüss. Insofern ist das bei mir noch drin. Aber meine Kinder: Mauer? Hä? Wie, Mauer? Ist ja auch okay. Österreich hatte den Vorteil, da nur am Rande mit drin zu sein, nur als Opfer.«

Würdevoll hatte er die Würde hinter sich gelassen und in den Witz zurückgefunden. Jetzt war er wieder unangreifbar. Mir blieb nur noch, mitzuwitzeln: Hitler war Deutscher, Beethoven Österreicher.

Ja. Es wäre so einfach, wenn man auf uns hören würde. Stattdessen ist dieses Volk nur im Theater und auf den Skipisten und hat deswegen die Konsequenzen selber zu tragen.

Ich werde es ihm ausrichten.

Gut. Harald Schmidt grüßt das österreichische Volk!

Ich lachte mit und ging nach Hause, in der Einsicht bestärkt, wie schwer es ist, über Würde zu reden. Und bestärkt darin, es zu versuchen. Der Keule des *dignity chic* und der inflationären Würdephrase zum Trotz.

6. Erscheinungen

I once was
a true love of mine

Es war im März 2000. Der Fiaker begegnete mir zweimal. Beim ersten Mal steckten wir beide in einem Stau. Ich fuhr gegen die Einbahn, er rief mir lachend zu: »Da kann ja nix weitergehen, wenn der *Falter* am Fahrrad daherkommt!«
Ein Fiaker, der *Falter* liest. Ich staunte.
Wenige Minuten später begegneten wir uns noch einmal.
»Wos sogt's zum ...?« Er verwendete ein volkstümliches Wort, das den neuen Kanzler charakterisierte, hier aber nicht zum Abdruck kommen soll.
»A Skandal, oder?«
»Ja. Aber es wird funktionieren.«
»Des is jo der Wahnsinn!« Schon war er außer Hörweite. Da wusste ich, es wird ein herbes Jahrzehnt.

Frühsommer 2004, vor dem Moulin Rouge. Ein ehemaliger Politikersekretär, jetzt politischer Berater, Lobbyist und Spindoctor, veranstaltete eine Diskussion zum Thema Korruption. Mich hatte er gegen ein gutes Honorar als Diskussionsleiter verpflichtet. Wir Journalisten sollten so etwas nicht tun, tun es aber aus Geldgier doch und reden uns ein, wir täten es, um die Reichweite unseres Mediums zu erhöhen, womit wir genau genommen unseren eigenen Marktwert meinen. Wie auch immer, nicht der Vorgang war unsittlich, nur das Thema.

Lobbyisten. Als der Veranstalter noch Sekretär in seinem schäbigen SPÖ-Büro gewesen war, immer freundlich, stets kommunikativ, insofern zeichnete sich das Spätere vielleicht schon ab, hatte er eher unmondäne Pullover getragen. Jetzt fuhr er Porsche und hatte Zeit für Kultur. Merke: Die kommunikative Intelligenz des Landes sammelt sich nicht mehr in publizistischen Medien, sondern in der P. R. Seit 2011 überwiegt die Zahl der unöffentlichen Öffentlichkeitsarbeiter jene der öffentlichen, die Wirtschaft gibt mehr Geld für Öffentlichkeitsarbeit aus als für Werbung in Medien.

Warum fiel mir der berühmte Kollege (und mittlerweile Partner) des Lobbyisten ein? Wenn der mich in dienstlicher Angelegenheit anrief, also für einen potenten Auftraggeber, teilte er mir am Telefon vorweg mit, was er jetzt gleich sagen werde, sage er mir rein privat, als mein Freund, er gebe mir sozusagen einen guten Rat, sein Auftraggeber wisse nämlich gar nichts von diesem Anruf. Lobbyisten!

Fast hätte ich ihn übersehen. Er stand beim Eingang, ein wenig zur Seite gedrückt, nicht gerade wie ein bezahlter Grüßer, aber auch nicht wie ein geladener Gast. Der soeben zurückgetretene Innenminister Ernst Strasser. Ich hatte während seiner Amtszeit stets harte Kritik an ihm geübt, wahrscheinlich nicht hart genug, sage ich im Rückblick, denn bei allem bemühte ich mich stets um Fairness. Steht's im *Falter* oder stimmt's?, kommentierte er einmal, von einer Zeitung darauf angesprochen, einen unserer Berichte. Er stimmte. Auch war mir das Ausmaß seines Interesses am Thema Korruption damals nicht klar, ich sah es noch als quasi dienstliches, subjektives eines Beinahe noch-Innenministers, nicht als objektives im Sinne des Objekts der Strafverfolgung.

Grüß Gott, Herr Minister, sagte ich, einem Impuls meiner Manieren folgend, und nickte ihm geschäftsmäßig zu. Strassers Miene verfinsterte sich, er schob sein Kinn, ja seinen ganzen Schädel vor, mir entgegen, stierte mich böse an und sagte nichts. Nur ein dumpfer Laut entquoll seiner verkrampften, gequälten Figur, etwas wie Uuaamrgh. Ich übersetzte es für mich mit »Wenn ich keine Person öffentlichen Interesses wäre, würde ich dir jetzt mit einem Baseballschläger deine freche Fresse einschlagen«, ging an ihm vorüber und machte mich an meine Moderation.

Erlebnis mit schwarzem Hund. Im Spar-Markt am Fleischmarkt, hinter mir der Kampfkörper eines Indonesen; Feinripp lässt Schultern und Oberarme frei. Er wuchtet Zeug aufs Band; trockenen Weißwein, asiatisches Gemüse, Couscous. Nicht schlecht, denke ich; vor mir war einer, der sah aus wie der heruntergekommene Tranchierbaron aus dem Bratenlehrbuch, englischrotes Gesicht, Dry Aged Beef, Mittelscheitel, Unesco-Anzug. Kaufte sich einen schönen Abend zusammen: vier Dosenbier, zwei Chianti Antinori, eine Flasche Gin.

Ich verlasse das Geschäftslokal, meinen Einkauf in der Hand, ein kleiner schwarzer Hund springt an mir empor, Spanielmischung, muss meinen Hund gerochen haben. Stellt sich auf seine Hinterbeine, daneben der indonesische Kämpfer. Ich schaue ihn an, vorwurfslos.

Er: Das ist nicht mein Hund!

Ich: Sieht aber verdammt danach aus.

Er: Das ist nicht mein Hund.

Ich: Glaube ich nicht.

Er: Hasso, hör auf, wir gehen.

Dreht sich um und trottet davon, der kleine Schwarze folgt ihm, dreht sich aber dauernd nach mir um und kläfft mir nach. Ich hatte nur zwei Flaschen Ahornsirup (Grade A) gekauft, das kann einen schon verdächtig machen.

Ein Hund kam in die Küche. Im Frühjahr 2006 hielt Wolfgang Schüssel seine letzte Rede an die Nation, ehe er abgewählt wurde. Die Sonne schien, aus allen Richtungen bogen Leute in die Lothringerstraße ein, ein Strom festlich gekleideter Menschen bildete sich. Fast wie vor einem Konzert, wäre es nicht ein Montagvormittag gewesen. Beim Eingang Listenkontrolle; schneller gelangte man durch Vorweisen der gedruckten Einladung hinein. Im Foyer Tische für die versprochene »kleine Bewirtung« danach, mit wachsam blickenden jungen Menschen, gastfreundlich, wie Cateringpersonal eben dreinschaut.

Auf der Bühne ein Riesenscreen mit ÖVP-Werbung: »Österreich. erfolgreich.« Das war wohl ungarisch auszusprechen: Österreich, érfolgreich. Dahinter ein Bogenprospekt mit einem Riesenautogramm des Kanzlers. Selbst die Geranien – oder waren es Begonien, vom Rang aus konnte ich's nicht unterscheiden – fügten sich ins rot-weiß-rote Design. Riesenbegonien. Im Zuschauerraum zahllose Kameras, für die Bildschirmübertragung, kofferweise Technik, Kabelstränge, die technischen Embleme eines bedeutenden Events. Auf der Bühne Instrumente, Geigen, Celli, Schlagzeug, Bass, E-Gitarre, Keyboard und Lautsprecher, aus denen quoll eine vernudelte Version von Marc-Antoine Charpentiers Te Deum, bekannt aus Funk und Fernsehen als Eurovisionsjingle.

Auf dem Charpentierteppich zogen die Gladiatoren in den Saal ein, die ÖVP-Riesen, Minister, Landeshauptleute, Parteiobmänner, angeführt vom Ehepaar Schüssel. Absurd der fehlende Sinn für Verhältnismäßigkeit, wie immer bei diesen ÖVP-Events. Riesentriumphgesten von Zwergen. Stark beklatscht: das Ehepaar Waldheim. Zwanzig Jahre danach hatte ich den beinahe vergessen. Das aber kann ich nicht vergessen: wie die freundliche ÖVP-Mandatarin mich im Besucherstrom erspähte und anlächelte.

»Ich habe Ihren letzten Artikel gelesen«, sagte sie. Oha, dachte ich, sie wird doch nicht gekränkt sein? »Ich lese alle Ihre Artikel. Gefallen mir immer gut.« Meine Besorgnis wuchs. Was hatte ich falsch gemacht? »Und wissen Sie was, ich habe es nachgekocht, und es ist geworden.« Ich veröffentliche nicht nur Essays und politische Kommentare, sondern in einem Kundenmagazin auch Kochrezepte.

Da war mir klar, dass ich das Kanzlerevent kulinarisch auffassen musste. Und siehe: Der Kanzler servierte Pointen. Sein bürgerliches Publikum fraß ihm aus der Hand. Ein Fanal provinzieller Küche, etwas zu fett gekocht und zu dick aufgetragen. Im Foyer standen die Journalisten, mampften Brötchen und wiegten die Köpfe. Dieser freche Koch würde noch lange Kanzler bleiben. Es kam anders.

Branding. Das Wort stammt vom Brandzeichen, das man dem Vieh mit heißen Eisen auf den Hintern brannte. Wo sich Politik von der Kunst der Beherrschung und Beherzigung der öffentlichen Meinung zum Objekt der Vermarktung machen lässt, brennt bei ihr, wenn nicht der Hintern, so doch der Hut. Dann entscheiden weder politische Substanz noch politische Ideen, sondern zum Beispiel, ob einen die gewünschte Werbeagentur akzeptiert oder nicht.

Mit großer Erleichterung werden es die Anhänger der Sozialdemokratie zur Kenntnis genommen haben, als 2008 der Chef der besten Werbeagentur des Landes bekanntgab, er habe sich in einem längeren Gespräch mit dem roten Spitzenkandidaten davon überzeugt, dieser sei vermarktbar, und habe dann den Auftrag angenommen, das zu tun. Trotz der Partei des Kandidaten und obwohl er noch nie politische Werbung gemacht habe. Der Werber war erfolgreich, zudem wurden seine Bemühungen flankiert durch eine Unterwerfungsgeste des Kandidaten gegenüber dem mächtigsten Printmedium des Landes. Zugleich saß ein politischer Journalist dieses großen Boulevardmediums im strategischen Beratungsteam dieses Politikers, da konnte nichts schiefgehen, der musste Kanzler werden. Aber das war Werbung. Werbung als Überspielen einer Stilunsicherheit mit finanziellen Mitteln. Verführung statt Überzeugung.

Branding ist mehr als ein Kampf gegen Stilschwäche. Es ist der Versuch, Stil – die Würde der Erscheinung – zu kaufen, also abzuschaffen. Österreich hat 2012 eine Agentur mit Nationbranding beauftragt. Damit leistete seine politische Klasse den Offenbarungseid. Nach 1945 gab sich das Land selbst eine Identität, als Un-Deutschland. Ganz ohne Agentur, aus kulturpolitischem Willen. Heute ist Un-Deutschland nur mehr undeutlich. Österreich könnte heute Europa viel geben. Aber die Verlotterung seiner Öffentlichkeit rächt sich. Die lässt sich weder nachkaufen noch substituieren: Allein der Versuch, eine Nation zur Marke zu machen, zeigt das Ausmaß des entpolitisierten, durchökonomisierten Denkens. Wahrscheinlich bilden sich die Brandingstifter auf ihre Modernität noch etwas ein.

Formlose Anfrage. Siebzig Prozent der Zeit komme ich unbelästigt durchs Leben. Die restlichen dreißig Prozent vergesse ich, so schnell ich kann. Ja, ich bin es. Erkannt am Bahnsteig, im Theater, im Restaurant. Eines Morgens in der Fußgängerzone, wo Fahrradfahren erlaubt ist. Manche Polizisten wissen das nicht und holen einen vom Rad, man muss ihnen dann die mit Flyern zugeklebte Zusatztafel weisen, auf der die Erlaubnis zur Koexistenz vermerkt ist. Rechtsstaat. Ich also auf dem Fahrrad, kommt mir einer mit hasserfülltem Gesicht entgegen, der mich offenbar identifiziert, stellt sich mir in den Weg und brüllt mich rotköpfig an: »Heast, konnst da ned amoi an Mercedes leistn, du nodiga Beidl?«

Nach kurzer Verblüffungspause musste ich laut herauslachen.

Das irritierte ihn. Wahrscheinlich hatte er ein Angebot zum Faustkampf erwartet. Kleinlaut machte er den Weg frei.

Ein Foto. Exakt an der gleichen Ecke begegnete mir im Frühling 2009 ein freundlicher älterer Herr, Typus Rentner auf Wien-Besuch, Bildungstourist mit umgeschnallter Kamera. Er stand dort, als habe er auf mich gewartet, als wisse er über meine Wege Bescheid. Mit großer Selbstverständlichkeit rief er mir meinen Namen entgegen. Er glaubte nicht, ich hätte ihn vergessen. Er klang eher, als wäre er geschult wie ein TV-Interviewer, der jede Frage mit dem Namen des Befragten einleitet.

»Herr Thurnher! Hätten Sie etwas dagegen, dass ich ein Foto von Ihnen mache?«

Fotografen gegenüber ist man wehrlos, man glaubt zwar nicht mehr, sie würden einem die Seele rauben, und wenn sie höflich fragen, hat man als B- oder C-Promi, als sogenannte Person öffentlichen Interesses, keine Möglichkeit zu widersprechen. Ich klammerte mich an die Schlaufe meiner Tragetasche und posierte. Glücklich sah ich nicht aus, denn wer das Recht verliert, über sein Bild zu verfügen, verliert seine Würde. Wenige Tage später konnte ich das kümmerliche Ergebnis auf Wikipedia betrachten. Was mir die Beleidigung dieses gut gemeinten Wikipedia-Eintrags in Erinnerung rief. Wahrscheinlich sollte ich es nicht für unter meiner Würde erachten, ihn zu ergänzen und zu korrigieren. Derweil schaue ich ihn an und leide, dass keiner merkt, was fehlt. Die Mediengesellschaft verlangt die Überwindung aller Schamgefühle.

Profifotografen. »Niemand scheint zu bemerken, wie das dauernde Fotografieren jede Zeremonie außer Kraft setzt. Durch Verdopplung, Klischierung wird alles aufgehoben«, schrieb

Gerhard Amanshauser[1] lange vor der digitalen Zeit. Was ist das, eine Zeremonie? Man versuche einmal, im Alltag sich gegen einen gutgelaunten Kollegen zu wehren, der einen hurtig ablichtet und das Foto gleich auf einem sogenannten sozialen Medium ausstellt. Man versuche einmal, jene Fotografen zu kritisieren, die sich wie selbstverständlich im Alltagsgewand bei Staatsakten oder Zeremonien ins Bild schieben. Sie wollen ein besonders authentisch-festliches Bild vom Akt haben. Wer hat diese Leute von selbstverständlichen Anstandsregeln dispensiert? Wer hat ihnen eingeräumt, durch ihre Kleidung und ihr Benehmen die Veranstaltung zu entwürdigen? Freche Bilddiebe, die ein lebendiges Bild zerstören, um selbst ein vermeintlich unversehrtes davonzutragen.

Wenn es uns niemand sagt… Gewisse Regeln des Zusammenlebens dienen nicht der Repression, sondern der Erleichterung. Meinen Studenten auf diversen Hochschulen habe ich immer das Essen in der Vorlesung verboten, gern auch mit Hinweis auf Karl Heinz Bohrers berühmten Stil-Aufsatz. Sonst verfestigt es sich zu Gewohnheit. Es handelt sich um die »absolute Nichtachtung der objektiven symbolischen Bedeutung des jeweiligen Ortes. (...) Die Studenten haben keine Beziehung mehr zur Institution der Universität.«[2] Sie verstehen es, wenn man es ihnen erklärt.

Auf Verdacht. März 2013, Wien, erster Bezirk, Marc-Aurel-Straße, in der Nähe meiner Redaktion. Ich erkannte ihn sofort. Graf Ali Mensdorff-Pouilly stand auf dem Gehsteig und unterhielt sich mit einem jüngeren Mann. Er sieht größer aus als auf Fotos, die ihn oft etwas pummelig und rotbackig erscheinen lassen. Eine recht elegante Gestalt, ein Junker im Hirschhornjanker mit welligem Haar, Geheimratsecken, distinguierter Brille, um sich virtuelle Labradore, auf der Schulter die virtuelle Flinte – man kennt sie von Bildern, ahnt sie, aber sieht sie nicht. Man ist ja in der Stadt. Eine unverfängliche Szene. Noch ehe ich mich bis auf Hörweite nähern konnte, hörten beide auf zu sprechen. Sie nahmen ihr Gespräch erst wieder auf, als ich mich wieder außer Hörweite befand. Ich glaube nicht, dass sie mich erkannt hatten und deswegen schwiegen. Sie sahen nur einen Passanten, und was sie zu besprechen hatten, war nicht für jedermanns Ohren geeignet. Man ist in Österreich Teil der Misstrauensgesellschaft, wenn man sich auf die Straße traut.

Kleinmannssucht. »Diese kleine Liste ist das Ergebnis einer kleinen Debatte auf meiner Seite auf Facebook ...« Gnädig sei der Name des Autörchens verschwiegen. Unübersehbar wird die Feier des Unprätentiösen, Kleinen, sich unauffällig Gebenden. Man möchte bei keinem großen Gedanken erwischt werden, genaugenommen möchte man bei keinem Gedanken erwischt werden. Nein, man möchte einfach überhaupt nicht erwischt werden. Wisch und weg. Die Kleinmänner sind so besorgt, dass man ihre Vorzüge nicht anerkennt, dass sie sich am liebsten überhaupt nicht erwähnen würden, hätten sie nicht Angst, man würde sie dann übersehen. Das wollen sie auch wieder nicht. Gar nicht. Eigentlich wollen sie, dass man nur sie sieht, vor allem sie, und lobt, man muss den Kleinmann bei allem loben, sonst verliert er die Motivation, gleich lässt er das Köpfchen hängen.

Der Kleinmann will in der Öffentlichkeit dominieren, indem er sich unscheinbar macht. Er muss sich gegen jeden Angriff immunisieren, schiere Sichtbarkeit macht angreifbar. Nein, sie weisen nicht auf sich hin, die intellektuellen Little People, oder nur dezent, angenehm unprätentiös, erfreulich unauffällig, alles an ihnen ist nett, kommod schmalspurig, nur ja

nicht großspurig oder irgendwie formatsprengend. Die kleinen Leute machen alles richtig, sie hassen alles, was unangenehm prätentiös und unerfreulich auffällig erscheint. Dabei
übersehen sie, dass nicht nur das Prätentiöse unangenehm
ist, sondern dass gar nichts entsteht, was nicht prätendiert
wird zu entstehen.

Die Welt ist voller Ego-Ekel, das ist wahr. Aber die ekelhaftes-
ten von ihnen tun so, als seien sie keine Ekel, weil sie ja nur
ganz klitzekleine Ekel sind, angenehm unprätentiöse Ekel,
deren Missetaten einen noch durch ihre Kleinheit für das sie
begehende Ekelchen einnehmen. In Würdebegriffen gesprochen: Sie beanspruchen weder Achtung noch Respekt, weil er
ihnen ohnehin schon allein aus dem Grund zufällt, dass sie
ihn *nicht* beanspruchen. Nur die Lumpe sind bescheiden, selten habe ich Goethe besser verstanden, bei dem das Wort von
angenehm unprätentiösen Zeitgenossen selten vorkommt.

Mach mich größer, sagt die Kleinmannssucht. Sie ist die
wahre Großmannssucht, insgeheim von der eigenen Größe
überzeugt, stets besorgt, einen kleinen Rückschlag zu kassieren, wenn andere von dieser Überzeugung Wind bekommen.
Political Correctness funktioniert übrigens nach ähnlichen
Motiven. Je kleiner, desto korrekter.

Zu groß? Jede Skepsis gegenüber angemaßter Größe ist ver-
ständlich. Politik, die ihre Motive verbirgt und sich kleiner
gibt, als sie ist, mag schlau handeln und ihre Verhandlungs-
ziele schützen. Aber sie verliert ihr Ansehen. Charles de
Gaulle habe mittels Staatsschauspielerei das Ansehen Frankreichs nach 1945 über Gebühr erhöht, heißt es. Aber er hat
sein Land tatsächlich größer gemacht. Politik ohne öffentliches Handeln hat einen anderen Namen. Man nennt es
Wirtschaft. Haben es »die Märkte« geschafft, dass Politik sich
nicht mehr offen artikuliert, weil alles, was sie sagt, nicht als

politisches, sondern als ökonomisches Signal interpretiert wird? Wann wird Politik bemerken, dass sie ohne Rekonstruktion von Öffentlichkeit nicht existieren, weil sie nichts Politisches mehr tun und sagen kann?

Zu laut. Als Passagier im Zug, als Besucher von Supermärkten, Restaurants, Sportveranstaltungen, als Mitfahrer im Taxi oder als Fußgänger wird man konstant beschallt. Man mag Milchkühe dem langsamen Satz des C-Dur-Klavierkonzerts von Mozart (KV 467) aussetzen, damit sie mehr Milch geben. Meine Nerven werden sauer, wenn ich Musik in einer Form höre, die ich mir nicht selber aussuche. Die »Muzak« genannte, dissonanzfreie und gerade noch hörbare Berieselung in Supermärkten müllt einem das Hirn zu. In der U-Bahn, in der Eisenbahn, im Flugzeug fiepsen aus Ohrstöpseln bedrohlich nervenzersetzende Technoklänge, Handys läuten mit aufdringlichem Ton, die Individualität ihrer Besitzer betonend, betonter Ton, Menschen telefonieren brüllend ohne Rücksicht auf Mithörende, in den meisten Lokalen kann man weder reden noch essen, ohne dass einem Phonfolter appliziert wird, ein ständiger Geräuschteppich wird einem über den Kopf gezogen, in den Radios hört man die Nachrichten fast nur mehr mit Musik unterlegt, man hört sie nicht, es wird einem nur der unterliegende Rhythmus eingebläut, bei Werbejingles steigt die Lautstärke, und alles zusammen verstärkt sich und wird zunehmend lauter. Massenqual. Zugedröhnte Schädel schreien einander an. Die kollektive Psyche unterliegt einer stetigen, leichten Anästhesie. Reine Stille gibt es nicht, gewiss. Selbst die Annäherung an Stille, das Unterlassen der gegenseitigen Belästigung wird als unerträgliche Zumutung empfunden. Welche Schmerzen sind es, die wir nicht ertragen, die wir betäuben?

Kirchenwürde. Gern führen kirchliche Laienorganisationen Veranstaltungen zum Thema Menschenwürde durch. Nicht nur Gott soll, wenn's geht, in die Verfassung, auch die Würde des Menschen, als Gottes Ebenbild. Würde gab einer Enzyklika den Titel: In *Dignitatis Humanae* erklärte das Konzil 1965, von Papst Paul VI. autorisiert, die Religionsfreiheit. Die Kirche billigte damit rückwirkend ein seit Jahrhunderten in Kraft befindliches Menschenrecht. Das war würdig und recht. Im Detail lässt es etwas nach mit der Würde (die Missbrauchsfälle lassen wir einmal beiseite). Zum Beispiel, wenn einem, und sei es noch so gut begründet, Eintrittsgeld in Kirchen abgenötigt wird. Man braucht kein Demagoge zu sein, um an Jesus zu denken, der die Wechsler aus dem Tempel trieb. Plakate, die an Kirchen und Domen hängen, hätte er eigenhändig heruntergerissen. Der Stephansdom erfreute uns eine Zeitlang sozialpartnerschaftlich mit zwei Transparenten, eines warb für eine schwarze Bank, das andere für eine rote Versicherung. Die Votivkirche übertraf das mühelos mit einem sexy Sujet für Humanic-Stiefel. Dass die Kirchenleitung ein paar Dutzend im gleichen Gotteshaus hungerstreikenden Asylwerbern wochenlang den Aufenthalt gestattete, stimmt versöhnlich.

Die Kirche hat es schwer mit der Welt, und diese mit ihr. Radio Österreich 1 am Ostersonntag, 31. März 2013: »Eine klare Absage erteilte der Papst der Profitgier und dem Egoismus – mahnende Worte also im Vorfeld des Segens Urbi et Orbi.« Und ohne Zeit-, Musik- oder Gedankenfuge folgte die nächste Nachricht: »Für den heimischen Handel ist das Osterfest mindestens so bedeutungsvoll wie Weihnachten. Der Verkauf von Ostergeschenken bringt gute Umsätze. Auch heuer wurde nicht gespart.« Nicht nur Katholiken finden das wenn schon nicht würde-, so mindestens geschmacklos. Andererseits ist die Kirche über ihre Bank Schellhammer und Schattera zu 5,3 Prozent an der Casinos Austria AG beteiligt. Wenn das der Papst wüsste!

Thomas von Aquin ist noch immer oberster Gewährsmann des österreichischen Kardinals. Als einmal zum Thema Missbrauch von Knaben durch Priester ein sogenanntes Hintergrundgespräch für Medien in dessen Räumlichkeiten im Erzbischöflichen Palais am Wiener Stephansplatz stattfand, organisiert von einem Medienberater, konnten die Gäste die sämtlichen Werke des *doctor angelicus* bewundern, natürlich nur deren rote Lederrücken (oder war's nur Leinen?). Ein imposanter Anblick. Wie nebenbei bemerkte der Kardinal, er fände es an der Zeit, wieder zu jener abgestuften Form von Moral zurückzukehren, wie sie Thomas gelehrt habe. Die Bemerkung wurde in den Berichten nicht erwähnt.

Man unterschätze die Kräfte des restaurativen Katholizismus nicht. Sie meinen, eine Initiative um die Kirche besorgter Pfarrer am schwersten dadurch zu strafen, dass sie ihrem Sprecher den Titel Monsignore entziehen, die *dignitas* sozusagen. Dass dieser seinen Titel danach als »Firlefanz« bezeichnete,[3] zeigt nur die Tiefe der Kluft zwischen Basis und Führung der Kirche. Zwischen den Vizekanzler, den Ritter vom Heiligen Grab, und den Kardinal, der legitimistische Auftritte bei Totenmessen für Habsburger nicht als Versuchung zurückweist, sondern als heilige Pflicht empfindet, passt kein Exemplar der Bundesverfassung. Demokratie, teilt uns die Kirche mit, ist ein temporäres, ein weltliches Phänomen. Aus ihrer Bereitschaft, Eintritt zu kassieren, lässt sich das Gegenteil nicht ableiten.

Der Kern der kirchlichen Stilfrage ist leicht erklärt. Wir verdanken alles dem Markt. Demokratie, Rechtsstaat, zivile Freiheiten entstanden auf Marktplätzen. Auch die Idee, dass Märkte gewisser Regeln bedürfen, also gewisser Instanzen, die außerhalb und oberhalb von ihnen stehen. Markt versagt, wenn er nicht mehr geregelt und kontrolliert wird, wenn nichts ihm Einhalt gebietet. So modisch und chic die Idee wirtschaftlicher Selbstkontrolle auch scheinen mag, der Rechtsstaat kann durch nichts ersetzt werden. Religionen haben nicht diese Kontrollfunktion, aber sie stehen ebenfalls ostentativ außerhalb des Marktes. Wenn die Kirche symbolisch mit dieser Tradition bricht, ist es auch um sie selbst geschehen. Wird sie die Zeichen auf den Wiener Kirchtürmen verstehen?

Fleck am Kragen. Kann es reklamefreie Zonen geben? Ich habe mich damit abgefunden, dass im Sport-TV österreichische Nationalikonen mit großen, unappetitlichen Flecken an den Sakkoaufschlägen erscheinen. Sponsoren empfehlen sich derart unübersehbar meiner Aufmerksamkeit. Ich möchte so etwas ungern auf dem Bundeskanzler oder auf dem Bundespräsidenten sehen, fürchte aber, es ist nur eine Frage der Zeit.

Entrée. Mittlerweile versucht jeder kasachische Anwaltsanwärter, durch die Einrichtung des Büros sich seinen Kunden gegenüber stilmäßig zu profilieren. Im österreichischen Ministerium prüft ein in Ehren ergrauter Sicherheitsbeamter müde den Ausweis, ein gramgebeugter Portier knurrt einen an, man solle gefälligst warten. Wenn's gutgeht. Hat man Pech, nimmt einem ein übelgelaunter, schlecht rasierter und sichtlich unterbezahlter Kerl in der billigen Uniform eines Personaldienstleisters den Ausweis ab. Wobei er beteuert, dies sei nicht sein Einfall, sondern eine Weisung von ganz oben. Auch hier klingt jene Verachtung für die da oben an, die beinahe die ganze Republik von unten nach oben und von oben nach unten durchzieht.

Über all dem wachen imperiale, von Reinhold Schneider besungene Skulpturen von Adlern. Drinnen trösten einen barockes Mobiliar und imposante Ölgemälde. Der Stil bessert sich nach oben zu. Beim Tor des Bundeskanzleramts hat man es doch mit wirklichen Beamten zu tun, und beim Bundespräsidenten atmet man auf, wenn man die Zimmerfluchten des Leopoldinischen Trakts durchschreitet. Nur, wie oft kommt man schon dorthin?

Republikstil nach Regierungsparteien. Stilfragen kann man auch parteipolitisch betrachten. Die ÖVP zum Beispiel hat einen Hang zur technoiden Überausstattung. Sie liebt eine Art modernistischen Barock, überausgestattete Säle zeitgenössischer Bauten, in denen man das Gefühl hat, der Architekt habe dreimal so viel metallene Säulen und Streben eingefügt, als es die Statik erfordert hätte. Sie protzt gern in Métallisé, es können nicht genug Scheinwerfer sein, Sicherheitsglas spiegelt sich in sich selbst, als Fensterfront, Balustrade, Tischplatte. Vielleicht soll diese ostentative Kühle den Triumphalismus abfedern, den sich diese Partei nach amerikanischem Muster gern gönnt. Die SPÖ zieht wärmere Temperaturen vor. Hier muss es menscheln. Den gläsernen Tisch seines Vorgängers schaffte Kurzzeitkanzler Alfred Gusenbauer sofort aus seinem Kabinett; er wollte Holzmöbel für – erraten – mehr Wärme. Es ging noch molliger: Gusenbauers Nachfolger Werner Faymann war der Holztisch von zu noblem Design und auch zu teuer. Er brachte einen Schreibtisch der Firma Bene mit, das befreundete Blatt *Österreich* teilte mit, was er gekostet hat: 600 Euro. Diese Mitteilung war heiß und noch weniger luxuriös als Faymanns Schreibtisch. Wenn auch etwas teurer.

Schlechte Typographie. Sie wissen nicht, wann es genug ist. Alles muss überbeschriftet werden. Die Werber haben Angst, man könnte die Botschaft übersehen. Aber die Botschaft tötet sich selbst durch Hässlichkeit. Man sieht zu viel von ihr. Man sieht nichts mehr, weil man nur noch sie sieht. Die Hässlichkeit der meisten Zeitungen, die Gemeinheit des Flughafens (nur Bahnhöfe gönnen den Augen eine Erholung). Die Hinweisschilder plump, die Geschäftsschilder ohne Eleganz, die Reklame schrill, selbst Verkehrszeichen haben ein Problem. Fahren Sie Auto in der Schweiz, setzen Sie sich auf eine italienische Piazza, und Sie wissen, was ich meine. Die talmiartigen Protzgeschäfte der Innenstadt, international gleichförmig, Koffer, Uhren, Unterwäsche, auf ihre stinkreiche Weise beschämend billig, gedacht für russische Oligarchen und arabische Haremsdamen. Vor den Geschäften stehen Männer in dunklen Anzügen mit Glatzen, Sonnenbrillen und Ausbuchtungen am Jackett. Auch sie beschriften die Innenstadt. Ihre Präsenz ist eine Beleidigung der öffentlichen Ordnung, die nicht in Gefahr war, bis sie von privaten Ordnungskräften unterwandert wurde. Sie wehrt sich aber auch nicht gegen deren aufdringliche Anwesenheit.

Fernsehöffentlichkeit. Ich gehe nicht. Für Kurzinterviews im Fernsehen gibt man ein halbstündiges Interview, sie schneiden zehn Sekunden heraus und kübeln den Rest. Das nimmt man hin, Fernsehpräsenz ist alles. Nur so wird man bekannt. Schlimm ist hingegen die Gewohnheit, einen, um Bilder für die Anmoderation zu haben, gehen zu lassen. Da schreiten die Interviewpartner sinnlos gestelzt einher, im Sommer diagonal über kleine Rasenflächen, im Winter durch Büros, traurige Flamingos im Medienzoo. Ich nicht. Nach den ersten Malen habe ich diesen erniedrigenden Dressurakt verweigert. Jetzt filmen sie die Unordnung in meinem Büro. Geht auch, blamiert mich weniger.
Manchmal werde ich ins Fernsehstudio eingeladen. Beim Schminken traf ich auf den ehemaligen Finanzminister; zum Glück enthob mich die Maske jedes Grüßzwangs. Er rauschte herein wie ein griechischer Gott vor der Krise, ließ sich auf den Sessel fallen, abschminken und flötete im Hinausrauschen

der Maskenbildnerin das Gleiche zu, was er zuvor auf Sendung dem Publikum und der ihn der Korruption bezichtigenden Moderatorin mitgeteilt hatte:»Danke, Sie sind ein Schatz!« Zum Trost erzählten mir die Damen die Geschichte jenes Kanzlers, der ihr freundliches Angebot, sich abschminken zu lassen, mit der Bemerkung ablehnte, er habe noch ein Rendezvous, da schade es nicht, wenn er gut aussehe. Er hielt sich nicht sehr lange im Amt.

Anthologia Graeca. Das ist eine Sammlung von Epigrammen und Gedichten aus der griechischen Antike bis in byzantinische Zeit.[4] Habe darin nachgeprüft, ob es wahr ist, dass die Griechen keinen Ausdruck für Würde hatten. Richtig: Zumindest kein deutsches Stichwort ist vorhanden. Habe dann im Stichwortverzeichnis unter »Mensch« nachgesehen:

> ist Erde 11/43,
>
> Maulheld 11/304,
>
> Raubtier 11/46,
>
> schmutzig 10/45,
>
> überheblich 11/349,
>
> unbelehrbar 7/ 88,
>
> ungerecht 9/308,
>
> verhasst 11/348,
>
> stets im Wandel 10/79,
>
> Windsack 10/75;
>
> s. Bösewichte, Leben

Habe dann doch lieber darauf verzichtet, auch noch, wie vorgeschlagen, im Register unter »Bösewichte« und »Leben« nachzuschlagen. Geschweige denn bei den zugehörigen Textstellen.

Beim Elektronikhändler. Im milden Licht seiner Warenwunder-welt sehen alle Gesichter so merkwürdig blass aus, als wären sie nicht ohnehin von den Hunderten Bildschirmen erleuch-tet, in die sie gerade glotzen, Flüssigkristallgesichter, aufge-löst in flüssiger Lethe, übergossen von der Sauce einer Art Muzak, die sie nicht mehr bemerken. Da stehen sie und flüs-tern einander Details zu über Handys, Laptops, Spielekonso-len, Gimmicks. Sie befinden sich in einem Zauberreich und haben sich von Menschen in Wesen der dritten Art verwan-delt; man nennt sie Kunden, aber ein Kunde des Elektronik-handels weiß, wenn er sich von diesem circensischen Zauber berühren lässt, verwandelt er sich in das ärmste Schwein, das an den Trögen unserer Konsumtempel anzutreffen ist: Er ver-wandelt sich in einen Nerd.

Möchte man inmitten all der Nerds, die sich eh auskennen und keinen Rat brauchen, Kunde bleiben, besteht die erste Schwierigkeit darin, einen Kundenbetreuer zu finden, der sich für einen zuständig fühlt. Es ist ein harter Kampf, denn den Kundenbetreuer erkennt man daran, dass er sich einem entzieht. Dort drüben steht einer, umlagert von drei, vier war-tenden Kunden. Anstellen ist aussichtslos. Der Pulk bewegt sich. Nur der fitteste Kunde überlebt, indem er zwischen zwei Schachteltürmen hervorspringt und eines dieser blassen, in Uniformhemden steckenden Wesen so überzeugend an-spricht, dass er es einem konkurrierenden Kunden abspenstig macht. Mit hastig hervorgesprudelten Informationen wird er abgespeist, der Hass der ebenfalls auf den bleichen Berater lau-ernden drei Kunden ist ihm sicher. Nachfragen gilt als takt-lose Zeitverschwendung und unterbleibt. Die Elektronikkette hat ihren Zweck erreicht: Man gibt auf und beginnt, selbst die Angaben auf den Packungen zu studieren. Damit hat man schon verloren. Kleinlaut nimmt man ein Paket an sich, trägt es nachhause, um es auszupacken und zu erkennen: Das läuft nicht mit meinem Betriebssystem. Das hat keine Software dabei, wie auf der Packung versprochen. Zurück zu den bleichen Gesellen mit den blauen Hemden. Dante hätte ihnen ein geiles Motto über den Eingang geschrieben.

Callcenter. Barrieren der Dummheit, mit denen man uns zur Weißglut bringen möchte, weil sie uns in unserem Wissensdurst oder in unserer Auskunftsnot von allem fernhalten, was uns belehren oder helfen könnte. Was immer dieses »man« ist, es macht mich manisch. Kaum etwas kann mich so sehr ärgern wie ein Anruf bei einem beliebigen Callcenter. Die Lektüre einer österreichischen Tageszeitung schon lange nicht mehr.

Es beginnt damit, dass sie einen abzocken, indem sie einem Muzak vorspielen, worauf man, um etwa drei Euro leichter, ohne auch nur den Anflug einer Auskunft erhalten zu haben, von der Maschine am anderen Ende aufgefordert wird, eine Zahl einzutippen, um sich für etwas zu entscheiden, Technik oder Service. Und noch einmal. Und noch einmal. Warum geben diese Quäler nicht im Internet gleich die bestmögliche Durchwahl an? Nein, man muss sich entscheiden, und nochmals entscheiden und nochmals, und immer zahlt man dafür, dass man Nervensubstanz opfert.

Am Ende tippt man noch seine Kundennummer ein, worauf einen jemand mit Namen begrüßt, der klingt, als sei er der Ex-finanzminister und man selber der ihn befragende TV-Moderator. »Schönen guten Tag, Herr Thurnher, was kann ich für Sie tun?« Und sobald man konkret wird, ist es genau, wie es im Fernsehen war. Der Minister spuckt Nebelphrasen, sein Ersatzminister im Callcenter fragt nach der Kundennummer. »Aber die habe ich doch gerade eingetippt!« – »Ja, das stimmt, Herr Thurnher, ich muss Sie aber trotzdem fragen.«

Wutbebend gebe ich noch einmal meine Kundennummer an. Ich weiß ja, im Callcenter sitzen unschuldige Kreaturen, die wenig Geld dafür kriegen, dass sie sich in einem miesen, legebatterieähnlichen Setup den geballten Ärger von tausend Konsumenten über den Kopf kippen lassen, während ein scharfes Management darauf achtet, dass sie dabei reden, als wären sie Exfinanzminister. Heraus kommt eine moderne Form der Folter, die in jedem auch nur ansatzweise komplizierten Fall sofort versagt und zu den Worten Zuflucht nimmt: »Ja, da kann ich Ihnen leider auch nicht helfen, Herr Thurnher.«

Als Leistungsträger schafft man es, sein Telefon nicht zu zertrümmern. Man legt einfach auf, ohne zu brüllen. Eine zivilisatorische Leistung, auf die man stolz sein kann.

Letzte Grüße. Wenn ein naher Mensch stirbt, teilt man das anderen Menschen mit, heutzutage selbstverständlich auch digital. Aus der Provinz war ich es gewöhnt, vom Lokalblatt gnadenlos zur Kasse gebeten zu werden. Die Todesanzeigen sind die letzten Anzeigen, die noch funktionieren, inklusive pietätloser Erinnerung an den Jahrestag des Todes, der ebenfalls feierlich mit einer kostenpflichtigen Anzeige begangen werden will. Im Kombipaket funktioniert das alles noch schmieriger. Pietätlos nennt man das nur, weil die Rituale im Lokalblatt und in der Kirche so stark miteinander verflochten sind. Würdelos wäre in diesem Fall präzise: Der Preis für die Trauer kann in den Mediadaten nachgeprüft werden. Die digitale Phase dieser Entwürdigung verläuft um einiges schärfer. Im Trauerfall offerierte mir Google Folgendes:

Der Todestest
Wie lange hast du noch zu leben? Finde es jetzt heraus!
(4e/w)
www.Todestest.at

Mexican Wild Yam
Auf die ganze Wurzel kommt es an sicher und frei von
Nebenwirkungen
www.Mexican-Wild-Yam.com

Ex-Partner/in zurückholen
Die 5 größten Fehler, die Sie vermeiden müssen (Gratis-
Report)
www.Expartner-zurueck.de

Sein Herz gewinnen – A–Z.
Gratis-Report: Anziehung wecken – Emotional
binden – Sein Herz erobern
www.mann-erobern.de

Tolle Liebes-Geschenke
Romantische Geschenkideen für Sie & Ihn, für Ver-
liebte & Pärchen!
www.styleon.de

Informationen zu diesen Links

Das und mehr kriegt man also von Google serviert, wenn man
jemanden vom Tod eines Menschen benachrichtigt. Der Tod
der Provinzzeitung ist die mittelbare Folge dieses algorith-
mischen Gespenstertreibens. Auf Facebook, hört man, verschwinden die Accounts nicht mit dem Tod des Accountbe-
treibers. Im Gegenteil: Unermüdlich senden die Toten ihre
Statusmeldungen.

Wie Ich einmal nicht Minister wurde

Vor ein paar Jahren kam es zu einer Regierungsneubildung.
Ein Freund rief mich an und bat mich um ein Treffen, er brauche
meinen Rat. Im Kaffeehaus stellte sich heraus, man hatte ihn
gefragt, ob er Kulturminister werden wolle. André Heller und
ein ehemaliger Kulturminister hätten mit ihm ein ernsthaftes
Gespräch in dieser Sache geführt, berichtete er. Es sei so ernst
gewesen, dass er bereits ein paar neue Hemden und einen
Anzug in Auftrag gegeben habe, denn als Minister könne
man doch nicht so auftreten. Nachdenklich sah er an sich her-
unter.
Ich riet meinem Freund heftig zu, das Amt zu übernehmen,
hatte allerdings dabei zwei merkwürdige Gefühle. Erstens verstand mein Freund etwas von der Sache, zweitens war er ein
eigenständiger Kopf. Sie würden doch nicht so einen zum
Minister machen? Nebenbei berichtete er mir, er habe die beiden kulturellen Kopfjäger gefragt, warum sie nicht mich näh-
men. Keine schlechte Idee, habe die Antwort gelautet, aber das
gehe nicht, weil das *der Dichand* niemals hinnehmen würde. Ich
sagte, mir brauche er das nicht zu erklären, und zugleich wusste
ich, auch ihn würden sie niemals nehmen. Immerhin erweiterte
mein Freund auf diese Weise seine Garderobe.
Im vollen Bewusstsein der Irrealität der Sache dachte ich doch
über die Idee meines Freundes nach. Kulturminister! Ehe ich mir
den verlogenen Politikerspruch »Ich strebe nichts an« vorsagte,
machte ich mir meine Situation als Medienunternehmer und
Miteigentümer eines mittelgroßen österreichischen Verlags
klar. Weder wollte ich meine Partner im Stich lassen, noch hatte

ich vor, den Verlag in Schwierigkeiten zu bringen. Ich dachte nicht daran, mich in den Verdacht möglicher Inkompatibilitäten zu setzen. Schon gar nicht hatte ich die Absicht, deshalb meine Anteile zu verkaufen. Die Geschichte unseres Verlags war die eines mühsamen und unwahrscheinlichen Erfolgs, der viele Väter und Mütter hat; als einer von ihnen würde ich doch nicht das Schiff in dem Augenblick verlassen, da es in der Krise an einigen anderen vorbeisegelte, die bis dato als unsinkbar gegolten hatten.

Würde? Gewiss, es hatte auch mit Kapitänswürde zu tun. Man hüpft nicht von Boot zu Boot und von Job zu Job, man fühlt sich mitverantwortlich für die anderen an Bord. Es war außerdem nicht das erste Mal, dass man mir ein politisches Angebot machte. Bisher waren solche Angebote allerdings eher unverbindlich geblieben.

Leicht konnte ich sie mit einem einzigen Satz abweisen: So lange *der Dichand* Herausgeber der *Kronen Zeitung* ist, kann keine Partei, die bei Trost ist, mir ein Amt anbieten. Hans Dichand, das wusste ich aus einigen mir hinterbrachten Bemerkungen, hielt mich für einen begabten Journalisten. Leider sei ich Kommunist, pflegte er hinzuzufügen. Bei einem kalten Krieger, der von Jörg Haider bis Frank Stronach alles förderte, was in Österreich rechts der politischen Mitte auftauchte, das ultimative Verdikt. Auch Berlusconi, sagt man, benützt es gern.

Die *Kronen Zeitung* vergiftete die Stimmung im Land auf hetzerische und xenophobe Weise und beeindruckte aufgrund ihrer schieren Größe von Kreisky abwärts jeden Politiker. Zu ihren guten Zeiten hatte sie eine Reichweite von fast 45 Prozent und war damit die relativ meistgelesene Zeitung der Welt. Ich hatte die *Kronen Zeitung* zum Gegner erklärt, sie hatte mich und unser Blatt als Gegner akzeptiert, allerdings unter Ausschluss der Öffentlichkeit.

Diese unscheinbare Gegnerschaft nahm paradoxe Formen an.

Seit 1994 beschloss ich meine wöchentliche Glosse mit einem Stehsatz: »Im Übrigen bin ich der Meinung, die Mediaprint (der Verlag der *Krone*, Anm.) muss zerschlagen werden.« Die Idee dazu kam mir, weil Hans Dichand das Pseudonym Cato bevorzugte. Er verrichtete sein Mediengeschäft in der Strumpfmaske des römischen Moralisten, verschmähte dabei jedoch dessen Stilmittel des stehenden letzten Satzes. So schenkte ich dem Herausgeber des Landes einen letzten Satz. Er dankte es mir nicht. Im Gegenteil: Mit einem perfiden Juristentrick versuchte die *Krone*, unseren Verlag zu vernichten. Sie brachte eine Wettbewerbsklage mit verhältnismäßig niedrigem Streitwert ein. Es ging um eine Anzeige unseres Verlages, in der Abonnenten Gratis-Theaterkarten versprochen wurden. Wir änderten die Anzeige und erwarteten eine neue Klage. Die Anwälte der Mediaprint aber waren schlau. Sie brachten jeden Tag eine neue Klage ein, stets mit dem Zusatz, es solle über sie erst entschieden werden, wenn über die erste Klage entschieden sei. Der Bezirksrichter spielte mit, ließ die erste Klage liegen und stellte die weiteren erst nach einem halben Jahr unserem Anwalt zu. Die inzwischen aufgelaufene Summe war existenzbedrohend.

Ich schrieb Hans Dichand einen Brief, in dem ich ihn bat, die Auseinandersetzung doch publizistisch und nicht auf diese unwürdige Weise auszutragen. Er antwortete, »es wäre wahrlich ein großes Geschenk für den *Falter*, wenn die *Krone* mit ihrer riesigen Auflage mit mit ihm zu polemisieren anfinge«[1]. Die Klage endete mit einem für uns äußerst günstigen Vergleich vor dem Höchstgericht. Das waren noch Zeiten, dachte ich, als André Heller für die Kulturpolitik zuständig war und Hans Dichand für das politische Klima! Da wusste man, woran man war.

Wenige Tage nach dem Treffen im Kaffeehaus kam ein Anruf aus dem Parlament. Der ewige Fraktionsführer. Er müsse mich in einer sensiblen Sache sprechen, ob ich Zeit hätte. Selbstverständlich. Der ewige Fraktionsführer und ich, der ewige Chefredakteur, kennen einander seit Ewigkeiten. Ich erinnerte mich an seine verschiedenen Phasen. In der Post-68er-Ära saß er mit Spezln in einer Spelunke, die auch ich mit meinen freischwebend linken Freunden frequentierte, bis ich vom exzentrischen Wirt ein Lokalverbot ausfasste, dessen Grund ich vorziehe vergessen zu haben. Verächtlich blickten wir auf den Tisch jener Kerle in den radical-chicen schwarzen Lederjacken, die ihre Arroganz aus der vor ihnen liegenden sicheren Karriere bezogen. Chef war damals der ewige Fraktionsführer, der designierte Kanzler war sein Sekretär, auch der ewige Bürgermeister saß manchmal am Tisch.

Später gebärdete sich der ewige Fraktionsführer neoliberaler als Tony Blair, mit Turnschuhen und Jeans saß er auf Panels und erklärte, jetzt müssten sich manche Firmen eben warm anziehen, durchgefüttert werde jetzt keine mehr. Spätestens da hatte ich verstanden: Unsere politischen, meist medienpolitischen Auseinandersetzungen hatten keinerlei Bedeutung, nur den Sinn von Schaukämpfen zwecks Amüsement gerade anwesenden Publikums. Der ewige Fraktionsführer dachte nicht eine Sekunde daran, medienpolitisch irgendetwas zu ändern. Trotzdem oder vielleicht deswegen mochte ich ihn ganz gern: Hatte man sich erst einmal von der Idee befreit, Politik sei da, um Verhältnisse zu ändern, konnte man bei seiner Idee, die Umstände sich selbst zu überlassen und das als katastrophal, aber nicht besorgniserregend zu empfinden, durchaus mit ihm Spaß haben. Er formulierte gut und galt im Parlament als glänzender Kampfredner, ohne dass irgendjemand im Ernst bei seinen Reden an Kampf gedacht hätte.

Jetzt machte ich mich auf den Weg zu ihm ins Parlament. Ich ahnte, was der Sinn unseres Treffens sein würde, denn noch immer befanden wir uns in der Phase der Regierungsbildung. Dass er meinen Rat hören wollte, wer für welches Amt in Frage komme, war auszuschließen. Um unserem Treffen erhöhte, ja klandestine Bedeutung zu geben, führte er mich über den Hintereingang in sein Büro, über die von mir bis zu diesem Tag noch nie benützte Stiege der FPÖ-Fraktion.

Das Büro des ewigen Fraktionsführers war zeitgemäß möbliert, schickes Ledergarnitürchen, die Bilder an der Wand in farblich geschmackvoll abgestimmtem abstraktem Expressionismus, der Kaffee selbstverständlich von Illy. Er mache keine Umstände, sagte er, es gingen in der Kulturszene Leute herum, die mich als geeignet für den Posten des Kulturministers empfänden und diese Idee auch dem designierten Bundeskanzler nahebrächten, um nicht zu sagen, in die Ohren bliesen. Er selbst könne dazu nichts sagen, er spiele hier nur den Postillon, ich wisse ja, wie das in solchen Phasen zugehe, Wünsche, Begehrlichkeiten, Interessen, all das sei abzustimmen, man wisse noch nicht einmal, ob es das Amt des Kulturministers überhaupt geben werde (einst hatte der Kanzler das Kulturressort an sich gezogen, danach war es zum Staatssekretariat geschrumpft) oder ob es nicht wieder zum Riesenressort samt Bildung werden würde. In seiner Stimme mischten sich vergessener Parteien Müdigkeiten mit dem zynischen Amüsement darüber, dass er sich in den Ruinen der Ideale seiner Bewegung so stilsicher bewegte.

Ich wisse, wie es sei, sagte ich. Dabei hatte ich noch nicht jene unvergessliche Fernsehübertragung einer Pressekonferenz des steirischen Landeshauptmanns erlebt. Man sah dort, wie der Landeshauptmann, offenbar gekränkt, nicht früher gefragt worden zu sein, den Anruf des designierten Kanzlers nicht annehmen wollte, sechzig quälende Sekunden lang, während die Kamera mit größtem Vergnügen auf ihm draufblieb, seinen mimisch ausgedrückten Widerwillen gegen den designierten Kanzler dokumentierend, und wie er endlich doch das Telefon entgegennahm, immer noch live, und äußerst ungnädig nichts als einen Namen in den Apparat knurrte, den Namen einer Frau, die der Landeshauptmann als Ministerin oder Staatssekretärin geeignet fand, die stolze, aber im Augenblick sehr grantige Steiermark zu repräsentieren, »Silhavy!« knurrte der Landeshauptmann ins Telefon und reichte es mit spitzen Fingern wieder seinem Adlatus, als wäre es ein giftiger Skorpion, aber Frau Silhavy wurde dann doch weder Ministerin noch Staatssekretärin.

Nun, wenn ich also wisse, wie es sei, wovon er natürlich ausgehe, wolle der ewige Fraktionsführer doch seinerseits wissen, was ich zu dieser Idee sage, bei der es sich ja um kein Angebot handle, keinesfalls direkt um ein Angebot, sagte er. Ich sagte, ich wisse, dass er wisse, dass ich in diesem Land kein Amt bekleiden würde, solange *der Dichand* – ich wünsche ihm ein langes Leben – nicht gestorben sei. Und danach würde ich zu alt sein, aber das sagte ich nicht. Da ich wisse, dass er es wisse, danke ich ihm für die freundliche Geste, mich in sein Büro gerufen zu haben. Aber ich sei sicher, sagte ich, das werde der einzige politische Ruf bleiben, der mich ereilen würde. Ob ich überhaupt imstande oder willens wäre, einen solchen Ruf anzunehmen, würde ich mir erst überlegen, wenn er käme, falls er käme. Im Übrigen werde sich der designierte Kanzler schon überlegen, ob er mich fragen wolle, und wenn er dies wolle, werde er es tun. Falls nicht, eben nicht. Ich würde in keinem Fall irgendjemandem böse sein.

Das erlösende Wort war damit gesprochen, der Zweck des Treffens erfüllt, wir leerten unsere Illytässchen und trennten uns im Vollgefühl immerwährender Freundschaft.

7. Unsere Medien

Ich wäre gern mein Algorithmus,
nur schwerer auszurechnen

Medienredner. Möglicherweise gehöre ich – von ein paar Publizistikprofessoren abgesehen – zu jenen Menschen in Österreich, die am meisten über Öffentlichkeit geredet haben. Bei Dankesreden für Preise, die ich für journalistische Tätigkeit erhielt, bei Eröffnungen, Lob- oder Prunkreden lasse ich keine Gelegenheit aus, mein Urteil über Österreichs Öffentlichkeit abzugeben. Der *Falter*, die Zeitschrift, die ich mitbegründet habe, sollte auf der anderen Waagschale des Medienbetriebs liegen, schrieb ich in einem Editorial der ersten Ausgabe. Die österreichische Mediensituation war und ist desolat, 1977 wie heute. Das Desaster hat aber – krisenverschärft, digitalisiert – nur seinen Aggregatzustand geändert. Soll ich deswegen meinen permanenten Versuch, es zu benennen, abbrechen? Die Mediensituation ist so mies, so schändlich, so unzumutbar, dass ich mich nicht damit abfinden mag.
Es liegt etwas unsagbar Ödes in der Rolle des erwartbaren Kritikers, der seine Kritik immer wieder vorbringen muss, weil sich der Gegenstand seiner Kritik nicht bessert. Da wiegt der Trost des Lobs, das einem für Konstanz entgegengebracht wird, wenig. Konstanz sagt man auch unvermittelbaren Jungfern nach.
Wenn ich etwas nicht brauche, dann sind es verdiente Nehmer des Medienbetriebs, altgediente Abgreifer, die auf der Wolke ihrer satten öffentlich-rechtlichen Pension bei Veran-

staltungen auf mich zuschweben und mir mit matter Miene zuraunen: »Sie sind der letzte Moralist!« Kritisiert man die unerträglichen medialen Zustände in Österreich, stellt man sich selbst in eine Ecke, aus der es kein Entkommen gibt: Insgeheim signalisieren selbst Mächtige ihr Einverständnis, ja, auch sie finden die mediale Lage unzumutbar, ja, auch sie sind so froh, dass es einen gibt, der ausspricht, wie schlimm sie ist, die Katastrophe der Öffentlichkeit.

Indem man Dinge öffentlich benennt, erspart man anderen, es zu tun: Man übernimmt die klassische Rolle des Sündenbocks. Wer hält einen dann davon ab, sich in Klischees zu verrennen, sich in Selbstgerechtigkeit zu suhlen, sich durch Wiederholung zu lähmen, nicht voranzukommen, sich den bösen Werken, die man studiert, womöglich anzugleichen wie der Zauberer Saruman in »Der Herr der Ringe«?

Öffentlichkeit auf Österreichisch. Muss man sich wirklich öffentlich gegen Dinge stellen, die man für untragbar hält? Man hat davon doch nur persönliche Nachteile. Die Waldviertler Gemeinde, in der ich als guter Wiener meinen Wohnsitz habe, lädt wichtige Bürger zum Neujahrsempfang ein. Eine Zeitlang stand ich auf der Gästeliste. Der Bürgermeister, ein umtriebiger Mann, pflegte sich bei dieser Gelegenheit bei der Presse für die gute Kooperation zu bedanken. Der Lokalreporter notierte es mit rotem Kopf und verbeugte sich zum Applaus der Honoratioren. Gute Kooperation, das mag man in Österreich. In der Landgemeinde haben sie's erfasst, der Landeshauptmann macht es ihnen im ORF-Studio vor: Presse ist, wenn man aus der Hand frisst. Die Presse rapportiert aus erster Hand, was ihr vorgesagt wird.

Als einmal ein junger Mann aus der gleichen Gemeinde, nebenbei journalistisch tätig, einen kritischen Artikel über geplante Windparks mitverfasste, verlor er einen ihm bereits zugesagten Job – mit Verweis auf seine Mitautorschaft. Da konnten sie nicht mehr applaudieren. Da waren sie bestürzt, dass so etwas möglich ist. Als wir einmal, nach der großen Flut 2002, in unserer Zeitung ein Bild des Landeshauptmanns zeigten, wie er in Fliegenfischer-Wathosen Unglücksplätze besuchte, und ihn im Bildtext deswegen ironisierten, fragten mich niederösterreichische Bekannte, ob diese Ausgabe echt sei oder nur ein Sonderdruck. Darf man das, solche Witze über den Landeshauptmann machen? Sie jedenfalls hatten so etwas noch nie gesehen.

Wahrscheinlich verstehen die meisten Leute hierzulande überhaupt nicht, was die Rolle der Presse ist. Auch die Journalisten selber verstehen es nicht, denn sie müssten, wollen sie gute Texte schrieben, gegen das Kooperationsgebot verstoßen. Das verleitet sie dazu, aggressiv im Ton und untergriffig in den Methoden zu werden, wenn sie ihr tägliches Kunststück versuchen, kritisch-kooperativ zu sein. Der resultierende haxlbeißerische Ton hat etwas Untertänig-Aufmüpfiges und macht sie gerade deswegen beim Publikum unbeliebt. Das Kooperationsgebot gilt im Übrigen nicht nur nach außen, es gilt in den Boulevardmedien auch nach innen, als sogenannter Kommandojournalismus. Dass der Journalist, die Journalistin die Pflicht haben – nicht nur das Recht –, die Dinge so zu berichten, wie sie sie sehen und für richtig erachten, dass sie deswegen auch interne Konfrontationen mit ihren Vorgesetzten riskieren müssen, hat sich nur partiell herumgesprochen. Am schwersten fällt eine solche Haltung beim Boulevard. Demgemäß liest man dort die größten Gemeinheiten. Als ein ehrenwertes Volksbegehren für mehr Demokratie scheiterte, jubelten sie in der *Kronen Zeitung*. Nebelfeder Claus Pándi und Schleimrevolver Michael Jeannée, Namen mit Akzenten wie Stacheln, verhöhnten die Proponenten des Volksbegehrens als »übellaunige Berufsquerulanten« und »abgetakelte Loser-Politiker.«[1]

Ein österreichischer Boulevardverleger ist bekannt dafür, Texte, die ihm nicht gefallen, mit Apfel-a zu markieren und dann neu so zu schreiben, wie sie ihm zupass kommen. Je besser für ihn, desto schlimmer für die Tatsachen. Der Mann pflegt vertrauten Umgang mit den Mächtigen des Landes. Dass seine Blätter erfundene Interviews publizieren, hat ihm noch niemals geschadet. Im Gegenteil: Es macht bei Unternehmen Schule. Die österreichische Post veröffentlichte im Juni 2012 in Gratisblättern Interviews mit mehr als hundert ihrer Zusteller, die diese gar nicht gegeben hatten. Österreichs Medien erziehen die Nation: eine pädagogische Schreckensvision? Nein, Realität.

Ungeschick. Als Kritiker nimmt man sozusagen freiwillig das Stigma des sozial Ungeschickten auf sich, des Dolms, der nicht weiß, wie man sich sozial clever verhält. Angestammtes österreichisches Sozialverhalten: immer gegen die Mächtigen, aber heimlich, sich nicht dabei erwischen lassen. Lösungen öffentlich zu debattieren gilt als Zeichen von Ungeschick. Deswegen lesen die meisten Menschen die Öffentlichkeit wie Indianerhäuptlinge oder Westmänner bei Karl May die Prärie: nach Spuren, die es zu untersuchen und zu interpretieren gilt. Nichts so auffassen, wie es gemeint scheint! Bauernschlau sein, dabei sein. Damit hat die öffentliche Sphäre jene Würde verloren, die Hannah Arendt beschwor, als sie von der griechischen Polis sprach. Das Erscheinen in dieser Sphäre sollte ein freies Reden ermöglichen, ungeachtet dessen, wie reich oder arm einer privat war. Bei uns ist es umgekehrt: Niemand spricht offen, aber alles hängt davon ab, wie reich einer ist. Österreichs Medienöffentlichkeit: Entwürdigung als soziales System.

Die Griechen. Die publizierte Meinung, die mediale Öffentlichkeit habe ich immer als das gedruckte, gesendete, digitalisierte Bewusstsein des Landes verstanden. In meiner Jugend erlebte ich, wie sich die Bevölkerung unter das Diktat der Lokalzeitung *Vorarlberger Nachrichten* duckte oder auf deren Kommando zum Volksaufstand erhob, als die Bundesregierung ein Bodenseeschiff auf den Namen des Republikgründers Karl Renner taufen lassen wollte. Schon damals graute mir, so wie mir noch heute angesichts des publizierten Österreich graut.

Gewiss, die Öffentlichkeit der Polis darf man nicht idealisieren. Wo es Demokratie und Öffentlichkeit gibt, taucht die Fratze des Missbrauchs von Publizität auf. Kaum hatte in der griechischen Polis die Agora ihre öffentliche Funktion entfaltet, erschienen auch schon die Sykophanten, bezahlte Verleumder. Und der Durchschnittsbürger bedurfte der Sophisten, bezahlter Schönredner, die seine Interessen wahrten und andere für ihn überredeten. Die Urväter unserer Anwälte, an die wir modernen Zeitgenossen in vielen Dingen unsere Souveränität abgeben.

In der vielbeschworenen attischen Agora vertrat jeder Bürger (Bürgerinnen gab es nicht) mit seiner Rede seine Sache und hatte anschließend in der Schlacht mit seinem Vermögen und mit seinem Körper für die getroffenen Beschlüsse mit einzustehen, Schiffe auszurüsten, Speere zu schwingen. Man betrachtet die Rhetorik seit den Griechen als die demokratische Kunst schlechthin. Vermutlich geht uns deren existentielles Moment an Politik und Öffentlichkeit heute ab. Was man dort sagt und tut, bedeutet fast nichts. Nicht nur, weil es camoufliert geschieht, sondern auch, weil man ungeschoren davonkommt. Allfällige Klagen nach dem Mediengesetz haben meist allzu geringfügige Folgen.

Als die makedonischen Könige die attische Demokratie abschafften, war es vorbei mit demokratischen Beratungsreden, auch mit den Gerichtsreden, und deswegen kam eine andere Art Rhetorik auf: die Fest- oder Prunkrede. Die herumziehenden Rhetoren kleideten sich in prächtige Gewänder, sie wurden in den Städten mit ihrem Gefolge von Gauklern und Schaustellern begrüßt und gefeiert wie Popstars. Ihre Reden hatten Showcharakter, gerade weil sie nichts mehr zu bedeuten hatten.

Das war sozusagen eine erste Katastrophe der Öffentlichkeit, viele sollten folgen. Auch heute leben wir in einer Art Angstblütenzeit der Rhetorik: Es blüht die Show, in Erinnerung ist uns ein glamourös und inhaltsleer durchs Land hopsender Finanzminister. Ein Land war begeistert von seinen rhetorischen Leerverkäufen. Mittlerweile wurde er verdrängt vom austrokanadischen Milliardär Frank Stronach, der immer die Wahrheit sagt, zum Beispiel, wichtig sei nicht das Geld, wichtig seien die Werte. Mit denen kauft er sich eine Partei. Andererseits gibt es Beispiele dafür, was man mit Reden bewegen kann. Barack Obama, der amerikanische Präsident, konnte sich ins Amt reden, indem er die schöne Tradition der Jeremiade wiederbelebte und mit modernsten digitalen Mitteln der Mobilisierung verknüpfte. Er bewegt mit der Kraft seines Wortes die Menschen auf der ganzen Welt. Leider bleiben die Entscheidungsträger in Kongress, Senat und Konzernen unbeweglich.

Die Krise des Qualitätsjournalismus. Sie folgt keinem Naturgesetz. Hat auch weniger mit der Digitalisierung zu tun als mit der Marktliberalisierung unter den Regierungen Reagan und Clinton. Wie die meisten Liberalisierungen führte diese zu weniger Markt, nämlich zu einer massiven Konzentration von Medienkapital, zuerst in den USA. Und sie führte dazu, dass die alten Verlegerfamilien ihr Prinzip aufgaben, sich mit Renditen von acht oder zehn Prozent zufriedenzugeben.

Börsengetriebene Finanzinvestoren, die an ihre Stelle traten, wollten mehr. Also mussten die Kosten runter, teures Personal musste raus, Redaktionen wurden zerstört, das bedeutete Ersparnis, aber auch schlechtere Qualität. Bald schon erschienen Lügengeschichten in den besten Zeitungen der Welt. Wenn die Selbstbeschränkung der Medien fällt – und sie fällt, wenn bei ihnen nur noch der Kommerz regiert –, dann werden sie korrupt.

Im Fall der Qualitätszeitung erscheint die Lügengeschichte als Betriebsunfall. Im kommerzialisierten Medium ist sie die Regel.

Neben der kommerziellen bedürfen Medien auch der publizistischen Selbstbeschränkung. Guter Journalismus schränkt sich ein, wo er die Würde des anderen bedroht sieht. Er reflektiert seine Mittel und nimmt sich zurück, statt die Fairness der Quote und die Rücksichtnahme der Reichweite zu opfern. Quote muss Qualität nicht ausschließen, aber sie ist nicht ihr Kriterium.

Wo seine Selbstbeschränkung nicht funktioniert, verliert Journalismus seine Distanz zur Macht, im Extremfall wird er zu ihrem Handlanger. Er verkommt zum Mittel des Verlegers, selbst an die Macht zu kommen, an der Macht zu bleiben oder anderen Leuten zur Macht zu verhelfen. Wobei die Macht stets nur ein Mittel ist, möglichst profitable Mediengeschäfte zu machen. Berlusconis Medienfaschismus und die Propagandalügen von Murdochs TV-Sender Fox-TV sind die bekanntesten Beispiele dafür.

Die Digitalisierung verschärft die neoliberalen Tendenzen. Werbung will Produkte verkaufen, nicht Medien subventionieren. Die Debatte, ob und wie lange die großen inklusiven Medien wie TV-Sender und Boulevardzeitungen für Werbung interessant bleiben oder von Social Media verdrängt werden, will ich hier nicht kommentieren. Social Media sammeln bekanntlich Daten, um sie an die Werbung weiterzureichen –

umfassender, tiefer und automatischer, als dies je andere Medien konnten. Es scheint klar, dass die Werbung diesen Angeboten folgen wird.

Medien werden sich andere Modelle ihres Überlebens überlegen als die gute alte Anzeige, TV kombiniert mit Social Media zum Beispiel. Es sei denn, Teile der Anzeigenwirtschaft besännen sich des Kulturguts Zeitung – aber das wäre Sponsorship. Sponsorship, Mäzenatentum, Crowdfunding – schön und gut. Aber nicht wirklich würdig. Würdig wären allenfalls Stiftungen, die nicht einzelne Recherchen sponsern, sondern Medien als Ganze herausgeben. Bei der *Frankfurter Allgemeinen Zeitung* funktioniert das, beim britischen *Guardian* stößt es gerade an seine Grenzen. Das Nachbild der Polis, der Rest der *Res publica* ist das Publikum, das sich seine Öffentlichkeit schafft, im Fall der Zeitung, und wenn es für sie bezahlt.

Zu lange haben sie sich auf das Schattenpublikum der Anzeigenwirtschaft ausgerichtet, haben sich auf deren Gesetzmäßigkeiten in jeder Hinsicht eingelassen. Am Ende stehen plebiszitäre Mechanismen, die sich verselbständigen; im Fall des Preises votiert die Masse für gratis. Nicht zuletzt deswegen werden die Medien wieder dazu kommen müssen, einen adäquaten Preis für ihre Angebote zu verlangen.

Békessy, eine Parabel. Im Wien der zwanziger Jahre – Nachkriegsstimmung, Inflation, Spekulation. Der progressive ungarische Verleger Imre Békessy, durch Kriegsgewinne zu Geld gekommen, floh nach 1919, nach dem Ende der Räterepublik Béla Kuns, nach Wien, gründete Zeitungen und gewann die Unterstützung prominenter Sozialdemokraten, denen er seinen »Inflationsjournalismus« als Zersetzung des Bürgertums verkaufte. Die Gratisblätter von heute könnten mit gutem Recht das Gleiche für sich in Anspruch nehmen (minus Inflation), gäbe es dieses Bürgertum noch. Békessy ließ sich von Werbekunden Geschenke machen, mit denen er die Auflage der *Stunde* in die Höhe trieb. Man kennt das aus Abonnementaktionen der Gegenwart, in denen einem Autobahnvignetten und Elektrogeräte geschenkt werden, wenn man nur abonniert.

In Békessys Umfeld entstand der Begriff »Revolverjournalismus«, weil Békessy seinen Opfern den virtuellen Revolver vorhielt, um sie zu erpressen. Das Spektrum der Erpressten reichte vom Bankier bis zum Kaffeehausbesitzer; bei denen machte sich ein junger Reporter bemerkbar, der später als Billy Wilder Weltkarriere machte. Erst als Békessy zu übermütig wurde, ließ ihn die Sozialdemokratie fallen und stellte Steuerschulden fällig, die er bei der Gemeinde hatte. Sein Geschäftsführer wurde wegen Erpressung verhaftet, sein Chefredakteur floh nach Berlin, Békessy selbst retirierte auf Nimmerwiedersehen nach Paris. Karl Kraus, der seine Kampagne gegen Békessy mit seinem berühmten Ruf »Hinaus aus Wien mit dem Schuft« begleitet hatte, triumphierte.

Die publizistische Gegenwart in Österreich ist ebenso verkommen wie zu Békessys Zeiten. Man kann in gewissen Medien gute Plätze in Rankings kaufen. Manche Firmen bezahlen positive Berichterstattung über sich, ohne dass diese Berichte gekennzeichnet würden. Wer im Anzeigenverkauf heute keine solchen redaktionellen Leistungen anbietet, hat es schwer. Das unter Békessy erprobte Muster der Erpressung funktioniert nach wie vor: »Sie zahlen, wir schreiben.« Noch besser klappt: »Sie zahlen, oder wir schreiben.« Da solche Berichte in der Regel nicht erscheinen, ist diese Art des journalistischen Inkassos nicht leicht nachzuweisen.

Békessys Schatten. Manches freundliche Gesicht eines Politikers lacht aus Publikationen nicht deswegen heraus, weil dessen tüchtige Werbemanager gerade dieses Medium als idealen

Werbeträger identifiziert haben. Meist geht es um Beziehungspflege auf einer direkten, monetären, in Anzeigenaufträgen zu quantifizierenden Ebene. Umgekehrt habe ich schon politische Berater und Mitarbeiter von Spitzenpolitikern unter Drohungen stöhnen hören, der jeweilige Mann oder die jeweilige Frau würde angegriffen, falls er (das heißt sein Amt) nicht bezahle.

Die solches praktizieren, sind in der Branche bekannt und durchaus angesehen, teilweise wegen ihres ökonomischen Erfolgs bewundert, durchaus gemäßigt modern, einigermaßen progressiv und reich wie Békessy. Gern investieren sie Gewinne aus ihren Medien in der Immobilienbranche. Diese Engagements begleiten sie nach Kräften publizistisch. Nur vertreibt sie niemand: Die Regierung und mächtige Gemeinden füttern sie mit Inseraten, benützen sie als ihre offiziösen Organe, besuchen ihre Events und posieren mit ihnen für die Personalityseiten.

Verbunden sind Politiker und Medien nicht durch Respekt, sondern durch Angst und Gier. Medien fürchten, dass die Politiker nicht zahlen, Politiker fürchten, dass die Medien nicht stillhalten. Oder womöglich ihre Unabhängigkeit dadurch beweisen, dass sie sich wie Terrier in einem Politiker festbeißen und ihm das Wort im Mund umdrehen. Oder dass doch einmal irgendwo ein unkontrollierbarer Journalist die Medialpartnerschaft zugunsten seiner Selbstachtung hintanstellt. Wie auch immer: Politik und Wirtschaft fallen auf sie herein. Die besten Geschichten in diesem Geschäft sind bekanntlich jene, die nicht erscheinen. Wer würde ihr Fehlen einklagen können?

Schon gar nicht unter den Bedingungen des Medientransparenzgesetzes. Dieses 2011 vom Parlament beschlossene gesetzliche Wunderwerk war eine Idee der österreichischen Zeitungsverleger. Sie hofften, auf diese Weise die unverschämt hohen Inseratenaufwendungen offizieller Stellen für die Boulevardmedien *Heute, Österreich* und *Kronen Zeitung* zu unterbinden. Genau das Gegenteil war der Fall: Boulevard- und Gratismedien haben die höchsten Reichweiten, und diese dienen nun erst recht als Rechtfertigung öffentlicher Stellen, solche Medien bevorzugt mit Inseraten zu versorgen. Nunmehr legitimiert durch das Sauberwort Transparenz.

Medienpolitik als angewandte Korruption. Das eine ist die Korruption des Inseratenmarkts, das andere jene des österreichischen Medienmarkts insgesamt. Er wird von Oligopolen beherrscht, die jedem unabhängigen Publizisten die Existenz schwer machen. Man kann sagen, diese Marktunordnung ist selbst ein struktureller Fall von Korruption, angefangen von der nie geklärten Entstehung des Eigentums an der *Kronen Zeitung* über die Formierung des Tageszeitungs-Oligopols Mediaprint bis zur Genehmigung des Zusammenschlusses der *News*-Gruppe mit dem Trend-Profil-Verlag. Damals hatte ein Kartellgericht die Fusion untersucht, Fachleute aller Arten (neben einigen Kollegen auch ich) sagten aus, warum dieses Magazinoligopol eine Verzerrung der Leser-, Anzeigen- und Journalistenmärkte bedeuten würde. Das Gericht folgte unseren Argumenten in seiner Urteilsbegründung auf 88 von 90 Seiten, entschied sich dann aber unvermittelt für den Zusammenschluss. Es setzte sich aus zwei Laienrichtern (ein roter, ein schwarzer) und einer Berufsrichterin zusammen.
Der damalige Justizminister Dieter Böhmdorfer, einst Jörg Haiders Anwalt, hätte gegen diesen Entscheid noch Rekurs einlegen lassen können. In seinem Ministerbüro versprach er mir in die Hand, er werde es tun. Unter dem Druck seiner Partei brach er sein Wort; der damalige *News*-Herausgeber Wolfgang Fellner hatte am Tag, als die Rekursfrist ablief, im Büro der Parteichefin der FPÖ, Vizekanzlerin Susanne Riess-Passer, einen Termin mit ihr und FPÖ-Klubobmann Peter Westen-

thaler. Dabei wurde er von Zeugen gesehen. Später sagte er, es müsse sich um seinen Klon gehandelt haben. Böhmdorfer knickte ein und verzichtete auf den Rekurs. Bald danach prangte in der ersten Ausgabe der neugegründeten Fellner-Illustrierten *Woman* ein prächtiges Interview mit Frau Riess-Passer. Der verstorbene Journalist Alfred Worm, Großmeister der Aufdeckerjournalisten und bei *News* Mitherausgeber, erklärte, unter Fellner habe man danach nichts Kritisches über Riess-Passer veröffentlichen dürfen. Man kann also nicht sagen, die Politik habe in der Ordnung des Medienmarkts komplett versagt. Sie hat das Maximum für sich herausgeholt. Frau Riess-Passer ist heute wohlversorgte Generaldirektorin der österreichischen Wüstenrot-Gruppe.

Wie es zugeht. Angeregt durch den Murdoch-Skandal um *News of the World*, wo Reporter im Verlegerauftrag die Polizei bestochen und Angehörige eines verstorbenen Mädchens auf widerlichste Wiese bespitzelt hatten, befragten wir im *Falter* vor zwei Jahren unter Zusicherung von Anonymität einige Politiker. Allein diese Tatsache zeigt das Ausmaß des Problems: Nur in Fällen von mafiöser, terroristischer oder sonstwie gewalttätiger Gefährdung hätten Personen das Gefühl, sie könnten mit geschützter Identität reden. Die befragten Politiker sagten, vor Wahlkämpfen würden sie bedroht. Falls sie nicht gewisse Summen an Inseraten ablieferten, würde ihre politische Existenz vernichtet. Ein Journalist hatte bei einem Minister einen Interviewtermin. Statt ein Interview zu führen, forderte er die Unterlagen eines gerade im Gerede befindlichen Skandals, sonst werde der Minister »hinuntergeschrieben«. Das Interview könne er sich sparen; wenn er das Material rausrücke, gebe es eine feine Homestory, dazu brauche er aber nichts zu sagen, die würde schon für ihn geschrieben. Andere Journalisten zeigten im Auftrag ihrer Verleger die

Abzüge von Seiten, die noch nicht erschienen waren: eine negative Geschichte über den betreffenden Politiker. Da könnte natürlich auch Ihr Inserat stehen, sagten sie. Selbstverständlich erschien nicht die Geschichte

Würde. Das Land wird mittels Boulevardblättern und Fernsehen nicht regiert, aber moderiert. Insofern war die Empörung über des Kanzlers Inserate berechtigt: Er hat seine Karriere mit dem Boulevard gemacht, er hat die Freundschaft des Boulevards mit Inseraten warmgehalten. Insbesondere eine Kampagne der ÖBB in der *Kronen Zeitung* zu Faymanns Zeit als Verkehrsminister erregte das Publikum. Faymanns Argument, er habe die Inserate der ÖBB erst durch Abbildung seiner Person aufgewertet, lässt sich schwer widerlegen. Auch wenn sich leicht dagegen einwenden lässt, er habe seine Person mit diesen Inseraten aufgewertet, indem er die ÖBB abwertete. Vor allem festigte er seine Position bei der *Krone*, zumindest für den Augenblick. Das ist eine Form der Korruption, die nicht gegen das Gesetz verstieß. Erst das später beschlossene Transparenzgesetz untersagte Abbildungen von Politikern überhaupt; aus dem Versuch, Missbrauch zu unterbinden, hat die Politik zielsicher einen Wettbewerbsnachteil für sich selbst und für die kümmerlichen Ansätze von Qualitätszeitungen gemacht – noch zwei meisterhafte Facetten dieses Gesetzes.
Andererseits waren Faymanns Inserate wohl eine deutlich mildere Form der Korruption als die jener Nehmer, die sich von Buwog bis Telekom an Geschäften auf Kosten der Öffentlichkeit bereicherten. Natürlich hat der kleinere Regierungspartner versucht, beides in eins zu setzen. Er tut sich leicht, da er wesentliche Teile des Medienmarkts über die beiden konservativen Medieninhaber Raiffeisen und Styria kontrolliert und die Sozialdemokraten, weil sie ihr Medienimperium verspielt haben, auf sogenannte Kooperationen angewiesen

bleiben. Das entspricht ihrem Medienverständnis, das nichts mit Diskurs, alles mit Einfluss machen möchte. Ihren konservativen Gegenspielern gelang es mit dem einzigen, relativ leichtgewichtigen Fall der Inserate, all jene Fälle von Staatskorruption aufzuwiegen, die einen Staat, eine Öffentlichkeit erschüttern müssten. Was bleibt? Das Gleichgewicht des Abwinkens: alle gleich, alle Verbrecher.

Eine Politik, die sich nur an der Beeinflussung der Massen, nicht an der Vitalität des gesellschaftlichen Gesprächs orientiert, wird solcher Erosion der Öffentlichkeit nichts entgegensetzen, sondern sie als Teil einer freien, logischen Entwicklung begreifen. Dabei ist diese Entwicklung ungefähr so frei und logisch wie jene der Wechselkurse nach dem Ende des Abkommens von Bretton Woods oder jene der Finanzwirtschaft nach der Liberalisierung der Algorithmenspekulation.

Der fatale Trostpreis. Politiker versuchen sich für ihr medienpolitisches Versagen damit zu exkulpieren, dass es ohnehin den öffentlich-rechtlichen Rundfunk gebe. Aber sie kompensieren bloß ein Versagen mit einem zweiten.

Die Regierung treibt den öffentlich-rechtlichen Rundfunk geradezu in die Selbstkommerzialisierung, statt ihn auf seine demokratische Rolle zu verpflichten. Sie lässt das Unternehmen nicht von der politischen Leine – was nicht hieße, es der politischen Kontrolle zu entziehen –, hält ihm regelmäßig die Karotte der Gebührenrefundierung vor die Nase, verweigert ihm eine solide Finanzbasis und wundert sich, dass es nicht vorankommt. Sie subventioniert sogar kommerzielles Privatradio und Privat-TV mit fünf Millionen Euro im Jahr (nichtkommerzielles TV und Radio bekommen weit weniger). Ruiniert auf Zuruf der Verleger mit Stolz die Entwicklung des besten österreichischen Online-Mediums, von orf.at. Zwang den ORF, dessen interessanten, zukunftsorientierten Zweig Futurezone abzustoßen. Medienentwicklung auf Österreichisch: das Hässliche groß machen, das Gute kleinkriegen.

Andererseits ist die Führung des ORF nicht imstande, zu argumentieren, wozu die Gesellschaft ihn braucht. Das mächtigste Medium des Landes verzichtet darauf, in eigener Sache und argumentativ im eigenen Medium tätig zu werden (die paar Public-Value-Sendungen auf ORF III um Mitternacht zählen nicht) und versucht, wie die Politik, den korrupten Weg einer Allianz mit Boulevardmedien zu gehen. Alles, nur keine schlechte Presse in *Heute, Österreich* oder *Krone*! Das Fernsehprogrammblatt *TV-Media* nicht zu vergessen! So lautet das oberste politische Dogma in der Anstalt. Der ORF merkt nicht, dass er etwas falsch macht, wenn er in diesen Medien eine gute Presse hat.

Landesfürsten betrachten ORF-Landesstudios als ihr Privateigentum. Vor allem in Niederösterreich gibt es keinen Tag ohne einen Auftritt des Landeshauptmanns, manchmal kommt er in der halben Stunde gleich dreimal vor, so fleißig ist er. Die rechte Opposition interveniert, wo sie kann, noch plumper, unverschämter und ungeschickter als Rot-Schwarz. Ihre Drohung, sie werde »in den Redaktionsstuben Ordnung schaffen«, steht nach wie vor auf der Agenda ihrer kleinen Führer. Die Grünen sitzen im Stiftungsrat und sind zufrieden, wenn sie ausreichend vorkommen. Im ORF vorzukommen ist alles. Frank Stronach brauchte fünf Abgeordneten, um den Klubstatus im Parlament zu erreichen. Aber Klub und Parlament interessierten ihn nicht wirklich. Ihn interessierte nur, dass der ORF eine Partei mit Klubstärke bei der Berichterstattung vor der Wahl nicht ignorieren kann.

Politik will die Massen lenken, dafür braucht sie Einfluss auf Medien. Abgesehen von der *Wiener Zeitung*, einem inhaltlich respektablen Blatt, das vom Privileg der Veröffentlichung offizieller Verlautbarungen lebt, hat sie Zugriff nur auf den ORF. Damit ruiniert sie jenes öffentliche Milieu, dessen Funktionierens sie bedarf. Weil das parallel zur Fragmentarisierung aller Arten von Öffentlichkeit geschieht – ironischerweise bei gleichzeitiger Konzentration und Anonymisierung des Eigentums –, hat es dramatische Konsequenzen für die Demokratie. Öffentlich-rechtliche Medien hätten die Aufgabe, dieser Fragmentierung entgegenzuwirken. Sie sollten den Markt korrigieren, indem sie sich dessen Tendenzen exemplarisch entgegenstemmen. Wenn Politik sie daran hindert und ihrerseits vor Publikum nicht argumentiert, sondern nur noch versucht, die Stimmung dieses Publikums zu steuern, gibt sie sich selber auf, zumindest ihren demokratischen Anspruch, Entscheidungen in einem öffentlichen, offenen Gespräch zu begründen. Wundert sie sich, dass die Stimmung postdemokratisch gegen sie umschlägt?

Die Illusion der Demokratie. Tendenziell regiert weniger demokratische Politik als populistisches Ressentiment. Dessen Emblem ist der emporgereckte und bei Bedarf gesenkte Daumen, den wir aus der Geschichte des Affekttheaters kennen – vom römischen Kolosseum bis zu Facebook. Das Regime der Affekte, die Politik der Gefühle, die Zunahme des Akklamativen, Plebiszitären, die Deregulierung, Kommerzialisierung, Konzentration und das Ansteigen von Korruption auf jeder Ebene hängen zusammen; jedenfalls treten sie gleichzeitig auf.

Die neuzeitliche Idee der Meinungsfreiheit speist sich aus dem Vorbild der Polis und stammt aus dem Kampf der Reformation um religiöse Toleranz. Die Aufklärer, zum Beispiel Leibniz, haben sich nicht nur mit der Idee der Gedankenfreiheit beschäftigt, sondern auch damit, wie diese Freiheit vor dem Missbrauch durch Verleger zu schützen wäre. Ein ewig junges Thema.

»Der Kampf für die Pressefreiheit ähnelte in den Jahrzehnten bis 1848 immer mehr dem früheren Kampf um Glaubensfreiheit«, schreibt der Pressehistoriker Kurt Koszyk. Und er fügt hinzu, die heutige Diskussion um die innere Pressefreiheit gleiche frappierend dem alten Kampf zwischen Herrschaft und Öffentlichkeit um die Religionsfreiheit. Wobei an die Stelle des absoluten Herrschers der Verleger getreten ist, oder der anonyme Gesamtverleger, der Anleger, der Spekulant. Und im Fall des ORF die Politik. Eine Refeudalisierung ist mit Händen zu greifen.

Die Katastrophe als Hoffnung? Oder umgekehrt – die Hoffnung als Katastrophe? Ich spreche von der Digitalisierung; sie versprach und verspricht so etwas wie die Möglichkeit einer nichthierarchischen Weltöffentlichkeit, ein allen verfügbares unbegrenztes Archiv des gesamten menschlichen Wissens, und darin jeder Mensch ein Sender und Empfänger. Ihrer Möglichkeit nach ist die digitale Welt all das immer noch.
In der Realität aber führt sie zur Fragmentierung und Auflösung der klassischen Öffentlichkeit und begünstigt Ressentiments durch die nicht ausrottbare, vielmehr uns als demokratisch wertvoll vorgestellte Anonymität. Man mag sie in Diktaturen brauchen, in demokratischen Auseinandersetzungen haben Strumpfmasken nichts verloren. Anonymität vom Standpunkt der Würde: Man kann sich nicht als authentische Person über jemanden identifizieren, der seine Identität verbirgt. Anonymität entzieht dem anderen die Würde.
Die Postings gerade auch unserer Qualitätszeitungen sind digitale Kloaken. Da gehen sie wieder um, die Sykophanten und Thersites-Gestalten. Zur Verwirrung der Maßstäbe trägt auch bei, dass manche Leute uns die Abschaffung des Urheberrechts als Fortschritt verkaufen möchten. In Wahrheit wollen sie bloß den Diebstahl von Musik, Filmen und Büchern zum

Gewohnheitsrecht erheben. Und wie verquer das alles diskutiert wird! Man unterscheidet gedanklich nicht zwischen Urheberrecht und Patentrecht. Beim Urheberrecht profitieren Verwertungsgesellschaften und Anwälte; die bräuchten den Schutz am wenigsten, profitieren aber durch Leistungsschutzgesetze, nicht die Urheber. Gewisse Patente, von Software bis Medizin, müssen aus sozialen Erwägungen frei sein. Warum Bücher, Filme, Musik?

Die sogenannte Internetgemeinde verhängt mit Vorliebe Denkverbote und möchte, wenn es um sie geht, geltende Diskursregeln außer Kraft setzen. Du sollst das Internet und seine Segnungen nicht kritisieren! Im Gleichschritt, marsch, geäußert natürlich im Gestus, kritisch auf der Höhe der Zeit zu sein. Mittlerweile dämmert es einer breiteren Öffentlichkeit, dass man die schöne Möglichkeit einer digitalen Weltbürgerschaft nicht mit der algorithmisch bestimmten Realität einer Diktatur börsennotierter Konzerne verwechseln sollte.

Immerhin haben wir in Österreich einen Mann wie den Jusstudenten Max Schrems, der sich die Ausbeutung seiner Daten durch Facebook nicht bieten lässt und eine exemplarische Klage führt. Immerhin versuchen europäische Staaten, Google zum Entrichten von Steuern dort zu bewegen, wo es Einnahmen macht, und Amazon zur Akzeptanz sozialer Bestimmungen zu bewegen, die für dessen Konkurrenz gelten.

Ich verstehe die Versuchungen eines neuen Zeitalters. Das lästige Alte gehört abgestreift, so muss jede Jugend denken, der früh genug noch ihr Alter blüht. Ob sie sich dabei dem Diktat der Algorithmen, des Ressentiments und des Plebiszits unterwerfen muss? Aufklärung und »Kreuzige-ihn«-Geschrei vertragen sich schlecht. Die sogenannte Gemeinde ergibt sich dem zum Teil geradezu lustvoll. Auf dem Gesicht einer Kollegin zeigte sich Freude, als die Nachricht kam, der Schachcomputer habe endgültig den Großmeistern seine Überlegenheit gezeigt. Es gibt wohl eine Lust, den Denkmaschinen zu unterliegen, die aus der Hoffnung entsteht, das Zeitalter der künstlichen Intelligenz werde die natürliche Ungleichheit abschaffen. Natürlich ist es eine Lust, die Anpassung an das Geforderte, die Smart-Phone-Literacy schneller zu schaffen als dumpffingrige Alte. Ähnliche Triumphgefühle mochten die stolzen Piloten der Opel Rekords und VWs in den 1950er Jahren gegenüber ihren führerscheinlosen Eltern empfinden. Das kann man je nach Perspektive als sozialen Triumph verstehen oder als generationsbedingte Niederlage; die Frage, worin man sich da einübt, sollte man sich nicht ersparen.

Neue Welt. Denkmaschinen verändern die Welt. Man sollte nicht den Fehler machen, diese Veränderung schon für eine Zunahme von Freiheit zu halten, also die Möglichkeit mit der Wirklichkeit zu verwechseln. Auch nicht, wenn diese Möglichkeiten phantastisch anmuten. Der Literaturwissenschaftler und Plagiatsspezialist Philipp Theisohn hat darauf hingewiesen, welchen Irrtümern wir unterliegen, wenn wir glauben, »dass die Digitalität die Wahrheit des 21. Jahrhunderts ist«[2]. Arbeit wird nur noch für das gehalten, was als Interaktion von Netz und User messbar ist. Alles läuft auf Beschleunigung hinaus, und wer sich dem verweigert, wird als Nicht-Arbeiter, als faul und rückschrittlich abqualifiziert. »Wir versprechen uns von ihm (dem Netz) die Freiheit der Rede und vergessen dabei, dass es *unsere eigene* Rede sein sollte, die man da vernimmt, dass es *wir selbst* sind, die wahrgenommen werden wollten.«[3]
Ein Rezensent Theisohns bemerkt, es handle sich beim Urheberrechtsproblem nur um »ein Schattengewächs der Formatierung des Geistes«[4]. Das Wort Format ist erst seit der Goethezeit in Gebrauch. Damals war es ein Größenmaß für Bücher. In der Medienwelt und im digitalen Zeitalter hat Format eine andere Bedeutung erlangt. Format bezeichnet einer-

seits eine Art, Dateien zu codieren, andererseits auch eine Art, Medien auszurichten, damit sie verlässlich eine Zielgruppe erreichen. Typisch dafür ist das aus den USA gekommene Formatradio, das sich so lange an den Publikumsgeschmack anpasst, bis zwischen Publikumswunsch und Programm keine Differenz mehr bleibt. Das ist radikaler Opportunismus, das ist das Gegenteil von vitalem Meinungsstreit. Man braucht nicht eigens hervorzuheben, dass Formatmedien als besonders erstrebenswerte Geschäftsmodelle gelten. Fast alle Privatradios und Privatsender gehören dazu.

Die sogenannten Social Media heben die Formatierung auf eine neue Stufe: Jeder gibt freiwillig seine Daten ab, jeder wird dazu gebracht, sich selbst zu formatieren. Blogs nehmen sich dagegen aus wie Arenen der Vernunft, Bühnen des Diskurses. Sie nehmen sich nicht so aus, sie sind es. Im Zeitalter der Algorithmen erreicht die Formatierung ihren neuen Höhepunkt. Beim Kampf der Algorithmenentwickler gegen die Suchmaschinenoptimierer spielt das Publikum nur mehr eine statistische Nebenrolle. Es wird zur Masse von Konsumenten, die Freiheit mit freiem Zugriff auf fremdes geistiges Eigentum verwechselt (solange es noch nicht von Google kontrolliert wird) und freie Rede mit der Möglichkeit, andere unerkannt zu schmähen. Wo bleibt, verglichen mit dem Ideal digitaler Weltbürgerschaft, die Würde?

Ich und meine Nerds.
Geschichte einer Entwürdigung

Ich war geladen zu einer Tagung der ISPA, der Vereinigung
österreichischer Internet Service Provider, am 29. September
2009. Noch gar nicht so lange her. Seit diesem Datum hat
mich die Internet Community von sich gestoßen, entwürdigt,
entliebt. Auch ich entliebte sie, dachte aber zu ihrer Überraschung kaum je daran, mich zu entleiben. Noch immer schaue
ich an mir hinunter, schaue aus mir auf die Bildschirme hinaus,
sehe meine mediale Reflexion, versuche zu begreifen, ob ich
das bin, der da reflektiert wird. Bin ich nicht. Was war geschehen?

Ich fand mich recht entspannt in der Akademie der Wissenschaf-
ten ein, wo die Tagung stattfand. Ein schöner warmer Herbst-
nachmittag. Ich kam rechtzeitig, um das Referat »Coolhunting
durch Schwarmkreativität« zu hören, über das wir anschließend
diskutieren sollten. Dachte ich zumindest, denn das Thema
unserer Debatte lautete »Virtuelles Leben – wie real sind
soziale Netze?« Ich hatte das Programm nicht genau genug
angeschaut, denn der Name des Referenten fehlte in unserer
Runde.

Setzte mich in den Saal, mitten unter die Gesichter, die sich
dem powerpointunterstützten Coolhunting-Fachmann vom MIT
schräg entgegenhoben, offenbar enthusiasmiert über dessen
avancierten Umgang mit dem Medium Vortrag samt Bildwir-
kung (war mir schon als Kind bei Onkel Helmuts endlosen Dia-
vorträgen auf die Nerven gegangen). Meine Laune sank, denn
was der MIT-Hunter sagte, lief darauf hinaus, die sogenannte

Intelligenz des Schwarms solle zur Steigerung der Produktivität in Unternehmen dienen und dazu, dass Personalmanager am besten herausfinden, wer zu wem ins Team gehört, damit der Schwarm am kräftigsten summt und die Konsumenten am besten einkreist. Ein digital behübschter Optimierungsfachmann. Die anwesenden Nerds und Nerdinnen fraßen ihm aus der Hand.

Das schöne Werk »Blödmaschinen« war noch nicht erschienen. Darin hätte ich tröstliche Sätze gefunden wie diesen: »So ist das Internet einerseits ein ›Markt‹ (...) und andererseits ein Schwarm-Angebot an Bienen, von denen die meisten selbstsüchtig, neurotisch, ›nicht bei der Sache‹, unfähig, anarchisch, unberechenbar, aggressiv, larmoyant und vor allem: blöd sind.«[1]

Mittlerweile recht grantig, dem digitalen Imker und seiner lächerlichen Diashow nicht widersprechen zu können, setzte ich mich aufs Podium. War den Veranstaltern klar, dass ich keiner von ihnen war?

Ich und vermutlich auch sie hatten mich als einigermaßen auf der Höhe des Mediendiskurses befindlich betrachtet. Für eines unserer Blätter schrieb ich eine kleine ironische Technikkolumne, in einem Medienmagazin publizierte ich regelmäßig eine Medienglosse. Urheberrechts- und Creative-Commons-Debatten hatte ich schon insofern mit lebhaftem Interesse zur Kenntnis genommen, als sie mich doppelt betrafen: als Autor und als Verleger.

Ich gehöre zu denen, die von Anfang an in ihre kreischenden und knackenden 14 400er Modems hineinlauschten, bis die Verbindung auf einem Netscape-Browser da war, habe mit Telefonsteckern in aller Herren Länder gekämpft und war imstande, die abgestürzten Macs von Kollegen in Gang zu bringen. Meine Netzwerke zuhause installiere ich samt Repeater selber, wühle frustriert in den Einstellungen des Telekom-Routers herum und komme auch mit Smartphones einigermaßen zurecht. Ich erachte mich nicht für einen Nerd, aber für hinlänglich digitalisiert und informiert. Den sogenannten sozialen Netzwerken halte ich mich dennoch fern, weil ich erstens besorgt bin um meine Zeit, zweitens keine Lust habe, durch Preisgabe persönlicher Daten das Geschäft irgendwelcher Konzerne zu beflügeln, drittens schon dank meines Berufs öffentlichen Ärger genug erlebe. Und viertens – zugegeben – fürchte ich mich, Fehler zu begehen, für die ich verlacht würde.

Die Moderatorin fragte mich, ob ich an Web 2.0 teilnähme und wie es mein Leben beträfe. Aus einer Laune heraus schilderte ich ein paar Eindrücke aus der Redaktion: Menschen, die während der Redaktionssitzung aufs Handy schielen, weil sie Facebook-Einträge oder Tweets lesen. Menschen, die im Minutentakt das Netz hysterisch nach Nennungen ihrer Person oder des eigenen Mediums durchsuchen. Suchverhalten, Suchtverhalten. Narzissmus. Menschen, die, elektronisch stimuliert, ihrer Rüpelhaftigkeit freien Lauf lassen. Das Netz sei auch eine Aufforderung zur Zeitverschwendung. Ja: bitter für Twitter – kein Tweet von mir.

»Dinge wie Wikipedia und viele andere sind natürlich großartig«, sagte ich, »aber die sind unter Social Networks hier offenbar nicht gemeint. Das Netz ist nicht nur eine Aufforderung zur Zeitverschwendung, es ist auch eine sehr unhöfliche Veranstaltung. Zwangsduzerei, das Gefühl, alles gehört allen ... Ich habe einem Kollegen zu dessen Information einen Artikel geschickt, der hat ihn sofort ins Netz gestellt: Ich hatte ihn aus guten Gründen nicht ins Netz gestellt, ihn scherte weder das Urheberrecht noch meine Zustimmung.« Ich fügte hinzu, Höflichkeitsfragen fände ich interessanter als Rechtsfragen.

Ich kann das Gesagte aus einem Protokoll der Tagung rekonstruieren, das ich von den Veranstaltern erbeten hatte, schockiert durch das, was nachher kam (leider besitze ich nur mehr Bruchstücke, denn das ganze Protokoll befand sich auf einem Computer, der mir später gestohlen wurde). Als ich meine Eindrücke aus der Redaktion schilderte, dachte ich an einen bestimmten, sehr aktiven Kollegen und an einen zweiten, mich selbst, der dem Spielcharakter des Smartphones in bestimmten Situationen trotz besserer Einsicht nicht widersteht. Im Publikum verhaltenes Murren, aber kein Widerspruch. Auf dem Podium lange Gesichter, aber keine nennenswerte Debatte.

Sind Weblogs Alternativen zu Zeitungen, fragte die Moderatorin, zu ihrer nächsten Frage übergehend.

»Die digitale Revolution stellt wie alle großen Revolutionen der Kommunikation einerseits alles auf den Kopf, andererseits verschwindet das Bestehende nicht«, antwortete ich. »Die Qualitätszeitung ist nur eine Chiffre für anderes. Auf welche Weise publiziert wird, ist nicht so wichtig. Redaktionen sind qualifizierte Wesen, Zusammenballungen von Urteilskraft, Leute, die beurteilen, warum was auf welche Weise publiziert wird. Die Qualität dieser Überprüfung macht Journalismus aus. In einem Webmedium nachvollziehbar so zu publizieren halte ich für schwierig«, sagte ich. »Die meisten Webmedien, wie wir sie kennen, sind sehr stark parasitär, verlassen sie sich doch darauf, was die großen alten Medien für sie recherchieren, und wenn sie selber etwas recherchieren, kann das sehr neu sein, ist aber oft nicht überprüfbar, bringt die Gefahr der Fehlinformation mit sich. Das Faszinierende ist andererseits, dass das alte aufklärerische Ideal, dass man seine Argumente vor einem Publikum ausbreitet, sodass dieses sie auch überprüfen kann – was die klassische Definition von aufklärerischer Öffentlichkeit ist –, dass das genau auf das Internet zuträfe, wenn die Beziehung zwischen dem Publikum und denen, die argumentieren, stimmen würde – aber die technische Möglichkeit dazu gibt es natürlich nun auf eine Weise, wie es sie nie zuvor gab.

Die Frage ist nur, wie überlebt jener Journalismus, der die Qualität der unabhängigen Auswahl von Informationen und auch der kritischen Stellungnahme gegenüber verschiedenen Machtzentren verbürgt? Wie kann man das sichern? Gewiss nicht dadurch, dass man Journalisten verbietet, auf Facebook und Twitter zu sein, die bestrafen sich selbst damit, dass sie ihre Zeit vertun. Das ist die grundsätzliche Frage, die hat mit Social Networks nur sekundär zu tun, behaupte ich.«

Etwas grob formuliert, das alles, aber nicht ganz falsch. Als ich von parasitären Medien sprach, hatte ich die Huffington Post, Google-News und andere Aggregatoren im Sinn; danach und nach dem Zweck feiner kleiner Aggregatoren wie Perlentaucher fragte niemand. Während ich noch sprach, stellte eine Berichterstatterin der Futurezone, des Netzmedien- und Technikportals der öffentlichen Website orf.at – mittlerweile aufgrund einer absurden Intervention der österreichischen Verleger eingestellt, aber als Archiv noch zugänglich –, folgenden Bericht ins Netz:

> »Asozialer Effekt« durch Facebook & Co.
> Kategorie: DISKUSSION / 29.09.2009
> (...)
> Während die Moderatorin Andrea Hammer von der ISPA einen »realen Druck aus der virtuellen Welt« verspürt, wenn sie in ihrem Facebook-Account längere Zeit keine Statusmeldungen veröffentlicht, hat Armin Thurnher vom Falter Verlag in seiner Redaktion ganz andere Beobachtungen angestellt. Man traf einander auf dem Podium, um darüber gemeinsam zu diskutieren. Seine Mitarbeiter würden sich hysterisch und motorisch gestört verhalten, wenn sie Soziale Netzwerke nutzen. Er orte zudem eine Absenz im Dialog, das Fehlen einer direkten Kommunikation und eine Steigerung des Narzissmus, so Thurnher. Aufgrund dieses asozialen Effekts, der schlechten Beispiele in seiner Redaktion, würde er selbst auch niemals ein eigenes Weblog betreiben wollen. »Web-Medien sind parasitär«, fuhr Thurnher fort. »Sie verlassen sich auf alte Medien und recherchieren nicht selbst.« Journalisten, die Face-

book und Twitter nutzten, würden sich ohnehin selbst
genug bestrafen.
(...)²

Weasels ripped my flesh. Ich gebe zu, ich hatte Spaß auf dem
Podium. Ich wusste, ich hatte das Schweigegebot (Carl Schmitt)
lustvoll gebrochen. Schweigegebot: Eine Gesellschaft legt fest,
dass über gewisse Dinge nicht verhandelt werden darf. Die
Gesellschaft der Internetfreunde legt fest, dass die technischen
Segnungen der Digitalisierung so überwältigend groß sind,
dass Kritik nicht zugelassen werden darf. Wenn jemand Demuts-
gesten verlangt und alles adoriert, was nur in der wünschens-
werten, digitalen Form daherkommt, werde ich nervös.
Schwarmintelligenz als Coolhunting mag eine prima Geschäfts-
idee sein, das macht Schwarmintelligenz aber noch nicht unkri-
tisierbar. Ich fühle mich als internetaffiner Zeitgenosse, weigere
mich aber, deswegen das Hirn an der Medienmarkt-Kassa abzugeben.
Ja, ich liebe und verehre den Kapitalismus, darf aber dennoch
darauf hinweisen, dass manche extremen Formen der Finanz-
spekulation möglicherweise einen Irrweg darstellen – hätte ich
in solchem Tonfall gesprochen, wäre alles problemlos abgelau-
fen.
Der Futurezone-Beitrag rief in der Sekunde etwas hervor, das ich
später als Bloggen und Blöken qualifizierte. Das Erstaunliche:
Alle verließen sich auf diesen einen Bericht der Futurezone-Jour-
nalistin, keiner fragte nach. Der Star unter den Nachrichten-
moderatoren des ORF, Armin Wolf, bemerkte auf Twitter:
»Schätze Armin Thurnher als besten Leitartikler des Landes,
aber Web-Medien sind parasitär ist weit unter seinem Niveau.«
Vom Zusammenhang, in dem mein Zitat fiel, hatte Wolf keine
Ahnung. Er fragte nicht nach. Niemand fragte nach. Wolfs Äuße-
rung war jedoch maßvoll. Vergleichsweise. Menschen, denen

man sonst Reflexionsniveau zugesteht, schrieben Dinge wie:
»Gerne wäre ich vor Ort gewesen, um bei Thurner (sic) persönlich nachzuhaken, aber vor allem auch um darauf hinzuweisen,
dass seine Einschätzungen (die man kaum als Argument miss-
deuten kann) vor allem von einer inadäquaten Idealisierung von
Kommunikationsformen geleitete Vorurteile sind.«
Die Bloggerin war nicht an Ort und Stelle, hantelte sich aber
von einer Phantasie zur nächsten. »Was er als motorische Stö-
rungen wahrnimmt, ist vermutlich die kognitive Bindung zwischen Auge, Hand und Bildschirm, die bei der Computernut-
zung zu beobachten ist. Diese bindet die Aufmerksamkeit, das
ist richtig – ging Thurner (sic) etwa am Bildschirm seiner Mitarbeiter vorbei, und war gekränkt, dass diese dem Schirm und
nicht ihm Aufmerksamkeit zollten? Wie kann er überhaupt fest-
stellen, dass diese gerade soziale Netzwerke benutzen – schaut
er ihnen von hinten über die Schulter auf den Monitor? Von
wegen Sozialverhalten: Ich kenne niemanden, der ein solches
Verhalten schätzt – freilich macht es die an Arbeitsplätzen wal-
tende Hierarchie oft schwierig zum Chef zu sagen, er solle
einem bitte nicht dauernd auf den Bildschirm starren.«[3]
Phantastisch! Ich hatte niemandem auf den Schirm gestarrt,
sondern von Smartphones geredet. Die Möglichkeit, dass ich
mich selber mitgemeint haben könnte, kam der Bloggerin gar
nicht in den Sinn. Auch nicht, dass ich mich mit Kollegen und
Kolleginnen gerne über neue Spielzeuge unterhalte. Schon gar
nicht kam sie auf die Idee, dass die mir erklären, was sie tun,
damit ich etwas lerne. Dass einer, der sein Smartphone befin-
gert, Mails oder Tweets checkt, sieht jeder einigermaßen netz-
vertraute Mensch auf jede Entfernung. Übrigens bezichtigte sie
auch eine Kollegin, die versucht hatte, mich in Schutz zu
nehme, sie tue dies in meinem Auftrag, quasi um ihren Job zu
retten, und ich würde derart meine Autorität missbrauchen.
Gleich schlugen die Bloggerin und ihre Freunde mich für den
nach Wolfgang Lorenz, dem ehemaligen ORF-Intendanten,

benannten Preis vor, den WoLo (der hatte vom »Scheiß-Internet« gesprochen, in Wirklichkeit aber nicht dieses gemeint, sondern den Scheiß-Menschen und seine Scheiß-Gewohnheiten). Mit dem WoLo werden seit 2009 Jahr für Jahr »jene ausgezeichnet, die durch Wort und Tat völlig unqualifizierte Statements gegen das Informationszeitalter abliefern«[4]. Niemand stelle sich ungestraft gegen sein Zeitalter! Was wie eine Goethesche Maxime klingt, könnte dümmer nicht sein: Die Vorstellung, dass einen der vife Gebrauch oder die euphorische Anpreisung einer Technologie – oder am besten beides in einem – zum Verbündeten des gesellschaftlichen Fortschritts macht, ist vertrottelt. Die Nazis nutzten das Radio als Erste am besten.

Von vielen Seiten folgten Unterstellungen: Thurnher hat vom Internet keine Ahnung, liest keine Blogs, verfolgt die relevanten Debatten nicht. Es gab Wohlmeinende: »Man sollte ihm helfen, das Internet (die neue Welt) zu verstehen und seine sicherlich hohen Ansprüche dorthin mitzunehmen.« Andere waren giftiger: »Na der Thurmher (sic) sieht immer rot, wenn was nach Internet riecht«, oder: »Thurnher mag das Web nicht« (ungefähr so schlau wie: Thurnher mag die Medien, die Welt, den Sauerstoff nicht). Manche bestritten überhaupt die Medialität des Internet. Andere bastelten einen Golem von mir, eine Erscheinung auf Twitter, die schon über 3000 Follower hat und neuerdings in meinem Namen Werbebotschaften verbreitet: Es lebe die Freiheit der Algorithmen!

Wieder andere reagierten bereits auf die Ankündigung eines Textes von mir ablehnend, etwa auf die Rezension des Frank-Schirrmacher-Buchs »Ego«, und erwarteten »Anti-Netz-Standpunkte«. Auf Nachfrage erklärte die Twitterin: »Dass die beiden besondere Freunde des Internet sind haben sie bisher gut verborgen.« Mittlerweile leitet sie den Netzauftritt eines deutschen Magazins.

Das muss man also sein, in Wort und Tat, ein besonderer Freund des Internet. Wenn nicht, kann niemand für etwas garantieren.

In Blogs und Tweets wurde weiter an meinem virtuellen Bild gemalt. Ich nahm an der Malaktion zuerst noch teil; mit gewissem Vergnügen, ich gebe es zu, hielt ich dagegen und goss mit ein paar Kommentaren Öl ins Feuer. Nun wurde der Shitstorm zur Schüttaktion. So sieht mein Schüttbild aus: Der Mann ist alt, weiß nicht, wovon er redet, schade eigentlich, aber vergesst ihn. Ladet ihn nie mehr zu Mediendiskussionen ein! Er verteidigt die Holzmedien, gehört der Holzklasse an, weidet sich an Baummord. Zwar ist er einer der besten Journalisten des Landes, aber ein hoffnungsloser Besitzstandswahrer. Er kennt die Debatten nicht, er verfügt nicht über die technischen Mittel, er ist Fossil einer verflossenen Epoche, ein Maschinenstürmer, ein gegenreformatorischer Abt, der gegen den Buchdruck wütet, ein Katechon, der versucht, den Lauf des Fortschritts aufzuhalten.

Die Schleusen waren offen. Unter dem Titel »altersgeschmacklos« pischte mich einer so an: »Wenn Herr Thurnher gleich zweimal auf (s)einer Seite auf Personen mittels ihres Alters und ihrer Geschlechtszugehörigkeit zielt (...), so schießt er sich – meines Erachtens – dabei nur selbst ins Knie und macht sich des Alte-Männer-Syndroms verdächtig. Oh, ich vergaß: Dem selben (sic) wurde er schon überführt ...«

Ein letztes hübsches Beispiel. In einer Sendung des österreichischen Klassikradios Ö 1[5] äußerte ich mich über Twitter. Es hatte gerade die Debatte vor der amerikanischen Wahl stattgefunden, und amerikanische Medien waren voll davon, wie die Kandidaten versuchten, einen twittergerechten Satz zu platzieren, um die Hegemonie auf diesem bei Journalisten populären Dienst zu erlangen, denn damit würde die Interpretationshegemonie über Zeitungen und TV-Anstalten gewonnen. Der twittergerechte Satz, der diese Funktion dann erfüllte, war Barack Obamas Antwort »We also have fewer horses and bayonets«, auf Mitt Romneys Vorwurf, die USA hätten weniger Schlachtschiffe als 1916. Twitter zufolge generierte dieser Satz bis zum Ende der Debatte 105 767 Tweets und wurde – Zweck erfüllt – in allen anderen Medien diskutiert. Ich berichtete und kommentierte das.

Im Austrotwitter wurde daraus Folgendes: »Verstanden hat Thurnher Twitter nicht, Politiker-Soundbytes sind Produkt des TV ... Herr Thurnher ist zwar grundsätzlich ein gscheiter Mann, aber beim Internet kennt er sich halt wirklich ned aus ... Thurnher ist ja echt extrem contra Socialmedia (va Twitter) Zwar kongruente Argumente, dennoch regressive Haltung zu Zukunft.« Unter den Twitteranten befand sich auch ein Politologe, gnadenhalber sei sein Name verschwiegen.

Noch einer, zum Schluss: »Also Herr Thurnher: Das Internet ist nicht das böse. Das Internet ist in Wirklichkeit gelebte Demokratie!«[6] So kann man sich täuschen.

Give me your arm, old toad; / Help me down cemetery road.[7] Diese Selbstgerechtigkeit, die sich nur aus dem Bekenntnis zur Gemeinde speist, einer Gemeinde, deren Ziel angeblich die Umwälzung aller Kommunikationsverhältnisse in Richtung digitale Demokratie darstellt, in Wahrheit, so fürchte ich aber, auf Gemeinnichtsnutzigkeit, nämlich auf radikalen Narzissmus und Fragmentierung hinausläuft.

Ich weiß, die Intentionen sind andere. Die Nerds meinen es gut. Sie wollen auch nicht das Urheberrecht aushebeln, der Untergang der spanischen Film- und Musikindustrie hat mit illegalen Gratisdownloads nichts zu tun, überhaupt ist illegales Downloaden ein Delikt vergleichbar mit dem Griff in den Sonntagszeitungsbeutel, Schwarzfahren oder naja, Ladendiebstahl geringwertiger Güter. Also weniger ein Delikt als eher die Erschleichung einer Leistung. Eigentlich nur der Griff auf das, was allen zustehen sollte.

Das Motiv der Nerd-Herde, kommunikative Hierarchien zu unterlaufen, respektiere ich. Aber muss sie deswegen Blödheiten verbreiten? Muss sie deswegen alle jene Sünden begehen, die sie dem schlechten alten Journalismus zu Recht ankreidet? Aufs Hörensagen hin jemanden diffamieren? Texte kritisieren, die sie selbst nicht gehört hat? Zitate falsch widergeben und sich dann im anschwellenden Blogsgesang über sie echauffieren? Einige der aggressiveren Nerds arbeiten als Kommunikationsberater oder haben kleine einschlägige Firmen; klar, dass sie sich nicht gern am digitalen Zeug flicken lassen. Aber der Rest?

Lesen wir Ovid: Im Haus der Fama »ist gläubiger Wahn und dort zutappender Irrtum, / Eitle Fröhlichkeit dort, bei dumpf anstarrendem Schrecken, / Aufruhr, jählich empört, und unverbürgtes Gezischel«, heißt es in den »Metamorphosen«. Die sogenannten Social Media funktionieren wie dieses Haus der Fama: Nichts wird überprüft, über alles kann man sich jählich empören. Das Gezischel ist unverbürgt, aber immer bleibt etwas kleben. Infam.[8]

Das unverbürgte Gezischel diente dazu, mich auszubürgern. Denn die sogenannte Community verlangt von ihren Bürgern und Bürgerinnen Gesten, mit denen sie ihre Zugehörigkeit dartun. Es geht um Unterwerfung. Wer zweifelt, wird ausgespien. Wer sich ein- und unterordnet, wird anerkannt.

Man ist ja friedlich, schätzt die intelligenten unter den Nerds, die gibt es, nicht zu knapp. Aber die Masse, der auch sie zugehören, verweigert sich nicht nur der Realität, sie setzt einen unter Druck: durch Weglachen auf hauchdünner intellektueller Basis. Ich würde nicht gerade so weit gehen, zu sagen, es handle sich um die neoliberale Formatierung der Medienkonsumenten, die sich als Medienproduzenten fühlen, in Wahrheit aber nur als Datenanimateure für börsennotierte Medienkapitalgesellschaften auftreten. Aber fast.

Sie – wir alle – sind wohl Medienproduzenten, etwa im Sinn des Einzelunternehmers. Aber zum Hochgefühl, einen Konzern zu leiten, während man vor sich hin handwerkt, sollte man sich nicht verleiten lassen, bloß weil man einen Laptop eingeschaltet hat: den Weltbewusstseinskonzern, den eine unsichtbare Hand zusammenhält, den gibt es genauso wenig wie den sich selbst regulierenden Markt. Indessen verschärfen Einzelne, jeder für sich, gemeinsam Tempo und Ton. Intellektuelle Prekaristen mit dem Selbstgefühl von Epochenphilosophen.

Mein Thema ist die Würde. In diesem Fall die Demütigung, die hier eingesetzt wird. Entwürdigung als Kommunikationsform. Jeder, den ich kenne, überlegt es sich gut, ehe er etwas Kritisches über sogenannte Soziale Medien äußert. Mein Beispiel diene ihm zur Warnung. Nein, ich stilisiere mich nicht zum Märtyrer. Bin höchstens ein wenig wehleidig. Meine Erlebnisse sind mir nicht egal. Aber ich beobachte, dass das, was der Freiheit dienen soll, zur Unfreiheit führt, nämlich zur Mentalreservation. Mit denen legt man sich besser nicht an, da sagt man besser nicht alles, was man sich denkt. Oder man sagt es nicht ganz so, wie man es sich eigentlich denkt. Sonst kann man nicht dazugehören. Sonst kriegt man Druck. Sonst fällt der Mänadenschwarm über einen her. Außerdem bedeutet Social-Media-Mindedness (sprich Narzissmus) Empfindlichkeit. Da gelten drei böse Tweets gleich einmal als Shitstorm.

Ein Shitstorm muss noch keine Entwürdigung bedeuten. Aber Identitätsbildungsprozesse – darum geht es bei den Social Media – verzichten nicht auf Ausschließung. Eine Ausschließung, die nicht ohne gewisse folterähnliche Formen auskommt, die auf »jene Art von Schmerz abzielen, die Tiere nicht mit den Menschen teilen – Demütigung«. Die wirksamste Weise, »Menschen anhaltenden Schmerz zuzufügen, besteht darin, sie zu demütigen, indem man alles, was ihnen besonders wichtig schien, vergeblich, veraltet, ohnmächtig erschienen lässt«[9]. Der Philosoph Richard Rorty bezieht sich hier auf George Orwell. Es geht darum, diesen Leuten eine Welt abzuschaffen, sie ihnen auszutreiben.

Ich habe mir die Strafe selbst zugezogen, denn ich wollte nicht mitspielen. »Er spricht nicht mit uns«, schrieb einer der verschmähten Twitterer und fühlt sich seinerseits gedemütigt. Ein Fall von Schuldumkehr. Und ein Missverständnis. Meine Kritik hatte ich in der medialen Öffentlichkeit einer Zeitschrift geäußert, erwidert wurde mir in der halbprivaten Öffentlichkeit des digitalen Mediums. Sprich doch mit uns in unserer Sprache, wollte der Twitterer sagen.

Andererseits, das Gezischel und Getuschel findet im analogen Leben genauso statt, nur hat es dort den Vorteil, dass man nicht alles mitbekommt, was die Leute über einen sagen oder denken. Die Lüge der Diskretion hat ihre guten Seiten. Digital ist nichts diskret. Hier schwimmen wir alle in der gleichen Dreckbrühe.

Auch so artikulieren sich neue Denkformen. »Ob wir wollen oder nicht: Die Menschheit totalisiert sich unter dem Einfluss physischer und geistiger Kräfte von planetarischer Ordnung«, schrieb der Jesuit Teilhard de Chardin, von bestimmendem Einfluss auf Marshall McLuhan, bereits 1959. Und er merkte an, es gehe bei dieser Totalisierung nicht darum, die Autonomie des Einzelnen zu zerstören, sondern die »unmittelbare Einmaligkeit des Seins, das wir besitzen«[10], zu steigern. Die Vorformen dieser Steigerung würde ich mir gern ersparen.

Aber da ist der zarte Thrill dieses nervösen Narzissmus, der Kitzel des Neuen, der mich immer wieder dazu bringt, dem digitalen Gezischel nachzulauschen und nachzulesen, wie und wo ich gebissen wurde. Ich arbeite an meiner krötenhaften Gelassenheit.

»Ein Großteil meines Lebens spielt sich im Internet ab. Und ich verliere täglich die Kontrolle darüber. Über jedes Wort, das ich schreibe, jedes Bild, das ich hochlade, jeden Gedanken, den ich äußere. Über mich und mein Selbst- und Fremdbild. Denn alles, was ich tue, sage und von mir preisgebe, arbeitet in mir fremden Datenbanken und Gehirnen und entwickelt ein gespenstisches Eigenleben. Ich habe mich daran gewöhnt, die Kontrolle zu verlieren, denn das, was ich im Austausch bekomme, ist viel besser. Ich bin zwar nur noch ein Teil von mir, aber das mentale Modell meines Geistes endet schon lange nicht mehr an meinem Bewusstsein. Ich bin heute größer als ich. Ich bin ich und ein gigantischer Resonanzkörper aus verschalteten Gehirnen und Algorithmen. Sie wissen, was ich wissen muss, sie erinnern meine Erinnerung und stören jederzeit meine Konzentration – wie Geistesblitze. Dieses Blog erzählt von den diversen Kontrollverlusten im digitalen Raum und warum sich das lohnt.«

Das stand in einem dieser blitzgescheiten und total verrückten Blogs, die zu lesen ich mich nicht enthalten kann. Ich bin weder kleiner noch größer als ich, ich bin genauso groß, um nicht zu sagen, ich bin ich. Das verstößt vermutlich bereits gegen ein Gebot der Political Correctness. Also beeile ich mich hinzuzufügen, dass ich nicht zufrieden bin mit mir, nicht einmal genau weiß, was das ist, dieses Ich.

8. Stéphane Hessel.
Die Würde des Protests

Wie lässt sich die Würde
des Königs wahren?
Slavoj Žižek

Ein kultivierter Herr. Kann man über Würde schreiben, ohne seiner zu gedenken? Stéphane Hessel, der deutsch-französische Dichtersohn und Diplomat, spätes Idol protestierender Massen in aller Welt, hat gefunden, was der Papst den Gläubigen verspricht, was Wittgenstein in seinem »Tractatus« vergebens suchte und was Botho Strauß in der *Frankfurter Allgemeinen Zeitung* von den Politikern verlangte. Das eine, das erlösende Wort: Empört euch! Genau genommen ist es nicht ihm selber eingefallen, sondern seiner Verlegerin, die ein Referat des damals 93-jährigen zu einer Broschüre machte und ihr jenen Titel gab, der Demonstranten in allen Erdteilen motivierte, in vielen Sprachen aus den Feuilletons widerhallte und Hessels Weltruhm begründete.

Die Parole beruht auf einem Übersetzungsfehler. »Indignez-vous!« hatte es im französischen Original geheißen, aber genau lässt sich das nicht ins Deutsche übertragen. Indigniert euch, das klänge nach Schnoferlziehen, nach Naserümpfen. Unsere Sprache, die Sprache der Philosophen und der Barbaren, hält, verglichen mit romanischen Sprachen, immer noch die Keule in der Hand. Obwohl die Verlegerin Hessels in dessen Worten »eine richtige Militantin« ist, hat er selbst vor dem Draufhauen nicht nur gewarnt, sondern die großen Gewaltlosen, von Mahatma Gandhi bis Martin Luther King, als Vorbild empfohlen.[1]

An einem strahlendblauen Oktobertag 2011 ging ich ins österreichische Parlament, um Stéphane Hessel zu sehen. Leuchtend frisch – er gehörte zu jenen Menschen, die eine geradezu sichtbare Aura um sich haben – saß der gefeierte Mann im Pressezentrum zwischen den beiden Damen, die ihn eingeladen hatten, der österreichischen Repräsentantin von »Reporter ohne Grenzen« und der ehemaligen Leiterin der Europäischen Beobachtungsstelle für Rassismus und Fremdenfeindlichkeit. Das Sakko tadellos, die Krawatte geschmackssicher, das Schuhwerk von zeitlos eleganter Solidität. So sehen Diplomaten aus, bedeutende Architekten oder kultivierte Bankiers.

Gar nicht indigniert, eher leicht amüsiert-resigniert sprach er über die schmerzhaft spürbare Differenz zwischen Indignezvous und Empört euch. In der Empörung – als Sohn eines deutschsprachigen Dichters hat Hessel das Gefühl für solche Wortbedeutungen – steckt zwar nicht »empor«, aber doch das unbesonnene Auffahren, das Hochfahren, das Sich-Hinreißenlassen. Gerade das aber will der 93-jährige nicht. Engagement ja, Verantwortung, auf jeden Fall, Mitgefühl, unbedingt, aber nicht bloße Wut.

Einen absurderen Kontrast als die heitere Gelassenheit dieses Mannes zu der Tatsache, dass er zum Vater aller Wutbürger stilisiert wurde, lässt sich kaum vorstellen. Was ihm wichtig ist, sagt er einfach: »Man soll seine Würde nicht verlieren.« Würde man nur das Richtige tun, man verlöre seine Würde nicht! Beeindruckt dankt der Konjunktiv zugunsten des Indikativs ab. Es sei ihm in seinem Alter gegeben, sagt Hessel, die Dinge einfach zu sehen und zu sagen. Wenn man eine einfache Ungerechtigkeit erkannt habe, sei es auch einfach, etwas dagegen zu tun. Einfach gesagt!

Hat man Hessel erlebt, versteht man den Erfolg seiner Botschaft. Er sei ein alter Diplomat, erklärt er. Aber was für einer! Lernte Schachspielen von Marcel Duchamp. Picasso, Man Ray, Brancusi und andere gingen im Pariser Zuhause aus und ein. Das von François Truffaut verfilmte Dreiecksverhältnis in »Jules et Jim« schildert Hessels Mutter zwischen zwei Dichtern. Nie hat ihr Sohn sich mit seiner Herkunft und Bildung wichtig gemacht.

Stéphane Hessel fühlte sich als Franzose, engagierte sich in der Résistance gegen Hitler. Wurde gefangen genommen, überlebte das KZ Buchenwald. Ging in den diplomatischen Dienst, als Sekretär bei der UN-Menschenrechtskommission. Formulierte die Erklärung der Menschenrechte 1948 mit. Kommt, wenn er von der Pressefreiheit spricht, gleich auf 1941 zurück, als Roosevelt und Churchill jene Grundfreiheiten formulierten, für die es sich lohnte, in den Krieg gegen Hitler zu ziehen.

Architekt der Menschenwürde. Er war auch dabei an jenem 10. Dezember 1948, als im Pariser Palais Chaillot unter den 54 Mitgliedern der Vereinten Nationen (mehr waren es damals nicht, vgl. Kapitel 3) über die Erklärung der Menschenrechte abgestimmt wurde. Er erinnert sich: »Der gute Andrew Cordier, der amerikanische Untersekretär, rief die Staaten auf. Das erste Land war Afghanistan, denn in der alphabetischen Ordnung ist Afghanistan das erste Land der Uno. Afghanistan sagte ›yes‹. Dann haben alle anderen auch ihr Ja gegeben. Acht Länder haben sich zwar für ›abstain‹ ausgesprochen, aber damals galt die Enthaltung nicht als negativ. Also, mit 46 Ja-Stimmen und acht Enthaltungen wurde die Allgemeine Erklärung der Menschenrechte verabschiedet. Das war das Ende dreier langer Jahre, in denen ich meinen Freunden René Cassin (einem französischen Juristen), Charles Malik (einem libanesischen Philosophen) und der guten Eleanor Roosevelt (der Frau des Präsidenten Franklin Delano Roosevelt) assistierte, die Präsidentin der Gruppe war, die die allgemeine Erklärung geschrieben hat.«[2]

Wenn Hessel zwischendurch beiläufig einen Dichter zitiert, am liebsten Hölderlin, geschieht das ohne jeden noch so dezenten Verweis auf das Milieu, dem er entstammt. Schon gar nicht hat ihm ein Spindoctor eingeflüstert, dass sich Widerstand mit Poesie besonders gut verkauft. Und wenn er sagt, seine kleinen Büchlein sollten nicht mehr als Anregungen sein, größere Bücher zu lesen, von Jürgen Habermas und Edgar Morin, dann wirkt das keinen Augenblick kokett.

Die Dringlichkeit der knappen Zeit. Dieser Stéphane Hessel auf dem Podium aus Pseudowurzelholz im Pressezentrum des Parlaments würde Wutbürger und Trillerpfeifenbürger gewiss enttäuschen. Ihnen wären seine Ablehnung der Gewalt, sein altmodisches Beharren auf dem Dialog, sein Insistieren, in die politischen Parteien zu gehen und sie von innen zu ändern, viel zu wenig. Viele Junge aber entziehen sich seiner Eleganz und Contenance, der Aktualität seiner altmodischen Haltung nicht. Hessel ist kein Messias, er ist ein freundlich-skeptischer alter Herr. Der Nachdruck der für ihn knappen Zeit teilt sich in einer scheinbar ganz und gar entspannten Dringlichkeit mit.

Politik wird durch finstere Mächte und anonyme Kräfte bewegt. Dagegen helfen weder die geballte Faust im Hosensack, röhrende populistische Hirsche noch wütendes Ressentiment. Dagegen hilft, die finsteren Mächte zu benennen. Das geht nur mit öffentlicher Meinung, und Hessel hat den Augenblick und das Wort gefunden, sie zu artikulieren und zu wecken. Er hat mit seiner Parole den Nerv der Zeit getroffen. Wer enttäuscht ist, in ihm keinen Revolutionsführer zu treffen, hat ihn und seine Leistung nicht verstanden.

Die politische Bedeutung der Öffentlichkeit muss man ihm, anders als vielen Politikern, die sie nur mehr für ihre persönliche P.-R.-Bühne halten, nicht erklären. Er definiert sie – ganz einfach – als jenen Raum, wo Menschen informiert werden sollen über das, was ist, und über die Möglichkeiten, es zu ändern. Nein, so kompliziert sagt er es nicht. Er sagt: »Medien geben den Menschen die Möglichkeit, die Welt so zu sehen, wie sie ist und wie sie sein könnte.« Würdelos hingegen ist es, die öffentliche Meinung zu beeinflussen, zu kaufen. Eine Gefahr sieht Hessel genau: dass Finanzkonzerne die traditionellen Verleger als Eigentümer ablösen. Das stellt die Unabhängigkeit börsennotierter Medien infrage und damit ihre demokratische Funktion. Medienfreiheit, daran lässt er keinen Zweifel, ist demokratische Freiheit.

Es geht darum, sich nicht gefallen zu lassen, dass man seiner Würde beraubt wird, sagt er. Erst wenn man ihn, den François Mitterrand zum Ambassadeur de France auf Lebenszeit ernannt hat, erlebt hat, die Personifikation der gemäßigten linken Mitte, versteht man, was er meint, wenn er sagt: »Wenn jemand sich empören und engagieren will, dann muss er auch einen neuen Schritt machen hin zu einem neuen Denken der Welt, zu einem Weltdenken.«[3]

Immer wieder kommt Hessel auf seinen Zentralbegriff zurück. Auf die Frage, ob das ihm so wichtige Mitgefühl 1948 eine Rolle gespielt habe, nämlich als eine Art »schwacher Universalismus«, wie das der Philosoph Richard Rorty formulierte, um die Menschenrechtserklärung für die verschiedenartigen Kulturen zu retten, antwortet Hessel: »Das war in der Tat im Laufe der Arbeit das Wichtigste, das uns geschah. Wir hätten uns an verschiedene Religionen oder an bestimmte geläufige Ideologien oder Ethiken halten können, aber am Ende unserer langen Suche stand das Wort ›Würde‹, das im ersten Artikel der Allgemeinen Erklärung der Menschenrechte eingeführt wird: ›Alle Menschen sind frei und gleich an Würde und Rechten geboren.‹ Das Wort ›Würde‹ verstehen alle Kulturen. Der Arabische Frühling stand und steht im Zeichen der ›Karama‹, arabisch für Würde. (...) Man kann sich empören, ohne Würde zu haben, aber man kann sich nur dann indignieren, wenn man die Würde als verletzt erachtet. Das ist der ganze Unterschied, auf den ich immer wieder aufmerksam mache.«

Auf den Einwand, es gehe nicht nur um moralische, auch um körperliche Integrität, antwortet Hessel: »Ganz recht. Der Stein ist einfach da, aber das Dasein des Tieres meldet Würde an, die im Menschen zu einer bewussten Würde wird.«[4] Im hier unvermittelt auftauchenden Bild des Steins scheint eine unterdrückte Erinnerung hochzukommen. Dieses Bild wird nämlich von Jacques Maritain verwendet, dem berühmten katholischen Philosophen, auf dessen extensive Vorarbeit sich der Text der Menschenrechtserklärung gründet (und den Hessel nicht erwähnt – Maritain, ein Botschafterkollege Hessels, allerdings beim Vatikan, zählt zur politischen Rechten). Auch Maritain spricht, gerade im Zusammenhang mit Menschenrechten, von Steinen und Tieren.[5]

Pflichten gegen Steine. Unsere Pflicht gegen Steine bestehe zum Beispiel darin, sie nicht durch Nachbars Fenster fliegen, unsere Pflicht gegenüber Tieren, ihnen keinen Schaden angedeihen zu lassen, schreibt Maritain. In Österreich fliegen Steine maximal bei Demonstrationen gegen Rechtsextreme. Niemals aber gegen die »Abschöpfungsexperten« (Wolfgang Streeck) der New Egonomy.

Es bleibt das große Rätsel, wieso Menschen, selbst dort, wo sie, anders als in Österreich, direkt betroffen sind, dem Empörungsgebot in bescheidenem Ausmaß folgen. Wie alles, ist auch der Bürger in der Krise. Die Krise hat ihm den argumentativen Boden unter den Füßen weggezogen, und jetzt steht er da in einer Welt, in der er nichts mehr mitzureden hat, er, mit dessen Mitreden die ganze bürgerliche Herrlichkeit doch angefangen hat. Das ging schnell. Erst glaubte er, nichts als Bürgerfreiheit zu fördern, indem er die Wirtschaft vollends entgrenzte und indem er die Paradigmen der Wirtschaft der Politik oktroyierte. Der Staat sollte sein wie eine Firma, der Staatsbeamte galt als Muster des Versagers, ein Auslaufmodell, verglichen mit dem glatten, smarten, weltgewandten Manager. Nun ruft einer wie Hessel zur Empörung auf – kein Manager, sondern ein weltgewandter Beamter.

Der Bürger steht vor dem Bankrott der Manager-Utopie. Der Inbegriff des Managers war der Investmentbanker. Dieser zwischen Kontinenten, Börsen und Bildschirmen hin- und hergerissene Weltkommandant ist vom Magier wieder zum Zauberlehrling geschrumpft; schon werden seine Boni gedeckelt – von der Schweiz per Volksbefragung, selbst von der EU. Die Gehälter selbst bleiben obszön hoch. Die Politiker haben offenbar das Zauberwort vergessen, mit dem sie den frechen Lehrling und sein Werk, den heißgelaufenen Finanzkapitalismus, wieder auf Anfang stellen könnten. Hayekthesen, seid's gewesen!

So hat er das nicht gewollt, der Bürger. Jetzt ist er verzweifelt und mutiert zum Wutbürger und zum Frustbürger, wenn auch noch nicht zu Hessels Utopie, zum Weltbürger. Man muss sich wehren, auf jede Art, die einem zur Verfügung steht. So viele Arten sind das nicht mehr. Vor ein paar Jahrzehnten noch beklagte man die Unerträglichkeit der verwalteten Welt, nun ist sie beides: entgrenzt und durchadministriert, jedoch nur sehr punktuell dereguliert. Der größte Irrtum des Wutbürgers besteht natürlich darin, sich gegen »die Politik« zu wehren; »die Politiker« können irren, sie tun es häufig, sind oft genug korrupt und bereichern sich.

Aber so dumm, wie der durchschnittliche Wutbürger meint, sind sie nicht. Der Wutbürger sieht die Welt ungefähr so: »Die

Parteien seien Selbstversorgungsbetriebe auf Kosten der Steuerzahler; die politische Klasse sei abgehoben, zudem noch inkompetent, bilde eine Ansammlung von unfähigen Menschen. Die Protest-Akteure sind überwiegend davon überzeugt, über weit mehr Sachverstand zu verfügen als Parlamentarier und Regenten.«[6] Man muss differenzieren. Vorurteile mögen Protest befeuern, aber Protest verlangt etwas anderes als Vorurteile. »Wenn jemand sich empören und engagieren will, dann muss er auch einen neuen Schritt machen hin zu einem neuen Denken der Welt, zu einem Weltdenken«,[7] sagt Hessel.

Sich gegen die Wirtschaft zu wehren, wäre ungefähr genauso sinnvoll wie gegen die Politik. Es kann nur darum gehen, den Einfluss auf die Politik zurückzugewinnen, damit jene demokratischen Kontrollen, die einst im Nationalstaat einigermaßen funktioniert haben, im europäischen und dann im Weltmaßstab zu funktionieren beginnen. Das tun sie nämlich nicht. Die Märkte lassen sich von der Politik nichts vorschreiben. Sie machen die Vorschriften.

Bürger im Sinn demokratischer Teilhabe kann man überhaupt nur sein, wenn man mitunter opponiert. »Die demokratische Staatsbürgerschaft ist also konfliktgeladen oder sie ist nicht.«[8]

Grenzen der Empörung. Man braucht sich nicht zu wundern, dass die Sorgenbürger der Welt ihre Hoffnungen auf ein paar verrückte junge New Yorker richteten, die in Lower Manhattan einen antifinanzkapitalistischen Karneval im Wall Street District abzogen. Die Nachricht hatte etwas. New York ist noch immer so etwas wie die symbolische Welthauptstadt. Zusammenrottungen dort berühren uns anders als Tumulte in Ägypten, anders als brennende Vorstädte in Frankreich oder Großbritannien. Dass die Polizei mit einiger Brutalität den Ort räumte, nahm die Weltbürgeröffentlichkeit dennoch gelassen zur Kenntnis. Auch 2012 in Deutschland begegnete die Polizei Occupy-Gruppen mit harter Hand, auch hier hielt sich das Mitgefühl in Grenzen. Die Zivilgesellschaft artikuliert ihre Solidarität vor allem in digitaler Form, aber das ist wohlfeil.

In Österreich beseitigten die Behörden ein Flüchtlingscamp vor der Wiener Votivkirche über Nacht. Auch hier gab es wenig Protest dagegen. Das Unrecht, das man Flüchtlingen durch überharte Anwendung überharter Fremdengesetze antut, ruft noch weniger Protest hervor. Dabei berühren die hungerstreikenden Flüchtlinge jenen wunden Punkt der Menschenrechte, auf den Hannah Arendt nach den Erfahrungen des Zweiten Weltkriegs hinwies: Totale Rechtlosigkeit entsteht, wenn jemand keinem Staat mehr angehört.[9] In welchem anderen Zustand als dem der Staatenlosigkeit sind jene Flüchtlinge, die zwar noch Staatsbürger eines Staates sind, in den sie aber nicht zurückkehren können, weil er sie oder ihre Existenz vernichten würde? Deren Staatsbürgerschaft also nutzlos geworden ist und die noch keine neue Staatsbürgerschaft haben, weil der Staat (Österreich, die EU) darauf besteht, dass der betreffende Flüchtling ohnehin eine Staatsbürgerschaft habe?

Man kann nicht behaupten, dass Staaten wie Österreich sich über Gebühr bemühen, solchen Menschen ihr »Recht auf Rechte« (Arendt) zu gewähren. Im Gegenteil, sie tun alles, es ihnen zu nehmen. Unsere Innenminister und -ministerinnen stellen ihre Politik nicht auf das Recht von Hilfesuchenden ab, sondern auf den Beifall des österreichischen Publikums, den sie nur für hartes Durchgreifen zu erhalten glauben.

Die Empörung der Staatsbürger hält sich in Flüchtlings- und Exilfragen in Grenzen. *Sie* haben ihre Menschenrechte garantiert. Warum sollten sie diese anderen garantieren? Nur weil es Menschen sind? Da könnte jeder kommen! Gerade Menschen, die nichts als ihr nacktes Menschsein haben, brauchen am wenigsten auf ihre Menschenwürde zu pochen, das zeigt die Praxis, das war Arendts Argument. Zu bewundern sind Organisationen wie Caritas, Diakonie, Amnesty und andere, die ihr Äußerstes versuchen, die Überhärte der Behörden abzumildern. Dass hingegen die nichtspezialisierten Teile der Zivilgesellschaft, auf die Colin Crouch in seinem berühmten Buch »Postdemokratie« gesetzt hat, als Machtbalance korrigierend eingreifen und die Menschenrechtsfrage stellen würden, ist nur sehr punktuell zu sehen.

Von offizieller Seite traten wenigstens – im Kontrast zur Polizei und zur demonstrativ schroffen Innenministerin – der Bundespräsident und der Wiener Kardinal symbolisch auf. Sie ließen mit Briefen an die und in Gesprächen mit den hungerstreikenden Flüchtlingen Empathie erkennen. Erfreulicherweise scheint sich der agitatorische Missbrauch des Ausländerthemas abzuschwächen. Zwar gab es da und dort zivilgesellschaftliche Proteste gegen Moscheen und islamische Einrichtungen, aber zum Stimmenfang für die Rechte scheint es sich nicht mehr zu eignen. Das mag mit der Aufsplitterung des rechten Parteienspektrums in mehrere Parteien zu tun haben. Die Attraktivität der FPÖ lässt offenbar nach. Sie war es, die dieses Thema gnadenlos bei jedem Wahlkampf zur Mobilisierung verwendete, verschärft durch schlechte Reime auf Plakaten: »Daham statt Islam«, »Pummerin statt Muezzin« und dergleichen.

Dagegen und gegen das Ausländervolksbegehren der damaligen Jörg-Haider-Partei hatte sich der erfolgreiche Bürgerprotest des Lichtermeers gerichtet. Auf dem Heldenplatz versammelten sich 1993 mehr Menschen, als Hitler 1938 zu mobilisieren vermochte. Sie demonstrierten gegen das Ausländer-Volksbegehren der FPÖ, das kein Erfolg wurde. Gegen die Regierungsbeteiligung der FPÖ demonstrierte 2000 noch einmal eine ähnlich große Menge, aber eine Initiative für eine menschenwürdige Form der Ausländerpolitik verlief zehn Jahre später trotz der austro-kosovarischen Volksheldin Arigona Zogaj im Sand.

Die Notwendigkeit des Protests. Man könnte sagen, dass die Bevölkerung etwas zögerlich, aber doch dann zur Stelle ist, wenn es zählt. Der Politologe Franz Walter hat mit Kollegen Bürgerproteste in Deutschland untersucht. Seiner Interpretation nach wachsen solche Proteste dort, wo es eine Tradition des Protests gibt. Die ist in Österreich bekanntlich schwach ausgebildet.

Die Stärke der österreichischen Zivilgesellschaft besteht zuerst in ihren Bürgerinitiativen. Man wirft ihnen gern eine querulantische Nimby-Mentalität vor (not in my back yard), gerade diese Mentalität richtet sich auf die ökologische und ästhetische Bewahrung der Heimat (ein interessanter, gern vorschnell diskreditierter Begriff) und zeugt oft eher von politisch-zivilgesellschaftlichem Engagement als von borrnierten egoistischen Interessen, versichern uns Walter und seine Kollegen.[10]

Zweitens artikuliert sich die Zivilgesellschaft in Organisationen, die einer Vorform von Parteien gleichen. Zahlreiche Zusammenschlüsse, auch mit prominenten ehemaligen Politikern, geben sich als Wählerinitiativen, versuchen die Demokratie durch Druck auf die Regierungsparteien oder durch Abhaltung von Volksbegehren zu reformieren. Die Zahl außerparteilicher politischer Initiativgruppen war noch nie so hoch. Ebenso die von Personenlisten und lokalen Parteien; auf nationaler Ebene gibt es das Hybrid-Team Stronach, das sich hauptsächlich aus Proteststimmen speist, die Modeparteien der Piraten und den Versuch einer liberalen Partei namens Neos.

Drittens – und teilweise im Zusammenspiel mit den genannten Organisationen – spielen Nichtregierungsorganisationen eine immer stärkere Rolle. Oft lösen ihre Mitarbeiter Konflikte in direkten Verhandlungen mit offiziellen Stellen. Der erwähnte Hungerstreik der Flüchtlinge zum Beispiel wurde von der Caritas und anderen Organisationen begleitet, bei der Transaktionssteuer mischten bei Attac Engagierte mit, Exponenten der Priesterinitiative treten medial mit jenen der Amtskirche auf, Funktionäre von Greenpeace sitzen oft genug Regierungspolitikern auf Augenhöhe gegenüber. Das ist nicht unbegründet. In Deutschland ergab 2010 eine Umfrage des *Stern*, 26 Prozent der Bevölkerung wären bereit, Greenpeace zu wählen, wenn es als Partei aufträte.[11]

Viertens zeigt der Versuch der Politik, Bürgerdampf in Form von Volksbefragungen abzulassen, deren Fragestellung oft bizarr und absurd anmutet, die relative Stärke der Zivilgesellschaft. So fragte die Stadt Wien ihre Bevölkerung, ob sie die Privatisierung öffentlicher Betriebe wünsche, stellte aber zugleich klar, dass an Privatisierungen nicht gedacht sei. Die Posse der Bundesheer-Befragung schildern wir an anderer Stelle.

Der Protest, zu dem Stéphane Hessel aufrief, artikuliert sich im Land der Ämter also am ehesten in institutionalisierter Form. Das wäre dem Patron der Entwürdigten vermutlich nicht unrecht. Die Finanzkrise scheint dabei trotz Bankenrettungspaketen und breit gestreuten Spekulationsverlusten weit weniger protestwirksam zu werden als das drohende Windrad oder die bestehende Schnellstraße in der Gemeinde. Dabei wäre die Empörung über diese Krise für Regierungspolitiker vielleicht wichtiger als alles andere. Nur sie wäre der archimedische Punkt, von dem aus sich Politik aus der Umklammerung der Finanzwirtschaft lösen ließe. Aber solange das Sparbuch sicher ruht, solange Geld aus dem Bankomat kommt – wo ist da eine Krise?

»Die Wut derer, die sich von den Abschöpfungsexperten des

globalen Finanzkapitalismus für dumm verkauft fühlen, könnte vielleicht tatsächlich zu einer politisch aussichtsreichen demokratischen Kraft werden, und zunächst wohl auch nur sie«, hofft der deutsche Soziologe Wolfgang Streeck. Er weiß um die Fragilität seiner Hoffnung. Denn dieses Gefühl lässt sich schwer verallgemeinern. »Heute gilt die Vorstellung, dass ›die Märkte‹ sich an die Menschen anpassen sollen statt umgekehrt, bei den Experten dieser Welt als geradezu verrückt, und wenn man die Realität so nimmt, wie sie ist, dann ist sie das wohl auch. Realistisch könnte sie aber vielleicht dann werden, wenn sie mit uneinsichtiger Beharrlichkeit immer wieder vorgebracht würde – sodass die Rechner mit ihr rechnen müssten und mit dem unbelehrbar romantischen Bestehen vieler kleiner Leute darauf, nicht für den Rest ihres Lebens die Renditeerwartungen irgendwelcher Schuldscheinvirtuosen und ihrer Eintreibungsexperten bedienen zu müssen.«[12]

Die Verhältnisse sind unerträglich, und ganz offenbar fehlt es an der beschworenen Beharrlichkeit. Einstweilen verharrt die Würde des Protests gegen die Idee der Anpassung des Menschen an die Märkte in der Möglichkeitsform. Aber unter der Decke bewegt sich etwas.

Stéphane Hessel starb am 27. Februar 2013 in Paris. Er wurde 95 Jahre alt.

Ein entdigitalisierter Souverän

Ich war nicht mehr besonders munter. Hatte aber noch einen Reverenztermin zu absolvieren. Der Würdigung eines verdienten Mannes beizuwohnen. Ehrenkonzert für Lothar Knessl im Konzerthaus. Der Statthalter der musikalischen Moderne im Nachkriegsösterreich, Kritiker, Moderator, Kurator, *arbiter elegantiarum* ist mit 85 Jahren geistig in bewundernswert wacher Form. Knessl muss man hören, wenn er über Darmstadt und die Ferienkurse für Neue Musik spricht oder über die Zeit, als die österreichische Moderne von den alten Nazis und den wiederaufgetauchten Austrofaschisten aus musikalischen Ämtern, Würden und Professuren draußen gehalten wurde. Zehn verlorene Jahre hat Knessl das genannt. Mit Komponisten wie Friedrich Cerha holte er dann in Darmstadt intensiv nach, was ihm in Wien vorenthalten worden war.

Lothar Knessl also wurde anlässlich seines Geburtstags im Konzerthaus geehrt. Ich hatte zusammen mit dem Musikredakteur unserer Zeitung ein Interview gemacht, das fristgerecht erschien. Es war Freitag, der 13. April 2012. Ende der Arbeitswoche, normalerweise wäre ich im Zug Richtung stadtauswärts gesessen. Diesmal nahm ich das Auto, um Knessl ehren zu können. Stellte es in der Früh vor der Redaktion ab, fuhr am Abend zum Konzerthaus. Im Wagen hatte ich mein Sakko hängen, samt Hose und Hemd, denn am nächsten Tag hatte ich auf dem Land aufzutreten, eine Moderation war zu halten, ein Freundschaftsdienst für den Leiter der ambitionierten örtlichen Musikkapelle. Meinen schweren schwarzen Rucksack, vollgepackt mit Wochenendarbeit, stellte ich hinter den Vordersitz, ins Dunkel.

Steuerte das Auto in die Lothringerstraße. Dachte wie jedes Mal kurz an Karl Kraus, der hier auf Nummer 6 lebte, arbeitete und starb. Parkte vis-à-vis des Konzerthauseingangs. Stellte das Auto in den Schatten einer Platane, aber deutlich sichtbar.

Das Konzert würde nicht lange dauern, ein kurzer, aber feiner Querschnitt durch Knessls Vorlieben, eine Rede von Sven Hartberger, dem Leiter des Klangforums, eine Dankesrede des Jubilars, ein Gläschen im Foyer, fertig. Kaum mehr als eine Stunde.

Sollte ich deswegen den schweren Rucksack in die Garderobe schleppen? Mein Verstand sagte ja, mein lädierter Rücken nein. In einer Stunde würde ich wieder hier sein, das Auto stand im Blickfeld des Eingangs, die Straßen schienen belebt, es würde schon nichts passieren. Ich ließ den Rucksack drin.

Das Konzert lief wie erwartet: Pluriel für Streichquartett von Roman Haubenstock-Ramati, Nachruf ... entgleitend ... von Georg Friedrich Haas, Bass Clarinet and Percussion von Morton Feldmann und Mauricio Kagels Zehn Märsche, um den Sieg zu verfehlen – subtil bis witzig gespielt von Mitgliedern des Klangforum Wien. Die Reden waren kurz und würzig, das Buffet karg. Schon war ich wieder vor dem Konzerthaus. Überquerte die Straße, steckte den Schlüssel ins Schloss, da war doch etwas anders. Blickte mich um. Ein Haufen Glasbrocken auf dem Hintersitz. Das kleine dreieckige Seitenfenster beim Hintersitz eingeschlagen.

Das Plötzliche dieses leeren Gefühls. Der in den Bauch schlagende Konjunktiv. Hätte ich doch. Ich stieg aus. Schaute gar nicht hinter den Sitz. Das Sakko war weg. Alles war weg. Der Sitz voller Scherben. Nein, sie hatten nichts Brauchbares dagelassen. Leichte Schneeflocken fielen. Drüben, beleuchtet vom Flutlicht des Eislaufvereins, strömten die Konzertbesucher zur U-Bahn. Hatte ich nicht, als ich vor dem Konzerthaus stand, ein dumpfes Geräusch gehört? Das mussten doch die zwei Müllmänner ausländischer Herkunft gehört haben, die sich in ihren

Karottenanzügen mit aufgeklebten Leuchtstreifen und einem
großen Wagen, den sie schoben, am Gehsteig zu schaffen
machten.

Ich lief zu ihnen. Ob sie nichts gesehen hätten? Ihnen war nichts
aufgefallen. Nein. Ob sie wüssten, wo die nächste Polizeiwache
sei? Ja, das wussten sie genau. Betäubt fuhr ich hin. Die Wach-
stube liegt im Souterrain des ehemaligen Kriegsministeriums.
Ich hatte noch hundert Kilometer Nachtfahrt vor mir, aber die
hatten zu warten. Zuerst ging es an die Tatbestandsaufnahme.
Mitfühlender junger Inspektor, der die Spuren sicherte, Fotos
machte, Scherben einsammelte, als käme es darauf an. Ich
machte meine Angaben, unterschrieb die Formulare. Dann ver-
klebte ich das Fenster mit Karton, holte von zuhause einen
Ersatzanzug und fuhr los, noch immer ungläubig über meinen
Verlust.

Der Schneefall begann nachzulassen. Mein Laptop war weg. Ein
Jahr Arbeit ungesichert, weg. Vieles wohl auf irgendwelchen
Clouds, nicht aber die Vorarbeiten zum Thema Würde. Nicht
die literarischen Skizzen. Nicht die Traumaufzeichnungen. Nicht
die Entwürfe, Pläne, Notizen. Nicht die Vorbereitungen zu meiner Vorlesung, nicht die Moderation für morgen. Es war nicht
nur das Geschriebene, es war die Zeit, die ich dafür aufgewen-
det hatte, es zu schreiben. Der geglückte Augenblick einer
guten Formulierung, an den sie den erinnerte, dem sie gelun-
gen war. Mein blaues Sakko, die Zeit und die Aufmerksamkeit,
die ich darauf verwandt hatte, es zu suchen und nicht zu finden,
ehe ich es ganz zufällig im Ausverkaufsfenster eines kleinen
Geschäfts in der Wollzeile entdeckte, das ich noch nie betreten
hatte. Es passte wie angemessen. Sie hatten mir all die Zeit des
Suchens und Findens, sie hatten mir mehr als bloß ein Jahr meines Lebens gestohlen.

Nicht, dass ich mich mit meinem Auto über Gebühr identifiziert
hätte, aber auch dieser leicht überwuzelte Ford kam als Gelegenheit zu mir, ich sah ihn als Angebot vor der Garage der Dorf-

werkstatt stehen, kaufte ihn, und nun war er zu einem Teil meines Lebens geworden. Wer dem das Fenster einfach einschlug, um an einen Rucksack zu kommen, der hätte auch mir etwas eingeschlagen. Die Botschaft der Scherben war deutlich: Sei froh, dass du nicht dabei warst!

Zuhause durchsuchte ich die diversen Festplatten, kratzte auf Sticks Gesichertes zusammen, sicherte aus meinem Mailverkehr versendete Dokumente, ergänzte Verlorenes vom Server im Verlag. Das dauerte Wochen, Monate, ist noch immer nicht abgeschlossen. Es blieb ein schwarzes, irritierendes Loch. Es blieb dieser Konjunktiv in der Magengrube. Dieses Gefühl des unnötigen, unkorrigierbaren Fehlers, diese Vorwegnahme des Unglücksblitzes in letzter Sekunde, doch nicht jetzt, doch nicht so, ich hätte doch ... Freitag, der 13., da hättest du doch denken können ...

Man sagte mir, mitunter würden gestohlene Computer auf Ebay mit Seriennummer angeboten, man könne sie dann zurückkaufen. Soviel Selbstachtung brachte ich auf, nicht auf Ebay nachzusehen und um das mitzubieten, was man mir gestohlen hatte. Diese doppelte Erniedrigung nahm ich nicht auf mich. Aber ich dachte über den Vorfall nach. Wie eine Erleuchtung kam es mir: Wer war denn in der Nähe des Autos gewesen, als ich die Lothringerstraße überquerte und meinte, ein dumpfes Geräusch zu hören? War es etwas, das die beiden Müllmänner in ihren Wagen geworfen hatten? In der Nähe meines Autos befand sich keine Mülltonne, das hatte ich in Erinnerung. Sie hatten einen Besen bei sich, aber macht der Staub, den sie in die Tonne kippen, Lärm? Waren die beiden am Ende keine Müllmänner, bedienten sie sich nur einer raffinierten Tarnung, hatten sie zugleich mit ihrem Wagen ein ideales Gerät, um einen ganzen Beutezug unauffällig abzuschleppen? Hatten sie mich nicht irritiert angeblickt, aber zugleich keine Zeichen von Mitgefühl gezeigt, allzu routiniert die Adresse der Polizei parat gehabt?

Ich rief bei der Polizei an. Erreichte nicht mehr den jungen Inspektor, der den Vorfall aufgenommen hatte. Am Apparat war ein Routinier. Ich erzählte ihm meine Version der Geschichte. Könnte man nicht, schlug ich vor, anhand der Dienstpläne der zuständigen Magistratsabteilung 48 nachsehen, ob zur fraglichen Zeit, die man ja auf eine Stunde eingrenzen könne, dort überhaupt Müllmänner Dienst gehabt hätten, und wenn ja, könnte man diese nicht befragen? Wenn nein, wäre das nicht eine raffinierte Tarnung und vielleicht ein hilfreicher Hinweis für die Wiener Polizei, derart getarnten Dieben das Handwerk zu legen?

Der Inspektor hörte geduldig zu. Dann fragte er, die Müdigkeit vieler österreichischer Beamtengenerationen in der Stimme: Sind Sie schon einmal bestohlen worden?

Ich? Nein. Wieso?

Vergessen Sie's!

Ich verstand. Es gab nicht nur keine Möglichkeit, sondern auch kein Interesse, mir zu meinem Eigentum zu verhelfen. Meine Version war nicht nur unplausibel, irreal, paranoid, ich hatte mich einfach damit abzufinden, dass mit der Meldung die Sache abgetan war, ad acta gelegt, unerledigt für immer. Mit jedem Versuch, etwas dagegen zu unternehmen, machte ich mich nur weiter lächerlich. Die Erniedrigung der mir gestohlenen Arbeit und Zeit wurde abgerundet durch den Hinweis, dass mir meine Rechte nichts, aber auch gar nichts nützten: Entwürdigung staatsbürgerlich komplettiert. Aus solchen Entwürdigungen nährt sich der Volkszorn, vor allem, wenn er keine Gelegenheit hat, Kurzgeschichten daraus zu machen, die auf einem neuen Laptop gleichen Modells (Macbook Pro) gespeichert, nun aber sofort via Software Time Machine mindestens doppelt gesichert werden. Würde wiederhergestellt aus Sicherungskopie. Außer es schlägt der Blitz ein.

9. An der Würdefront.
Krankheit und Tod

Würde klebt am Sterben
wie Cheese am Burger

Was wollen die Leute in Würde? Sterben. Das hängt mit Erfahrungen zusammen, die viele von ihnen und von uns mit Angehörigen gemacht haben, deren Leben verlängert wurde, ohne dass klar war, ob sie es noch als lebenswert betrachteten. Wann dient Apparatemedizin nicht mehr den an den Apparaten Hängenden, sondern allen anderen? Denen, die von Herstellung, Verkauf und Betrieb der Apparate profitieren, denen, die sie ins Brot setzen, weil sie bedient werden müssen, denen, deren forscherischen Ehrgeiz sie befeuern?

Dann wieder hört man Wundergeschichten von Patienten, die nach jahrelangem Wachkoma plötzlich zu Bewusstsein kommen. Würde und Tod stellen schwierige Fragen, denen ich mich nur empirisch nähern kann. Wir werden es früh genug erfahren, wie man sagt. Eines steht fest: Die Würde geht verloren, wenn die Fähigkeit weg ist, selbst über sich zu bestimmen. Wenn über einen verfügt wird, und sei es in noch so hilfreicher Absicht, ist es schnell vorbei mit der Würde.

Man beurteilt besser, was man selbst gesehen hat, auch wenn einem das Erlebnis bis jetzt erspart geblieben ist. Die Geschichte, wie sie meinen Vater in bester Absicht im Spital beinahe umbrachten, könnte ich in vielen Kapiteln erzählen. Meine Schwester, Medizinisch-Technische Assistentin, jahrelang in Spitälern beschäftigt, erlebte, wie er ausnahmsweise durch Nichtbehandlung in Gefahr geriet. Sie hatte ihn als Notfall mit Blinddarmdurchbruch von der Rettung einliefern lassen. Er hatte starke Schmerzen, aus seinem Bauch trat bereits der entzündete Darm als Geschwulst hervor. Der alarmierte Hausarzt avisierte den Notfall dem Oberarzt im Spital. In der Stadt feierte man ein Volksfest, Betrunkene waren zu behandeln, das Spital war überlastet. Irgendwer setzte meinen Vater in einen Rollstuhl und schob ihn in ein Kämmerchen. Dort blieb er sitzen, ohnmächtig wie er war. Nach einer Stunde fragte sich der Oberarzt, wo der angekündigte Notfall blieb, und machte sich auf die Suche im Haus. Er hätte ihn nie gefunden, hätte nicht meine Schwester, die sich im Spital auskannte, die gleiche Idee gehabt. Sie packte einen Pfleger beim Kragen und zwang ihn, ihr beim Suchen zu helfen. Endlich fanden sie Vater, der Operationssaal war vorbereitet, die Rettung gelang in letzter Sekunde.

Das Bild eines mehr als 75-jährigen Mannes, der ohnmächtig im Rollstuhl stirbt, sterben könnte, weil ihn aufgrund übergroßen Andrangs von Betrunkenen irgendwer in ein Besenkämmerchen geschoben und dort vergessen hat, bleibt bei mir. Besen, Besen, sei's gewesen. Abgang, umringt von Kübeln, Wischmopps und Putzmitteln.

Es gibt andere Erzählungen aus Spitälern, gewiss. Vielen Menschen wird dort geholfen, viele Leben werden dort gerettet. Die Dankbarkeitsbilanz ist am Ende wohl positiv. So groß die Dankbarkeit, so groß die Angst der Leute vor der Todesmühle, der sie nicht entkommen.

Es gibt Leute, die nicht anderen gleichgültig oder überfordert ihre Würde nehmen, es gibt welche, die dafür kämpfen, dass Patienten diese vielbeschworene Würde behalten können. Solche Leute gibt es in jedem Spital. Und es gibt sie draußen, sozusagen mitten unter uns. Die mobile Pflege ist ein Beispiel für den Kleinkrieg an der Würdefront. Ohne mobile Schwestern, ohne kooperierende Ärzte, ohne Pfleger, ohne Pflegerinnen aus den neuen EU-Beitrittsstaaten und vor allem ohne sich aufopfernde Verwandte wäre dieser Krieg nicht zu gewinnen. So aber wird er hier vielleicht öfter gewonnen als in den Spitälern.

Man kann auch hier die finstersten Abgründe sehen. Häusliche Gewalt aus Hilflosigkeit, von ihren überforderten oder gleichgültigen Verwandten gequälte Alte, in Zimmern, in die keiner hineinschaut. Die Oma, die unter schlimmsten Umständen so lange wie möglich am Leben erhalten wird, weil die Kinder gern die Pension kassieren – wo könnte sie sich beschweren, wie könnte sie sich dagegen wehren, dass ihr das Essen zu heiß hineingeschoppt wird, dass sie das Trinkwasser nicht erreichen kann?

Verbringen wir einen Tag an der Würdefront. Ich habe eine Bekannte gebeten, mich bei ihrer Arbeit mitzunehmen. Sie arbeitet bei der Caritas. Genauso gut hätte ich eine andere Hilfsorganisation wählen können, Volkshilfe, Hilfswerk und wie sie alle heißen. Obwohl sie miteinander konkurrieren und allesamt zu wenig Geld haben, leisten sie Großartiges. Sie betreuen mehr als drei Prozent der österreichischen Bevölkerung. Die Namen der betreuten Personen habe ich geändert. Statistik Austria: »2011 wurden in Österreich rund 140 200 Personen im Rahmen mobiler Dienste und 74 800 Personen in stationären Einrichtungen mit finanzieller Unterstützung der Sozialhilfe oder der Mindestsicherung der Länder und Gemeinden betreut. 5500 Personen erhielten eine Kurzzeitpflege in stationären Einrichtungen. Teilstationäre Dienste wurden von 5100, alternative Wohnformen von 11 000 Personen in Anspruch genommen. 66 000 Personen konnte im Rahmen des Case- und Caremanagements eine Unterstützung gegeben werden.« Allein in Wien wurden 5,7 Millionen Stunden Pflegearbeit geleistet. Und das sind nur die offiziellen Zahlen, die Dunkelziffer mit selbst organisierter Pflege mit Hilfe schwarz beschäftigter Pflegerinnen aus dem Osten sind hoch. Achtzig Prozent aller Pflegebedürftigen werden zu Hause betreut, 79 Prozent aller betreuenden Personen sind weiblich.

Fünf Uhr fünfzig Minuten. Der frühe Morgen sieht aus wie Nacht. Ein roter Balken mit ausgefransten Rändern liegt schwer auf dem Horizont, darüber Schwarz. Im Himmelsrot ein anderes, blinkendes Rot: Warnlichter von Windrädern. Es ist noch so dunkel, dass man ihre Umrisse nicht sieht. Nur der rote Schwarm blinkender Lichter schwebt über der Erde. Am Straßenrand treten schwarz und schachtelförmig die Umrisse von Lagerhallen hervor, Leuchtschilder von Tankstellen, Supermärkten und Etablissements überstrahlen alles. Die Straße läuft schnurgerade aus der Stadt hinaus, der Gegenverkehr ist stärker als der in meine Richtung.

Ich bin unterwegs, um Nina zu treffen, eine mobile Krankenschwester der Caritas, stationiert im niederösterreichischen Weinviertel, im Speckgürtel östlich von Wien. Heute begleite ich sie auf einer ihrer täglichen Runden. Sie besucht Patienten, die zu Hause gepflegt werden. Es ist die leichtere Runde, heute werden nur die Tabletten nachgeschachtelt, das heißt in die dafür vorgesehenen Schächtelchen gefüllt, damit das Pflegepersonal die Tagesration erkennt und nichts verwechselt. Was fehlt, muss nachverschrieben, Dauerverschreibungen müssen aus der Apotheke besorgt werden. Die schwere Runde ist die Pflegerunde.

Bei jedem Patienten findet Nina die Patientenmappe vor, einen weißen Ordner mit Stammdaten über den Patienten, der Pflegeplanung, den Verschreibungen der Medikamente. Daneben die Schachtel mit den Medikamenten. Jede Schwester kann sofort erkennen, was der Patient braucht, was er kann, welche Spezialbedürfnisse er hat. Die Schwestern wechseln einander ab. Die Zusammenarbeit mit den Ärzten ist Nina besonders wichtig, sie funktioniere heute schon sehr gut, viel besser als früher. Man treffe sich, meist beim Patienten, auch in der Arztpraxis, und gleiche Beobachtungen ab. Die Zeit, da Ärzte sich als Götter betrachten und nicht auf eine Schwester hören, sind vorbei, sagt Nina.

Sechs Uhr dreißig. Forsch steuert Nina den kleinen weißen Peugeot mit den Caritas-Aufschriften durch die Dunkelheit. Wir bewegen uns im Dreieck zwischen Strasshof, Großengersdorf und Wolkersdorf im Weinviertel. Es liegt Schnee, aber die Straßen sind heute trocken. Nina fährt bei jedem Wetter. Die Patienten loben sie, wenn sie selbst dann kommt, wenn es bei Schnee nicht einmal der Postbus schafft. Sie trägt weiße Jeans, einen weißen Rollkragenpullover und auf der Brust den Anstecker der Caritas, an den Füßen weiße Socken und weiße Gesundheitsschlapfen.

Nina versucht mich taktvoll auf den ersten Kunden einzustimmen. Bei der Caritas sagt man Kunde, um den Unterschied zum Patienten zu markieren. Den Patienten betreut der Arzt, in Ninas Fall meistens eine Ärztin. Kunde trifft auch insofern zu, als die Leute für die Behandlung entsprechend ihren Vermögensverhältnissen bezahlen. Können sie nicht zahlen, springt die öffentliche Hand ein.

Sechs Uhr fünfundvierzig. Ninas erster Kunde ist Herr Bachmeier, siebzig. Er ist Alkoholiker, daran wird sich auch nichts mehr ändern. Er ist besachwaltet und wohnt in einem vierstöckigen Siedlungshaus. Die Namen an den Türschildern deuten auf die Herkunft aus der Türkei, vom Balkan und auch aus der Gegend (das sind oft tschechische Namen). Gut durchmischt. Nina sagt, es sei immer ein wenig eine Lotterie gewesen mit Herrn Bachmeier. Ein Weinbauer habe ihn außertourlich beliefert, da seien die Dinge oft außer Kontrolle geraten. Das Bett voller Exkremente, Herr Bachmeier randalierend oder hilflos auf dem Boden liegend.

Mittlerweile habe man das ganz gut hingekriegt. Alkohol bekomme er, nicht zu wenig, nicht zu viel. Zwischen eineinhalb und zwei Liter Wein am Tag müssen es aber sein. Die Schwester würde versuchen, den Wein mit Wasser zu strecken, das merke Herr Bachmeier nicht, außer der Veltliner wird zu dünn. Er hat eine Rund-um-die-Uhr Pflegerin, Sabrina, eine freundliche Slowakin. Bachmeiers Zimmer-Küche-Wohnung ist nicht unsauber, aber denkbar karg. Abblätternde Farbe, ein dürftiger Herd, die billigstmögliche Abwasch, ein Schränkchen aus den dreißiger, eines aus den fünfziger Jahren. Linoleumboden, im Wohnzimmer kleingemustertes Klebeparkett. An den Wänden das Übliche, Kitschsprüche in Metallfrakturlettern auf Holzimitat: »Zwei Lebenspfeiler brechen nie / Gebet und Arbeit heißen sie«, daneben ein paar vergilbte Katzenfotos, mehr Dekoration ist nicht. Diese Standarddekoration wird mir heute noch oft begegnen.

Herr Bachmeier ist guter Laune. Er trägt ein oranges T-Shirt, Schlapfen und eine Windel. Wenn er grinst, sieht man den einzigen übriggebliebenen Zahn. Auf dem Tisch sein Frühstück: eine Kardinalschnitte aus der Bäckerei Geier (sie beliefert die ganze Gegend), ein Glas Wein, daneben die Flasche. Was er sagt, ist schwer zu verstehen, er artikuliert nicht besonders gut. Nina ist mit den Tabletten fertig, hat die Pflegemappe aktualisiert, mit der Pflegerin gesprochen, Herrn Bachmeier aufgemuntert.

Sieben Uhr fünf. Draußen ist es noch immer dunkel. Wir steuern ein Einfamilienhaus an. Frau Rumpold hat uns schon erwartet, in Pullover und Perlenkette empfängt sie uns lächelnd, die Sorge hinter ihrem Lächeln versteckt sich schlecht. Herr Rumpold hatte ein Geschwür am Unterschenkel, er muss Stützstrümpfe tragen. Seine Frau ist nicht mehr stark genug, sie ihm aufzurollen, sie hat Arthrose, schauen Sie, meine Hände. Naja, und ihr Mann selber kann es auch nicht mehr. Er konnte früher alles, das merkt man gleich, drückt sich gewählt aus, war Manager einer großen Firma.

Das Haus sieht noch nicht ganz eingerichtet aus, trotz Einbaumöbeln vom Tischler. Nur ein Bild an der Wand: eine Fotografie, klar, die Kinder. Sie seien hierhergezogen, weil die Kinder und die Enkel in der Nähe wohnen. Ihr Haus zuhause sei viel schöner, erzählt Frau Rumpold, immer lächelnd, wahrend Nina sich die Mappe und die Tabletten vornimmt. Nun, da ihr Mann nicht mehr Autofahren könne, seien sie leider eingeschränkt, man könne in dieser Gegend ja zu Fuß kaum einen Einkauf erledigen.

Jetzt liegt er im Bett, Nina nimmt ihm die Stützstrümpfe ab, öffnet die Bandagen. Beide Unterschenkel sind dunkelrot und geschwollen, die Füße schorfig und teilweise offen, an der Hinterseite des einen das Geschwür. Ulcus, sagt Nina. Vor Wochen war es noch handtellergroß, nun hat es nur mehr die Größe eine Zwei-Euro-Stücks. Ist aber noch drei, vier Millimeter tief. Nina ist zufrieden, empfiehlt dennoch wieder einen Arztbesuch. Mit der Taschenlampe untersucht sie die Wunde, säubert und desinfiziert sie, verbindet sie wieder, salbt die Beine, bandagiert alles und zieht am Ende die Stützstrümpfe drüber.

Sieben Uhr fünfundzwanzig. Es ist hell geworden. Wir fahren einen steilen Hügel hinauf. Wenn es schneit, wird dieses Straßenstück oft gesperrt, dann muss Nina einen großen Umweg fahren. Heute geht es problemlos. Immer wieder Weingärten und Windräder, jetzt sieht man sie in voller Größe. Nina fährt ohne GPS, sie kennt hier jeden Feldweg. Das kleine Auto braucht immer zwei, drei Minuten, bis es sich aufwärmt. Nina trägt eine schwarz wattierte Jacke über dem Pullover.

Wieder ein Siedlungshaus. Frau Unterhuber ist übergewichtig, mindestens hundert Kilo, sie hat sich nicht im Griff. Wenn es dir zu viel wird, geh einfach raus, hat Nina schon am Anfang der Runde gesagt. Frau Unterhuber hat Zucker, die Geschwüre an ihren Beinen waren so groß, dass Haut transplantiert werden musste. Beide Beine rannen aus. Eine Zeitlang war es besser, man konnte die Betreuung absetzen, jetzt safteln sie wieder, und Frau Unterhuber braucht tägliche Betreuung, erzählt Nina.

Frau Unterhubers massiger Körper liegt auf dem Bett, sie hat kurze grauschwarze Haare, trägt T-Shirt und Slip, das Fett quillt gebirgig hervor. Die Heizung ist aufgedreht. Sie ist knapp über fünfzig. 27 Jahre lang war sie Bestückerin bei Philips, dann wurde die Fabrik nach Ungarn transferiert. Kurz nachdem sie bei einer Prospektverteilfirma Arbeit gefunden hatte, ging auch die in Konkurs. Dann kam die Sache mit der Glaskörperblutung, dann die mit dem Zucker. An offenen Beinen laboriert sie seit zwei Jahren.

Vom Oberschenkel bis zum Knöchel klafft eine große, schorfige, teilweise braun vernarbte, teilweise offene Wunde. Das sei im Spital passiert, acht Monate war sie dort. Nie wieder geht sie dort hin. Ich hör Spital, und es ist schon aus, stöhnt sie. Wenn sie sich umdrehen oder aufsetzen muss, stöhnt sie auch. Schmerzen. Nina mahnt sie, nicht nur herumzuliegen, den Rollator zu benützen. Die Nina ist ein bissl eine Strenge, sagt Frau Unterhuber, aber es sei schon gut, von ihr betreut zu

werden. Sie habe auch Verwandte, Schwestern, die für sie ein-
kaufen.

Sie kann nur mit Krücken oder mit dem Rollator gehen und
wohnt im dritten Stock. Mit Aussicht auf ein Stoppelfeld, aber
ohne Aussicht, die Stiege hinunterzukommen. Kein Lift. Ihre
Wohnung stinkt. Zerknüllte Kleider in allen Ecken. Nina ord-
net die Tagestablettenboxen in die Wochenbox, trägt das Re-
sümee ihres Besuchs in die Mappe ein und notiert, dass morgen die Betreuerin früher kommen muss.

Was sie macht, wenn sie eine wie Frau Unterhuber heben
muss? Dann muss man kreativ sein. Nachbarn um Hilfe bitten, sich was einfallen lassen.

Sieben Uhr fünfundfünfzig. Neben dem Schaltknüppel hat
Nina ein Fläschchen mit Desinfektionsflüssigfeit stehen. Obwohl sie sich in jeder Wohnung die Hände wäscht, nimmt sie
danach auch davon und bietet auch mir an. Ich könnte ba-
den darin, sagt sie. Als sie ihr Auto vor dem niedrigen Gassen-
fronthaus einparkt, winkt der Nachbar, der aus dem Fenster
des beinahe spiegelgleichen Nachbarhauses die Szene beob-
achtet, und grüßt. Nina grüßt fröhlich zurück.

Nina bringt Frohsinn in jeden Raum. Ihre Empathie macht
es den Kunden leicht, Gefühle zu zeigen. Herr Kauer, den sie
jetzt auf ihre unaufgesetzt freundliche, fast kumpelhafte, aber
nicht anbiedernde Weise grüßt, sitzt in der Küche und heizt
gerade mit sauber gespaltenen Buchenscheiten seinen großen grünen Kachelofen ein. Er ist nicht wirklich ein Pflege-
fall, aber vor einem Jahr starb seine Frau, und die Kinder wollen nicht, dass er ganz allein haust. Auch er hat eine kleine
Wunde am Bein, aber die ist fast schon verschlossen, die offene Stelle ist nur mehr stecknadelgroß. Nina holt Kauers Taschenlampe aus der Lade und leuchtet sie aus.

Kauer ist Bauer, listig zurückhaltend, wie die oft sind. Es ist schon ein bisserl eine Vertrautheit da mit der Nina, sagt er, und er freut sich, wenn sie kommt. Aber er kommt auch so zurecht. Beim Wind geht er nicht hinaus, den verträgt er nicht. Sonst – zwei Stunden mit dem Rollator, das macht er regelmäßig. Wenn der Wind aufhört. Die Gegend ist voller Wein und Wind.

Nein, das ist nicht sein Bauernhaus. Das liegt zweihundert Meter weiter. In dieser Straße wohnen die Ausnehmer. Das sind die, die den Hof abgegeben haben. Er sei einer der Letzten gewesen, die noch alles mit Pferden gemacht haben. Damals war alles kleiner, langsamer. Deswegen das Bild an der Wand: Pferdekopf in Öl. Dazu die Kinder auf dem Foto, aufgenommen bei der Goldenen Hochzeit, dreizehn sind es, Enkel inklusive. Auf dem Kamin Reh und Auerhahn in Keramik, auf dem Küchentisch die *Kronen Zeitung* und eine Dauerwurst. Herr Kauer wird nächsten Sonntag 86, und so schnell kriegt man ihn nicht unter. Nina ist mit Salben und Schreiben fertig.

Acht Uhr fünfzehn. Das ging schnell mit Herrn Kauer. Wir fahren zu Frau Weinheber. Ganz was anderes, sagt Nina. Eine kleine Villa mit großem Garten. Frau Weinheber sieht gut aus, wie knapp über fünfzig, ist aber schon 72. Sie trägt Jeans, Pulli und hochhackige Slipper, ihr Make-up ist tadellos, die Haare trägt sie dunkel gefärbt. Sie bringt uns die Treppe hinauf zu ihrer Mutter. Die war Alkoholikerin und ist nicht sehr zugänglich, um es freundlich auszudrücken, eine schneeweißhaarige, aufrecht dasitzende Dame in Rock und bunt bedruckter Schürze. Bald wird sie 93. Nina muss ihren Dauerkatheter wechseln.

Während ich bei offener Tür auf dem Gang warte, hält sich die Tochter an mich. Was sie sich von ihrer Mutter alles anschauen lassen musste. Im Grunde habe sie keine Mutter gehabt. Dieser Egoismus! Und auch jetzt. Das Einzige, was sie interessiere, sei Essen. Ja, sie koche alles selber, müsse die Schärfe balancieren, denn ihr Mann möge es schärfer, die Mutter milder, da müsse man Kompromisse machen beim Gulasch. Ihr Mann habe schon drei Stents und könne im Haus nicht mehr so viel machen, das bleibe alles an ihr hängen.

Ich dürfe sie nicht für reich halten, nur weil das Haus gut aussehe und der Garten so groß sei. Ihr Mann verdiente nicht so viel, dafür hat sie im Haus angepackt, fast alles hat sie selber gemacht, Zementsäcke abgeladen sogar, den Garten angelegt mit all dem Gemüse, die Weinhebers sind praktisch autark.

Von ihrer Mutter kam nie ein Dank, nie ein freundliches Wort, auch jetzt lasse sie sich nur bedienen. Wenn sie etwas auspacke, lasse sie die Dinge einfach fallen, statt sie in den Papierkorb zu werfen. Das sei schon furchtbar, wo sie doch wisse, wie viel sie, die Tochter, Wert auf Ordnung lege. Essen sei das Einzige, wofür sie lebe. Manner-Schnitten, Packerl auf Packerl. Sie lege die Verpackungen nicht einmal auf den Tisch, sie zerknülle sie einfach und stecke sie ein. Da könne man sagen, was man wolle, das ändere sich nicht, das nerve sie schon sehr.

Und dann die Sprache. Manchmal beschimpfe sie ihre Tochter richtig ordinär. Geh scheißen! habe sie geschrien, die Mama, stellen Sie sich vor. Ihr Mann habe gesagt, wenn das noch einmal vorkomme, müsse die Oma ins Heim. Sie habe es dann doch noch geradegebogen, aber leicht sei das wirklich nicht, das könne ich ihr glauben. Die Oma verabschiedet sich würdig und ausdruckslos.

Nina hat alles mitgehört. Wir sind uns einig: Die Tochter gehörte ebenso betreut wie die Mutter.

Acht Uhr fünfundvierzig. Reihenhaus, stattliche, modernistische Fassade. Zacharias Rehgruber. Wieder einer mit 24-Stunden-Betreuung. Besachwaltet. Rehgruber hatte Glück, dass er an Nina und ihre Kolleginnen geriet. Er ist stark behindert. Seine Mutter hatte ihn aus Angst vor dem Spott der Leute nur kurz in der Schule gelassen und dann bis zu seinem 45. Lebensjahr zu Hause gefangen gehalten. Obwohl oder weil sie schwer krank war.

Als ihr Mann starb, kam Zacharias ins Spiel. Die Mutter lag mit offenem Unterleibskrebs auf der Couch, sie rann derart aus, dass sie mit dem Stoff verwuchs. Man musste über Müllberge steigen, um überhaupt zu ihrer Liegestätte zu gelangen. Als Klo diente ein Kübel. Es stank bestialisch. Auch im Hof war Müll, Ratten ließen sich sehen. Es war wie im Fernsehen, sagte Nina, wenn sie die Wohnungen verrückter Außenseiter zeigen. Die Frau schämte sich, einen Arzt zu holen, so verwilderte alles immer mehr. Und mittendrin der kleine Zacharias, unfähig zu gehen, ein Gefangener.

Heute sind verfliese Böden im Atrium, Parkettböden im Wohnbereich. Alles glänzend sauber. Licht fällt durch große Fenster und Glastüren mit bunten Einsätzen. Flatscreen-Fernseher und Fitnessgerät. Im Hof ein paar Beete, die Zacharias jäten kann. Seine Lieblingsbeschäftigung.

Nina und ihre Kolleginnen haben ihn nicht nur aus dem stinkenden Gefängnis geholt, sie haben auch einen Sachwalter besorgt, Zachis Onkel. Die Eltern waren reiche Bauern, auch ein Kino hatten sie. Das ist jetzt an einen Supermarkt verpachtet. Geld ist also da, um Zacharias das Leben so gut wie möglich zu machen. Geblieben sind ihm Epilepsie, Herzschwäche, Prostataleiden. An der Wand hängen zwei Hochzeitsfotos der beiden.

Zacharias geht es heute nicht schlecht, aber auch nicht besonders. Er war nervös, hängt schräg über dem Tisch mit dem Frühstück. Anka, die slowakische Pflegerin, hilft ihm beim

Essen. Letzte Woche war er im Spital gewesen, Untersuchung, eine Prostataoperation steht bevor. Vor Nervosität hat er sich die Beine blutig gekratzt. Nina salbt sie und trägt Anka auf, den Arzt um ein neues Salbenrezept zu bitten.

Das mit dem Essen war nicht immer einfach. Zacharias wollte nur Schnitzel aus dem Wirtshaus und Schokolade. Nina musste sich unbeliebt machen. Da habe ich einige Sträuße mit ihm ausgefochten, aber alles kann man nicht durchsetzen, man muss schauen, wie weit man gehen kann, ein vegetarischer Diätpatient wird der Zacharias nimmer.

Ist er noch nervös? Wer? Ich? Nein. Er lacht. Ein fünfzigjähriges Kind. Im Wandregal Brettspiele, Lego und dergleichen. Auch eine kleine Hantel.

An der Wand, gegenüber den Hochzeitsfotos, ein gerahmtes Riesenposter von Elvis. Ob er ein Fan sei? Jo. Und du? Ich mag ihn auch. Wie ich heiße? Thurnher … er lässt das Wort im Mund rollen. Kommt ihm bekannt vor. Ich helfe ihm. Ah, wie die vom ORF. Er hält den Kopf schräg und grinst mich von unten an. Nein, nicht meine Frau, nur der gleiche Name. Thurnher, sagt Zacharias nachdenklich. Während Nina die Dokumappe durchgeht und die Tabletten einschachtelt, rasiert sich Zacharias mit einem Remington. Tief drückt er sich den Rasierer in die Gesichtshaut, gibt mit dem Kopf nach, lässt ihn über dem Tisch hin und her baumeln, als setze der Rasierer ein Pendel in Bewegung. Ein glattrasiertes, großes Kind.

Jetzt möchte Zacharias gern seine Schuhe anziehen, aber er verwechselt den rechten mit dem linken. Er wird Erfolg haben, aber den warten wir nicht ab.

Neun Uhr fünfundzwanzig. In Groß-Ebersdorf, Ortsgebiet, quert ein Fasan die Straße. Nina holt sich beim Spar einen Kaffee im Plastikbecher. Es gibt hier zwei Hotels und den einzigen

Greißler weit und breit. Frau Gschwindl wohnt in einem Haus am Rand der Weinberge, der Weg ist noch verschneit, Nina in Schlapfen, aber es geht schon, der Schnee ist hart. Für Wohnzimmer wie jenes von Frau Gschwindl, wo jedes Staubkorn gejagt wird, holt sie einen blauen Überzug aus Plastik aus ihrer Tasche und streift ihn über die Schlapfen.

Frau Gschwindl hat eine Wunde von zehn Zentimeter Durchmesser am Bein, beim Reinigen der Wunde spürt sie schon Schmerzen, sagt sie auf Ninas Frage. Sonst nimmt sie kaum Schmerzmittel. »Man muss ja was aushalten können.« Nina versucht sie sanft vom Gegenteil zu überzeugen. Herr Gschwindl ist eine Plaudertasche, erzählt, wie seine Frau kürzlich nach ihrem Schlaganfall vor ihm auf dem Boden aufgeschlagen ist. Das habe vielleicht gescheppert, Gott sei Dank sei die Rettung gleich dagewesen.

Er selbst habe eine Klappe und zwei Bypässe und höre nicht mehr gut. Jaja. Das Haus gehörte Frau Gschwindls Großvater, einem Wiener Straßenbahner, der nach dem Krieg von Floridsdorf hier herausgezogen war, damals konnte man noch alles verkaufen, was man produziert hatte, Kirschen, Zwetschken, Äpfel ... Die beiden sind jetzt 87 (er) und 83 (sie). Im Fenster Wald und Wein, auf dem Tisch die *Kronen Zeitung* – für Unterhaltung ist gesorgt.

Die Tabletten sind eingeschachtelt, Frau Gschwindls Verband ist fertig. Nein, er ist nicht zu streng. Sie hält das aus.

Neun Uhr fünfundfünfzig. Wir fahren durch Hügel, vorbei an nahen Windrädern, kommen zu einer Abzweigung. Ein Aussichtspunkt. Nina hält und raucht eine Zigarette. Nebenan ist ein kleines Wäldchen. Mitunter dient es ihr als Toilette, nicht bei allen ihren Kunden entspricht das Klo ihren hygienischen Ansprüchen. Die Sonne scheint auf die Türme Wiens, die in der Ebene golden glänzen.

Warum wollen all diese Leute zu Hause sein, frage ich. Weil es ihres ist, sagt Nina. Weil sie dort ihre kleinen Freiheiten haben. Auch eine Definition von Würde, denke ich. Seine kleinen Freiheiten haben, Niemand will ins Spital. Oft sei es nicht einfach, Ärzten das klarzumachen. Einmal hatten sie einen Kunden mit Bauchspeicheldrüsenkrebs, letztes Stadium, nur mehr blutiger Stuhl. Der Arzt wollte ihn nur wegschaffen lassen, aber der Sterbende wollte es nicht, und seine Angehörigen auch nicht. Die Schwestern überzeugten ihn, dass man für seine letzten paar Tage auch eine Mini-Intensivstation aufbauen könne, Infusionen, eine Schmerzpumpe. Auch die Angehörigen waren dankbar, man kann ihnen auch Tipps geben, wie sie besser mit dem Horror umgehen, dunkle Leintücher nehmen zum Beispiel, darauf sieht Blut nicht so schrecklich aus. Nina hat auch eine Ausbildung als Palliativschwester.

Herr Obner ist ein Schlingel. Das Loch in seinem Fuß ist fünf Millimeter tief, der Fuß geschwollen, die Zehen dick und schorfig. Nina schaut die Mappe durch und erinnert ihn daran, die Batterie des Herzschrittmachers austauschen zu lassen.

Er möchte gern ein Wannenbad nehmen. Sein Arzt habe gesagt, das gehe schon. Nina glaubt das nicht. Der Arzt? Mit dieser Wunde? Undenkbar. Obner probiert es noch einmal. Nein, sagt Nina, sie würde wirklich dringend davon abraten. Ein volles Fußbad, darüber könne man reden. Gleich holt sie ein Schaffel und badet Obners Fuß in lauwarmem Wasser und Kamillosan.

Immerhin, ein Fußbad hat er herausgeholt. Er war Tischler bei der Eisenbahn und macht noch immer Gegenstände, wenn es geht, Schemel für die Tombola beim Sportlerball, zum Beispiel. Aber es geht nicht mehr so gut. Seine kleine Küche heizt Obner mit einem Holzofen. Den Führerschein haben sie ihm weggenommen, weil er wegen seiner Tabletten eingeschlafen ist. Er ist achtzig, er will ihn wieder beantragen. Die Tabletten sind jetzt andere, oder? Nina kommentiert das nicht.

Vor der Tür steht ein roter Graf Carello, ein zweisitziges Elektrofahrzeug. Werbung: »Mehr Mobilität mit den führerscheinfreien Elektrofahrzeugen!« Er wird doch nicht? Wie gesagt, Obner ist ein Schlingel. Sein Portemonnaie liegt auf dem Tisch; als ich mich hinsetze, nimmt er es und legt es schnell auf seine andere Seite. Die *Kronen Zeitung* bleibt liegen. Die schwarzweiße Katze trollt sich. Schön gezeichnet ist sie.

Der Blasenkatheter ist undicht und muss getauscht werden, stellt Nina fest. Eine umständliche Prozedur, das Ding am Bein zu befestigen. Passt er? Könnte strenger sein. Jetzt? Hört nicht auf vor lauter Passen.

Nina räumt die Reste angebrochener Packungen, den gebrauchten Harnsack, Verbandsreste zusammen und wirft sie weg; ein Ritual, das jeden Besuch abschließt, wie ihn die Durchsicht der Dokumentation eröffnet. Nein, der Gruß, das Betreten des Zimmers, die Berührung der Hände, damit fängt es an, damit hört es auf. Ein Schmerzpflaster in den Nacken von Herr Obner, bis zum nächsten Mal. Viel Glück beim Schein.

Elf Uhr nullfünf. Wolkersdorf. Die Ingenieure sind immer ein bisserl schwierig, sie interessieren sich fürs technische Detail. Das macht vieles umständlich, braucht mehr Zeit. Ingenieur Drechsler ist so einer, aber auch ein sehr lieber alter Herr. 87, sehr gebeugt, am Unterschenkel eine Wunde, entstanden aufgrund »venöser Insuffizienz«, schuppig, borkig, mit Eiterblasen. Es hat lange gedauert, ihn zu überzeugen, einen neuen Arzt beizuziehen, lange hat er ihn mit kritischen Fragen gelöchert. Nina war das fast schon unangenehm.

Wie immer betrachtet Nina das Gewebe mit einer Taschenlampe, diesmal kommt ein Spiegel dazu, den sie Herrn Drechsler hinhält, damit auch der den Fortschritt der Dinge sehen kann. Es wird langsam besser, man muss Geduld haben.

Der Gefäßchirurg wollte Herrn Drechsler dann dreimal in der Woche in Wien zu Kontrolle haben, Nina konnte ihm klarmachen, dass einmal in vierzehn Tagen auch reichen muss. Man darf nicht nur die Wunde betrachten, man muss den ganzen Menschen sehen. So häufige Transporte wären viel zu strapaziös. Das Problem der Fachärzte. Nina ist nachsichtig mit den Ärzten. Die sehen nur ihr Fach, und auch Herr Drechsler legt Wert auf das Abtragen des Fibrinbelags. Er weiß, worum es geht beim Wundmanagement! Nina nimmt ihn ernst.

Die Maus macht Herrn Drechsler Sorgen. Das heißt, sie hat ihm große Sorgen gemacht. An alles Gute hat sie sich herangepirscht, nichts war vor ihr sicher. Extra hat er eine Speckschwarte gekauft, eine geeignete, und jetzt hat er sie gefangen. Ist sie tot, fragt Nina? Nein, wo denken Sie hin! Wir verwenden keine Klappfalle, da sind sie oft nur halb tot und leiden schrecklich. Ich habe eingesehen, das Töten ist nicht nötig. Wir haben sie beim Friedhof oben freigelassen.

Nina nimmt noch Blut ab, der Langzeitzucker ist in Ordnung. Sie hätte trotzdem gern, dass die örtliche Ärztin vorbeischaut. Ingenieur Drechsler möchte das auch, aber nur, wenn Nina da ist. »Sonst ist das nur die halbe Sache.« Es pressiere nicht so. Sorgfältig werden die Verbände angelegt. Tabletten einschachteln, Dokumappe abhaken, Reste wegräumen.

Dreizehn Uhr. Strasshof. Nina hat sich am Telefon mit dem Hausarzt abgesprochen. Es ist wichtig, dass Schwester und Arzt manchmal Patienten gemeinsam betreuen, um Rezept und Therapie abzusprechen. Ein Einfamilienhaus im ersten Stock, ein helles sauberes Zimmer. Der Kunde, Herr Wedl, liegt in einem herumrollbaren Therapiebett mit pneumatisch regelbarer Matratze. Am Kopfende steht Elena, rumänische 24-Stunden-Betreuerin, fünfzig, in Jeans und kunstseidenem T-Shirt mit Leopardenmuster, seitlich beim Bett Wedls Tochter.

Ihm wurden beide Beine amputiert, die Oberschenkel sind nur mehr kurze Stümpfe. Aus seinem Glied führt der Schlauch eines Katheters und endet in einem Harnsack, der seitlich am Bett hängt. Nina streichelt zur Begrüßung Wedls seine Hand und seinen Kopf, er lächelt, greift zum über ihm hängenden Triangelgriff, zieht sich hoch. Ich bin froh, dass du wieder da bist, sagt er. Wie es ihm gehe? Ich weiß nicht, was mir weh tut. Mir tut alles weh.

Er hat Dekubitus, tiefe Geschwüre am Rücken durch Wundliegen, entstanden bei langen Spitalsaufenthalten. An der Ferse war eine Nekrose aufgetreten, dann, als man den Unterschenkel abnahm, eine unterhalb des Knies, dann musste man auch das Knie entfernen.

Nina versorgt die Wunden und stellt zu ihrer Besorgnis fest, dass eine kleine etwas größer wurde, eine andere in der Beuge nicht besser. Darüber wird sie mit dem Arzt reden. Die Geschwüre am Rücken sind so tief, dass Nina einen Vakuumverband anlegt. Sorgfältig säubert und desinfiziert sie die handtellergroße Wunde, dann schneidet sie einen schwarzen Mikroschwamm zurecht, der genau in die Wunde passen muss, und drückt ihn hinein. Herr Wedl schreit vor Schmerz, aber da muss er durch, das weiß er. Der Vakuumverband wird von einer Pumpe dicht gehalten, die am Fußende des Bettes hängt, gleich neben dem Kompressor für die Druckluft in der Matratze. Über den Vakuumverband kommt ein Druckpolster.

Mittlerweile ist der Arzt gekommen, keiner, der nur auf drei Minuten Grüß Gott sagt. Außerdem hat er Guten Tag gesagt. Die Wunden werden begutachtet, ich habe mir nicht vorstellen können, dass die so schön wird, sagt die Tochter. Die

Wunde in der Beuge stammt vom Herzkatheter, die bleibt derweil unbeachtet. Schneiden lass ich mir nix mehr, sagt Wedl, da könnt ihr mir vorher den Kopf abschneiden. Er lacht. Akkordeon hat er gern gespielt, früher, da ist er auf dem Foto, neben den Kinderfotos, und die Uhr hat die Form eines großen bunten Akkordeons, aber wenn man nicht einmal sitzen kann ...

Wie ist der Urin? Sieht eigentlich gut aus. Nina ist nicht so sicher, da sind Kristalle. Der Arzt nimmt eine Probe, geht aufs Klo, macht einen Streifentest. Drückt auf den Harnsack, man sieht, jetzt sieht man, der Urin ist trüb. Tatsächlich. Hätte er nicht gedacht. Ein Rezept für ein Antibiotikum wird ausgestellt. Jedes Mal, wenn Wedl gedreht werden muss, schreit er vor Schmerz.

Seine Tochter hilft, genau wie Elena. Ruhig und unauffällig greifen die beiden ein, wenn Herr Wedl gedreht werden muss. Die heitere Gefasstheit der Tochter ist mir unbegreiflich. Da ist Intensität und Konzentration, keine Spur von Gleichgültigkeit angesichts des Rumpfs ihres Vaters.

Mit dem Arzt hat sie einiges zu bereden. Obwohl Pflegestufe VII beantragt wurde, hat man ihr nur Stufe V bewilligt. Sie ist intensiv empört, nicht außer sich, mehr in sich. Der Mann ist hilflos, muss ein paarmal in der Nacht gewendet werden, darf der Wunden wegen keine Windelhosen tragen, das erfüllt doch alle Kriterien? Der Arzt stimmt zu. Er meint, besser Einspruch erheben, als einen neuen Antrag zu stellen. Dann läuft die Frist von Anfang an. Nina kann eine Kollegin in der Zentrale vermitteln, die sich auskennt. Sie wird heute Abend noch Unterlagen und den ursprünglichen Antrag aus dem Büro vorbeibringen, die sie in der Zentrale hat.

Die wollten den Herrn Wedl dreimal in der Woche nach Gänserndorf transportieren, das hätte der nicht einmal ein paar Tage überlebt, sagt der Arzt. Allein die Erschütterungen auf der Stiege, eine Qual. Und dann kommt er zu Ärzten, die ihn nicht kennen. Ja, das System, sagt der Arzt. Es funktioniert nicht, und ich sage Ihnen warum. Die Zentrale wird pro Auftrag an die Rettung bezahlt, je mehr Rettungsaufträge sie vermittelt, desto mehr kassiert die Zentrale. Eine Fahrt mit der Rettung kostet zweihundert Euro, er hat sich erkundigt. Ein Notarztbesuch in der Nacht kostet hingegen nur fünfzig Euro. Und da regen sie sich auf, dass die Ambulanzen überlaufen sind! Es sehe so aus, als wollten die Politiker mit Absicht das System ruinieren, damit sie sich beim Neuaufbau wichtig machen können.

Der Arzt verabschiedet sich, leise spielt Radio Niederösterreich, der Matratzenkompressor tuckert vor sich hin. Draußen wechselt das Wetter von Schneefall zu Sonnenschein. Wedls Tochter erklärt mir, ihr Vater könne keine Windelhose tragen. Die Dämpfe in der abgeschlossenen Hose würden den Heilprozess ruinieren. Sie muss also warten, bis Herr Wedl ankündigt, dass es nun so weit ist. Ich bin Tag und Nacht alarmbereit, sagt Wedls Tochter. Nicht aus Sorge um das Leintuch, sondern um die Wunde, die keinesfalls verunreinigt werden darf. Sie sagt das mit ihrer intensiven Gefasstheit. Die Sache mit dem Pflegebericht geht sie bedächtig an. Sie will keine Fehler machen. Die Lage ist, wie sie ist, und sie ist Teil dieser Lage.

Vierzehn Uhr fünfunddreißig. Wir gehen essen. Das macht Nina normalerweise nicht. Normalerweise schnappt sie sich nur ein Sandwich. Ich brauche jetzt eine Stärkung, das hat sie gut erfasst.

Warum sie diesen Job macht, frage ich. Und bekomme die gleiche Antwort, die man von allen bekäme, die man fragt, warum sie nicht ins Spital wollen und es vorziehen, zu Hause zu sterben: Ich kann selbst bestimmen, was ich tue. Sie hat als Stationsschwester gearbeitet, in öffentlichen und privaten

Spitälern, hat zahlreiche Ausbildungen, auch die als Palliativ-schwester. Teil einer Spitalsmaschine zu sein, gefällt ihr nicht. Weil die Maschine zu viele Fehler macht, die man dann nicht mehr korrigieren kann. Das sagt sie nicht, das kann man sich dazudenken.

Sie liebt diesen Job, sagt sie. Sonst könnte sie wahrschein-lich nicht so grüßen, wenn sie zu Kunden kommt, denke ich. In ihrem Job läuft nicht immer alles rund. Zu wenige ausge-bildete Schwestern, manche nur mit fünfzehn Stunden Ver-pflichtung, nur drei Vollzeit-Kolleginnen. Der Kostendruck wird größer, sie spürt es. Es gibt die Konkurrenz anderer Pfle-georganisationen. Der viele Papierkram.

Aber sie macht selbst die Pflegepläne und verantwortet sie. Dass dabei Druck entsteht, ist unvermeidlich. Verantwor-tungsdruck ist aber etwas anderes als Kostendruck. Sie wacht manchmal nachts schweißgebadet auf, fragt sich, ob sie viel-leicht da oder dort etwas vergessen hat, diesen oder jenen Pa-tienten nicht richtig betreut. Einmal kam eine Kundin in eine neue Wohnung, und Nina fuhr mitten in der Nacht hin, um zu sehen, ob sie nicht vergessen hatte, die Heizung aufzudre-hen. Alles war warm. Darüber kann sie lachen.

Supervision? Ja, die gibt es immer wieder. Für sie ist es wichtig, regelmäßig zu laufen. Früher lief sie erfolgreich Marathon, sie ist Tiefseetaucherin und hat den Körper einer Athletin.

Am Abend nimmt sie regelmäßig an einer Gruppe von zirka zwölf Kolleginnen teil, die sich ehrenamtliches Hospiz nennt. Ohne Honorar betreuen die Gruppenmitglieder Menschen, deren Angehörige zu Hause sterben und die nicht weiter wis-sen, für ein paar Stunden. Beraten, helfen, legen Hand an. Umsonst? Ja, umsonst.

Warum? Weil es wichtig ist. Geld ist kein Motiv. Nina verdient 1800 Euro netto im Monat. Vielleicht ist es das, was sie von den Leuten zurückbekommt, wenn sie sie besucht. Wenn sie Licht in die Zimmer bringt. Freude und ein bisschen Zuversicht, gute Laune auch, nicht forciert fröhlich, sondern gerade richtig, ein bisschen ironisch, ein bisschen melancholisch, wie es ihre Art ist. Menschen glücklich zu machen kann vielleicht doch eine Belohnung sein, auch wenn das verdammt katholisch klingt. Man muss Nina arbeiten sehen, um das zu verstehen.

Zum Beispiel die Idee mit den Minipalliativstationen, die sie und ihre Kollegin da und dort schon aufgebaut haben, um Leuten ein Sterben in Würde zu ermöglichen. Eine Schmerzpumpe, einen subkutanen Port, um Infusionen zu ermöglichen, eventuell eine Magensonde, das braucht weit weniger, als im Spital nötig wäre, und ermöglicht es Leuten in Fällen, bei denen der Tod nur eine Frage von Tagen oder Wochen ist, zuhause zu bleiben. Nina und ihre Kolleginnen kommen dann viermal am Tag vorbei, eine 24-Stunden-Pflege und Angehörige sind am Krankenbett. Kosten spart das im Übrigen auch.

Fünfzehn Uhr fünfzehn. Kurze Nachschau in der Zentrale. Automatenkaffee und eine Zigarette im Büro.

Fünfzehn Uhr dreißig. Frau Hammerfest. Alle sagen Hammerl zu ihr. Eine resche Siebzigerin, sie wirkt beinahe, als fehle ihr nichts. Außer Alkohol. Manchmal hatte sie zu viel davon, der gleiche Weinbauer, der auch Herrn Bachmeier belieferte, stellte auch ihr die Doppler hin.

Dann lag die lustige Hammerl auf dem Boden, Nina und ihre Kolleginnen hatten Bettdecken voller Kotze, Kot und Urin zu säubern und Frau Hammerfest in Fasson zu bringen. Denen Caritas-Schwestern, denen fehlen nur noch die Flügerln, sagt Frau Hammerfest. Heute werden nur Tabletten nachgeordert, und das Hammerl plaudert munter über seine Katzerln. Es sind vier, einer ein Kater, den sie für eine Katze hielt und der noch nicht kastriert ist. Das Bauxerl ist jetzt halt ein Bauxi-Burli, konstatiert das Hammerl. Elf Näpfe stehen in Reih und Glied auf dem Küchenboden. An den Wänden Katzenbilder aus der Zeitung, im Wohnzimmer hängt die Tapete in Fetzen. Nina misst den Blutdruck, heute sieht es nicht schlecht aus für das Hammerl.

Sechzehn Uhr nullfünf. Frau Vrba liegt gleich in der Nachbarschaft, im spiegelgleich gebauten Siedlungshaus. Die Türschilder wie immer. Vrba ist eine Hiesige. Die Schlüssel zu den diversen Wohnungen sind sicher in Depots verstaut. Frau Vrba könnte nicht mehr selbst öffnen. Sie ist 94, liegt scheinbar friedlich im Bett. Heute wird sie geplagt von Wahnvorstellungen. Wieso seid ihr so böse zu mir, sagt sie in einem fort. Ich habe euch doch gar nichts getan. Warum muss ich auf dem Boden liegen?
Und Nina, Sonnenschein, engelsgeduldig: Wir sind doch nicht böse. Mögen Sie eine Katzenzunge, Frau Vrba? Sie isst sie kommentarlos. Sie liegen doch nicht auf dem Boden. Undsoweiter.
Manchmal, sagt Nina, ist sie nicht ansprechbar, manchmal überschwänglich und bester Stimmung. Aber in keiner Weise wundgelegen, obwohl sie seit sechs Jahren liegt. Nina streichelt ihre Hand und versucht sie zu beruhigen. Sie gibt ihr ein Medikament, das Frau Vrba erst am Abend bekommen soll, und ruft ihre nach ihr kommende Kollegin an, um sie davon zu informieren. Frau Vrba bekommt noch eine Schokobanane. Ihr Mann ist vor fünf Jahren gestorben. An der Wand hängt ein Hochzeitsfoto, 1945, Kriegshochzeit, die Naziabzeichen sind nachträglich aus der Uniform herausretuschiert.
Beim Hinausgehen ruft uns Frau Vrba nach: Alle sind so lieblos zu mir!

Sechzehn Uhr zwanzig. Frau Tischler sieht nicht mehr gut. Sie sitzt im Caritas-Haus im Trakt des betreuten Wohnens im Rollstuhl an einem Tisch und versucht ihre Bücher zu sortieren. Gustav Schwabs Sagen des klassischen Altertums sind gleich zweimal da, das braucht sie wirklich nicht mehr. Auf dem Weg in den dritten Stock öffnet sich eine Tür, und eine andere Bewohnerin bedankt sich bei Nina für eine Blutabnahme. Nina hat sie gleich zum Arzt gebracht.

Frau Tischler will mit Nina allein sein, sie braucht ein Zäpfchen. Ich gehe hinunter ins Büro, um auf sie zu warten.

Siebzehn Uhr. Die Dämmerung kommt schnell. Nina bringt mich zum Ausgangspunkt, wir verabschieden uns. Sie ist seit der Früh genau 110 Kilometer gefahren. Manchmal sind es 160 am Tag, manchmal nur fünfzig. Sie hat noch zwei Stunden Pflegeplanung für die nächsten Tage vor sich, Ausfüllen von Patientenblättern und anderen Papierkram.

Am Himmel hängt wieder der zerrissene rote Balken, tief, mit Windradlichtern gesprenkelt. Entlang der Straße grelle Leuchtreklamen. Lagerhallen. Supermärkte. Der Pendlerverkehr flutet zurück aus der Stadt. Ich nehme die Gegenrichtung.

Die Würde des Autors im Buchgeschäft

Geheimnisverrat. Ich sollte Ihnen nicht verraten, wie Bücher entstehen. Dieses Buch entstand als Roman. Es gibt Romane, die
enden als Sachbücher. Dieses nicht. Es war wirklich ein Roman,
aber es wurde nichts daraus. Wir brauchen ein Buch von dir,
sagte der Verlag. Ich fühlte mich schlecht dem Verlag gegenüber, wegen des Romans. Es gibt ein Menschenrecht des Verlags auf Bücher von mir, das hatte ich gebrochen. Ich wusste, sie
wollten ein Österreichbuch. Nie mehr, hatte ich mir geschwo-
ren, würde ich so eines schreiben, obwohl unter uns gesagt
Österreich um Österreichbücher lechzt. In den Buchhand-
lungen reiht sich Regalmeter an Regalmeter voller Österreichbücher. Unter denen wollte ich nie mehr stehen.
Natürlich wollte der Verlag, dass ich genau dort stehe. Würde,
murmelte ich, das verstößt gegen meine Würde. Hast du Würde
gesagt, fragte der Verlag. In meiner Romanverlegenheit sagte
ich Ja. Ein schönes Thema. Bis wann schickst du uns eine Skizze?
Na klar, mach ich übers Wochenende. So warf ich eine Skizze
hin. Sie erregte Begeisterung. In schwungvoller Reflexion legte
ich dar, wie sich das Leben und die Politik als Kampf um die
Würde darstellen, der an allen Fronten und von allen verloren
wird.
Sie jubelten. Genau so ein Buch wollten sie lesen!
Na gut, dann schreibe ich es. Ich sah ihn vor mir, den Text, mit
weitausholender essayistischer Geste würde ich ihn anlegen.
Da sei nur eine Kleinigkeit.
Und zwar?
Ich wisse ja, das Buch erscheine in einem Wahljahr, und die Bei-

spiele, die ich da genannt hätte, diese internationalen Namen, schön und gut, aber das Publikum wolle doch etwas, an das es sich halten könne.

Was?

Na, österreichische Namen halt, eh klar welche, sie stehen jeden Tag in der Zeitung, weil ihre Träger vor Gericht stehen. Wir müssen das in der Vorschau noch ändern.

Ich zog die Braue hoch. Ich dachte, wir machen einen noblen Essayband für den deutschen Qualitätsmarkt?

Nun ja, das sei so eine Sache, die deutschen Vertreter, die deutschen Buchhändler, die deutsche Presse – die zucken auf Deutsch gesagt nicht einmal mit dem Ohrwaschel, wenn sie deinen Namen hören. Du musst das positiv sehen. Thurnher und Österreich, das ist hierzulande ein Begriff. Eine Wort-Bild-Marke.

Wenn ich »hierzulande« höre, werde ich sehr müde, sagte ich. Und beim Wort Österreichkritik entsichere ich den Fenstergriff und stürze mich hinunter, sagte ich, noch etwas matter.

Nur nichts überstürzen! rief der Verlag. Aber verstehst du, diese Murdochs und Guttenbergs, Merkels und Berlusconis, die kennt man eh, die interessieren keinen mehr. Wir wollen das Buch ja verkaufen, das willst du doch auch?

Klar wollte ich das auch. Sie sahen die Eurozeichen in meinen Augen.

Und natürlich schreibst du eh, was du willst.

Mach ich.

Die Wahrheit ist: Ich schreibe dem hinterher, was einst mein Vorschautext übermütig hinausgekräht hatte. Sagen Sie es nicht weiter. Ich hoffe, mein Lektor kriegt eine fette Erfolgsprämie dafür, dass er meinen unbedacht kecken Hahnenschrei auf den Boden herunterbringt.

Demnächst erscheint ein Lyrikband von mir.

Ich schwöre es Ihnen.

Das Publikum im Ohr. Man muss seinen Text natürlich so konzi-
pieren, dass man ihn vortragen kann, das meiste Geld verdient
der Schriftsteller heutzutage mit Lesungen. Was soll ein Text,
der nicht vorlesbar ist. Der Text muss klingen. Die antike Rede
war ein Klangwerk, die gesanglichen Darbietungen von Schauspielern aus der Epoche beginnender Tonaufzeichnungen erinnern uns noch entfernt daran, die barocke Komposition war als
Klangrede eine rhetorische Darbietung. Sing mir den Mann,
Muse. Nur was klingt, kann auch präsent sein im Buchhandel.
Nicht nur sein Text, der Mann selber muss klingen. Ein klingen-
der Name. Wenn der Autor klingt, die Kassa springt. Nein, zu
billig. Der Autor muss seinen Körper rüberbringen, seine
Stimme, seine Fähigkeit, sich als Resonanzraum zu präsentieren,
Tönendes, alle Arten von Wellen, die er imstande ist hervorzu-
bringen. Produktion kommt ohne den Gedanken an ihre Reproduktion nicht mehr aus. Wir Autoren haben über die Märkte
nichts zu lachen, wir leben sie, wie alle anderen! Auf Twitter fallen Produktion und Reproduktion fast in eins, das spontan in
den Resonanzraum Ausgestellte bleibt allerdings stumm. Noch
stumm, denn bald wird es nicht nur mit Bewegtbildern ange-
reichert, bald wird es klingen. Die neue Rhetorik: Reiz-Reak-
tionskette ad infinitum. Öffentliche Verkehrsmittel wird man
dann meiden müssen.
Der Schriftsteller hat dagegen noch ein bisschen Zeit. Und für
seine Darbietung wird er bezahlt. Meistens. Was ist falsch daran,
den guten Sound zu suchen? Es muss ja nicht gerade ein Poetry
Slam sein. Eine Lesung wie die hier reicht schon. Dafür kassiert
er Geld. Preise bekommt er, und Stipendien, wenn er sie
braucht. Wer sie nicht braucht, wird nicht gepreist. Die Würde
und ihre Preise, Lorbeer und Lob des Preislosen. Das ist in Ordnung, so funktioniert das System Literatur. Und immer an die
Märkte denken.
Einmal trat ich in einer Buchhandlung nicht auf, weil sie nicht
bezahlen wollten. Geht nicht, sagte der Verlag, wir haben

unsere Ehre, wer nicht zahlt, kriegt keine Lesung. Also gut, sagte ich, ich lese nicht, ich lese dafür zuhause ein wenig Kant, wo in der »Grundlegung zur Metaphysik der Sitten« steht, dass Würde dasjenige ist, was keinen Preis hat, ich sagte es in diesem Buch schon dreimal, also müsste ich eigentlich umsonst lesen, aber für diese Bemerkung zahlt mir keiner was. Die Buchhandlung, mir einst wohlgesonnen, schnitt fortan meine Bücher, legte sie nicht mehr aus, verkaufte sie gerade noch gnadenhalber, wenn jemand danach fragte. Der Auftritt des Autors, selbst der unbezahlte, dient der Beförderung seines Geschäfts. Die würdevolle Weigerung kann böse Folgen haben.

Würde des Autors! Warum muss der eine Würde haben, der soll ordentliche Texte abliefern. Warum diese Autorhaftigkeit, die darauf beharrt, keine Bestseller zu schreiben, nicht weil man es nicht könnte (glaubt man, redet man sich ein), sondern weil man nicht will, nicht anders kann, dem ästhetischen oder intellektuellen Avancement verpflichtet, auf das man sich raufgekünstelt hat, davon steigt man jetzt nicht mehr runter, nur wenige werden einem dorthin folgen, das ist eine Art Qualitätsbeweis, besser als das fette Lachen, der gefräßige Beifall der Masse, das wohlfeile Handwerk, das man aber auch einmal erst beherrschen muss.
Wenn ich in diesem Buch von Würde rede, sollte ich die eigene Tätigkeit nicht ausnehmen. Der blinde Fleck der Medien vergrößert sich, sie werden immer frecher, sich selber und ihre eigene Praktiken befragen sie selten. Ich aber, ich werd's ihnen zeigen!

Die Rezensenten. Nicht daran denken, was die Rezensenten dann mit dem Geschriebenen tun. Ausgeronnenes Herzblut, und die rüsten sich einen schon zu, als wäre man jener leckere Säugling, den man gar nicht zu grillen braucht, ehe man ihn zerlegt.

Machen Herzblutwurst draus. Mittelschullehrern eignet eine besonders stumpfsinnige Grausamkeit, wenn sie ihr Mütchen an einem kühlen. Pardon an all die klugen, unter ihrem Wert geschlagenen Mittelschullehrer und -lehrerinnen, die keine Rezensionen schreiben. Andererseits, warum nicht. Wenn überhaupt noch Kritiker am Werk sind, dann in den wenigen Zeitungen, über denen das fette Noch schwebt, noch gibt es sie, noch erfüllen sie ihre Aufgabe. Kritik! Wer weiß noch, was das wäre? Professionelle Rezensenten gibt es, gewiss, aber die haben nicht einmal ihr Mütchen, die haben ihr Milieu. Sonst regiert der kritische Amateur, die Amateuse, hinter denen sich – Amazon sei Dank – im schlimmsten Fall der Autor selbst verbirgt. Hier habt ihr mich.

Der undankbare Autor. Was ich bisher gesagt habe, sind Lügen. Ohne Lektor gäbe es dieses und alle anderen Bücher von mir nicht. Man muss sie mir rauslocken, rausprügeln, mit Drohungen abpressen, muss mich disziplinieren, piesacken, drangsalieren, erpressen und dann wieder animieren, streicheln, loben. Abgestuft loben, obwohl wir gelernt haben, dass der abgestufte Würdebegriff nichts taugt, eine Juristenfinte ist, zur Aushebelung der Menschenwürde dient. Würdebegriff? Im Buchgeschäft regiert der Würgegriff.

Der leidende Autor. Der gestohlene Computer, das war der große Schmerz. Was ist er, verglichen mit den vielen kleinen. Nicht ins Schreiben hineinfinden. Stumpf vor der Sekundärliteratur hocken, vor den eigenen Notizen, die eigenen Texte verachten. Zitate verlegen. Eines von Blumenberg über die Epochenwende. Ich gehe vor Wut die Epochenwende hoch! Was heißt Lebensabschnitte? Auf einem Zettel findet sich die Erklärung: kurz für Lebensabschnittspartnerin. Mit dummen Einfällen Zeit verschwenden. Das Grauen, mit seinen eigenen schlechten Einfällen konfrontiert zu werden. Das ungeführte Tagebuch. Durch Zettel unzulänglich ersetzt, sie flattern und verlieren sich. Da kann man es gleich in den Computer schreiben, dort findet man es nie mehr. Hypertextuelles Schreiben, das ist die wahre Pest, immer mit einem Finger in der Suchmaschine. Alles unter leichten Schmerzen notiert, das Kreuz, ich muss Holz schleppen, Winterprosa schreiben, die man im Sommer lesen wird, die Schulter macht nicht mehr mit, im Winter gehen die Geschäfte gut, sagt die Physiotherapeutin, schon das Eintippen auf der Tastatur tut weh, ich throne auf einem grünen Plastikball, die Bandscheibe, aber das ist erst der Anfang, das kommt schon noch besser. Ist nichts, was mich von kommenden Generationen unterscheidet, die demnächst via Sonde nur mehr den Strom aus dem Hirn aufeinander loslassen, ungegatekeept, ungefiltert, unverlegt, jeder sein eigener geistiger Jaucheschlauch – nein, das ist wieder gemein, sei doch fair, transparent und wahr –, sein Sprühschlauch, sein persönliches Duftnötchen, sein Duftkanülchen, sein Nährlösungskanälchen, mit dem er die Öffentlichkeit anregt und zum Gedeihen reizt.

Der klagende Autor. Inwiefern grenzt sich das, was einem der Staat antut, von juristisch belangbarer Kränkung der Ehre ab? Man wird nicht als Individuum, sondern als Mitglied der öffentlichen Gemeinschaft beleidigt, nicht als Idiot, als Privatmann, sondern als politisches Wesen. Man müsste (ich müsste) den österreichischen Staat, die europäische Gemeinschaft, die Weltbank auf Wiederherstellung meiner Ehre klagen. Sofort erkenne ich die Aussichtslosigkeit.

Der sprechende Autor. Es gibt mich auch als Redner. Hierüber will
ich mich nicht beklagen. Man lässt mich reden, in regelmäßigen
Abständen. Die Gescholtenen in den ersten Reihen lassen es
über sich ergehen, die Wirkung beschränkt sich auf einen
Nachdruck in einer sogenannten Qualitätszeitung, es gibt
also keine Wirkung. Dieses merkwürdige Gefühl, in der Öffentlichkeit zu sprechen und ins Leere zu reden. Es bedeutet
nichts, es bewirkt nichts, warum tut man es? Weil man sich für
einen Preis bedankt, weil man ein Honorar erhält. Einmal erhielt ich einen Preis, den man mit dem Friedenspreis des deutschen Buchhandels vergleichen könnte. Ich hielt eine Rede für
den ORF, dessen Redaktionen wieder einmal in Bedrängnis
waren. Ich fand die Rede nicht einmal schlecht. Sie wurde in
einer sogenannten Qualitätszeitung abgedruckt. Der ORF
brachte ein Dreißig-Sekunden-Statement in der Zeit im Bild zu
Mittag.

Der hurtige Autor. Ein Buch schreiben, das einer Idee hinter-
herrennt. Damit bin ich nicht allein. Schön der Gedanke, sie
zu erwischen. Beim zweiten Gedanken: schrecklich.

Der ungelehrige Autor. Ich hätte alles längst wissen können, ja
müssen. Es ist mehr als zwanzig Jahre her, dass es im ORF noch
so etwas gab wie die Sendung »Kulturfrühstück«, eine Live-
Diskussion mit Gästen. Ich war das eine oder andere Mal eingeladen. Oft ergaben sich lebhafte Debatten, vor allem in Anbe-
tracht der frühen Stunde. Einmal diskutierten wir mit einem
mittlerweile verstorbenen Opernsänger, der recht launig Anek-
doten zum Besten gab. Als die Sendung vorüber war, stellte
er – ich glaube, es muss sogar im Abspann zu hören gewesen
sein – jene Frage, die sich mir unauslöschlich ins Gedächtnis
grub: »Kömma redn?«

Was haben wir denn die ganze Zeit getan?, wollte ich ihn fragen. Aber ich verstand. In der Öffentlichkeit reden wir nicht wirklich, wir tun nur so.

Der pflegeleichte Autor

Danke, ich halt's
aus im Schmalz
es geht mir gut
im Eigenblut
selbst wenn sich's staut
in meiner Haut
find ich es nett
im eignen Fett

Humanisten über Humanisten: Ein Dialog
(Nachtrag zu »Der Begriff Würde«)

LEKTOR Diese Fußnoten, meinst du die ernst?
AUTOR Ich muss doch die Quelle angeben.
LEKTOR Angeberei ist auch dabei: Was ich alles lese!
AUTOR Nein, genau nicht. Ich will nicht so tun, als wäre ich Altphilologe oder Moralphilosoph.
LEKTOR Nein, du willst bloß hochfahrend herumgestikulieren!
AUTOR Zugegeben. Fußnoten verleihen jedem Text eine gewisse Würde.
LEKTOR Aber sie zeigen auch, dass der Autor nicht imstande war, Zitate geschmeidig in seinen Text zu integrieren.
AUTOR Zitate sind wie Räuber, ich erinnere dich an Walter Benjamin.
LEKTOR Dieses Zitat fällt bei dieser Gelegenheit wirklich jedem

zuerst ein. Ich empfinde Fußnoten eher als Fußfallen, die den Lesefluss hemmen ...

AUTOR Manchmal fängt sich aber doch was darin. Erstaunlich, wie viele Altphilologen Nazis waren oder organisch aus der Nazizeit in die Nachkriegszeit herüberwuchsen.

LEKTOR Zum Beispiel?

AUTOR Zwei, die ich für die römische Würde konsultiert habe. Viktor Pöschl, den man unter Altphilologen diesbezüglich offenbar mit Nachsicht betrachtet. Der stellt nur implizit die römischen Tugenden den amerikanischen Verderbern der Jugend entgegen. Hans Drexler ist da schon ein anderes Kaliber. Sein instruktiver Aufsatz über *Dignitas* stellt sich als 1943 gehaltene Rektoratsrede heraus.

LEKTOR Immer diese Rektoratsreden! Und die zitierst du so locker? Wie kommst du überhaupt zu einem Naziautor?

AUTOR Ich habe ins Regal gegriffen und einen ehrenwert aussehenden Sammelband über »Das Staatsdenken der Römer« herausgenommen, publiziert von der seriösen Wissenschaftlichen Buchgesellschaft, 1966. Voller alter Nazis. Das Buch hatte ich antiquarisch gekauft, hinten eingeklebt fand sich das Typoskript einer Rezension, erschienen im *Anzeiger für die Altertumswissenschaft*. Der kundige Rezensent, der Altphilologe Karl Vretska, hat mit Bleistift im Inhaltsverzeichnis ein paar Jahreszahlen korrigiert. Außerdem beklagte er die Abwesenheit Pöschls in diesem Band.

LEKTOR Hat Drexler die Jahreszahl seiner Dignitas-Rede gefälscht?

AUTOR Nein, das ging denn doch nicht. Drexler war so hochgradig, dass er nach 1945 Berufsverbot hatte. Aber ein paar andere dieser Altphilologen haben geschwindelt, zwei datierten die Entstehung ihrer Texte auf 1960, in Wahrheit wurden sie 1942 und 1940 veröffentlicht. Wenn wir schon von Fußnoten reden: In der Fußnote zum Titel seiner Rede rechtfertigt sich Drexler, er habe damals die freie Lehre gegen einen NSDAP-

Funktionär verteidigen müssen, und lobt den Gauleiter von Süd-Hannover-Braunschweig, ohne dessen Namen zu nennen.

LEKTOR Unglaublich! Wer war dieser Gauleiter?

AUTOR Der Österreicher Hartmann Lauterbacher. Er war unter anderem Stellvertreter Baldur von Schirachs. 1940 warf er 1200 Hannoveraner Juden aus ihren Wohnungen, zwang sie in ein Ghetto von »Judenhäusern«, ein Jahr später ließ er sie in Vernichtungslager deportieren. Unser Würdefachmann Drexler lobt 1966 kaltblütig diesen Burschen (Lauterbacher floh 1948 und tauchte unter), weil der »anders als andere unsere Universität als Stätte der Wissenschaft immer mit Achtung behandelt hat«.

LEKTOR Überzeugt hast du mich nicht. Okay, geben wir die Fußnoten hinein, aber ganz nach hinten.

10. Nachgedanken.
Zögerliches Alphabet republikanischer Würde

In the prison of his days
Teach the free man how to praise
W. H. Auden

Ateleia. Bei den alten Griechen gab es die Einrichtung der Ateleia. Um das Gemeinwesen verdiente, besonders tüchtige Staatsbürger erhielten das Privileg der Abgabenfreiheit. Heute läuft das anders. In Ermanglung einer urteilsfähigen Gemeinschaft, der man zutrauen würde, solche Entscheidungen auf faire Weise zu treffen, treffen die Reichen sie einfach selber. Leider ist ihnen dabei das Kriterium abhanden gekommen, dass man sich zuvor um das Gemeinwesen verdient gemacht haben sollte. Was ihnen zugesprochen werden müsste, nehmen sie sich einfach selbst. Bei den alten Griechen hätte man sie verbannt. Heute kommen sie sich besonders tüchtig vor. Am Ende meinen sie, sie hätten sich um das Gemeinwesen besonders verdient gemacht.

Beamte. Zu Recht singt Robert Menasse das Loblied des EU-Beamten. In Österreich kennen wir dessen Vorbild: den josefinischen Beamten. Er west noch immer in den ärarischen Gebäuden der Monarchie und brachte es in seinem staatsfixierten Ethos nicht einmal über sich, Minister gewordenen Staatsfeinden die Gefolgschaft aufzukündigen. Der Beamte blieb loyal, als sie anfingen, ihm überbezahlte und unterqualifizierte Nehmer in die Kabinette zu setzen, sogenannte Berater, und er blieb ruhig, als sie ihn ein ums andere Mal in der Öffentlichkeit schlechtmachten. Gewiss, er neigt zu exzessiver Beharrlichkeit, ist aber bei Bedarf flexibel und modern. Wo der flexible Mensch das Ende der Staatlichkeit einläutet, wird der Beamte, ja, die Beamtin auch, unflexibel und verhindert das Scheitern des Staates, so lange man ihn lässt. Er ging geschmeidig durch die Regimes, aber er sorgte immer dafür, dass Steuern eingenommen werden. Griechenland: sehr viele Beamte, die ihre Arbeit nicht tun. Brüssel, wenige Beamte, die sehr effizient arbeiten. Österreich: eine gute Verwaltung mit großer Geschichte, die es beide leidenschaftlich gern verleugnet. Seine Zukunft lagert es lieber an schwindlige Experten aus, als den Versuch zu machen, den Wert seiner Beamten zu schätzen, sie und sich dadurch aufzuwerten.

Chancengleichheit. Warum nicht gleich Gleichheit? Neubeginn mit gleichem Recht für alle? Die Propaganda des Finanzkapitalismus infiltriert die unwahrscheinlichsten Orte. Ausgerechnet am 1. Mai verkündet die *Kronen Zeitung*, das Problem seien nicht spekulierende Superreiche, sondern Fonds im Besitz öffentlicher Institutionen, Städte, Länder. Sie seien die wahren Spekulanten, sie würden mit dem ganz großen Geld hantieren. Ablenkung mit allen Mitteln! Umso dringender wäre ein New Deal, eine völlig neue Chance, ein neues Wirtschaftssystem. Die Krise bringt bekanntlich Chancen, und die Finanzkrise ist noch lange nicht ausgestanden. Die Chance zum Wandel ist immer mit Gefahr verbunden. Beim New Deal trat die autoritäre Versuchung in Gestalt des Publizisten Walter Lippmann an Roosevelt heran und legte ihm nahe, er solle den starken Mann spielen und den Kongress aushebeln. Roosevelt blieb standhaft; Philip Roths Roman »Verschwörung gegen Amerika« schildert ein faschistisches

Amerika, wie es damals unter einem anderen Präsidenten, etwa dem Nazi-Bewunderer Charles Lindbergh, hätte entstehen können.[1]

Demontage. Beinahe hätte ich das Stichwort Demenz hierhergesetzt (es wäre kurz ausgefallen: Hier wie überall gilt, Early Adopters sind besser dran). Vielleicht nicht unverwandt, aber doch wichtiger scheinen mir Demontage und eilfertige Selbstdemontage der Politik. Die erste liegt im Interesse der sogenannten Märkte, die zweite geschieht durch Anbiederung an den Spezialmarkt der populistischen Medien. Dadurch geht die Struktur politischer Öffentlichkeit flöten, man kann nicht mehr zivilisiert miteinander streiten, sondern nur noch behaupten, man streite nicht, man arbeite lieber. Politik ist aber ein anderes Wort für öffentlichen, zivilisierten Streit. Öffentliche Selbstdemütigungen, wie der Wettlauf beim Kürzen der eigenen Gehälter, tun ein Übriges. »If you pay peanuts, you get monkeys« – den Spruch hat angeblich ein anglo-französischer Pavian geprägt, der Milliardär Jimmy Goldsmith. Was soll das Publikum von Affen halten, die Erdnüsse aus dem Käfig werfen?

Essen. Auch bei Tisch zeigt sich, wie mühsam ein Leben in Würde ist. All die Entscheidungen, die man trifft, ob man will oder nicht. Convenience Food heißt das Futter, das vorgibt, sie uns zu ersparen. Schon bei Fast Food ist man nicht mehr sicher auf der bösen Seite. McDonald's garantiert bereits die Herkunft seiner Produkte aus Österreich, demnächst bieten sie dort nur noch Bio an. Das wäre gut, denn früher logen wir uns von vorn bis hinten in den Sack, den wir aus den Geschäften trugen. Welche Folgen unsere Kaufentscheidungen in den Supermärkten haben, interessierte uns nicht die

Bohne. Agrarindustrie, Chemie- und Saatgutmultis konnten wir vom Hiaslbauern kaum unterscheiden. Die Welt wurde kleiner, wir nehmen wahr, was wir am anderen Ende anrichten: Hunger, ökologische Verwüstung, Vernichtung pflanzlicher Vielfalt. Die Tierfabriken in unserer Nachbarschaft und die Monstrosität industrieller Schlachthöfe werden wir auch noch sehen.

Franziskus I. Unvergessen der Augenblick, als der soeben gewählte Papst zum ersten Mal auf den Balkon des Petersdoms trat und die anwesende Menge und die durch Kameras repräsentierte Weltöffentlichkeit feierlich, fröhlich und einfach begrüßte: Brüder und Schwestern, guten Abend. So nimmt man ein jahrhundertealtes Ritual leicht, ohne es abzuweisen. Franziskus hat uns einen einfachen Menschen vorgespielt, der er gewiss auch ist, sonst könnte er ihn nicht spielen; aber auf einer solchen Weltbühne kann man wiederum nicht anders, als ihn zu spielen. In diesem Augenblick habe ich ihm alles geglaubt. Deswegen brauche ich sein weltpolitisches Gewicht nicht zu vergessen. Wird er die Kirche nicht nur im Hinblick auf Knabenmissbrauch moralisch, sondern im Hinblick auf finanziellen Missbrauch auch politisch sanieren, wird er sie krisenfest und glaubwürdig machen? Und wird er in Lateinamerika jene Rolle spielen, die Johannes Paul II. beim Sturz des Kommunismus spielte? Es ist ihm zuzutrauen, die nach Hugo Chavez geschwächte lateinamerikanische Linke gemeinsam mit den USA zurückzudrängen. Wird es dann heißen: Brüder und Schwestern, gute Nacht? Oder befreiungstheologisch: Guten Morgen?

Glücksspiel. In einem anständigen Staat wäre das Glücksspiel verstaatlicht. Angeblich unter dem Druck der EU versuchte Österreich beliebtester Privatisierungsminister, die Vergabe von Glücksspiellizenzen zu privatisieren. Diesen Druck gibt es nicht; die EU überlässt es den Mitgliedstaaten, wie sie mit dem Glücksspiel umgehen. Wohl gibt es juristischen Druck und kommerziellen Druck auf jede Form von Öffentlichkeit, die das Glücksspiel kritisiert. In Österreich bestand einst ein staatliches Glücksspielmonopol. Warum die Früchte des Spiels der Casino Austria AG mittlerweile nicht nur der Nationalbank, sondern auch der Uniqa, der Leipnik-Lundenburger (beide Teile des Raiffeisen-Imperiums), der Kirche und privaten Stiftungen zufließen, darunter jener des langjährigen Generals Leo Wallner, kann keiner erklären. Wenn Menschen ihr Geld verzocken, sollten sie dies in staatlich kontrollierter Form tun und so, dass die Gewinne und Steuern daraus dem Staat, also der Allgemeinheit in möglichst maximaler Höhe zukommen. Glücksspiel ist ein Vorbild, aber ein Trugbild der Wirtschaft. Glücksspiel ist kein reales Geschäft, Glücksspiel ist ein Geschäft mit dem Unglück. Hier helfen nur strikte Kontrolle, rigider Spielerschutz. Sonst überlässt man das Glücksspiel dem organisierten Verbrechen. Auch das hätte eine gewisse Tradition. Private Profite aus diesem Laster haben in einer vernünftig geregelten Gesellschaft nichts zu suchen. Glücksspiel kommt die Gesellschaft viel zu teuer. Von der Betreuung zerstörter Familien bis zur Verfolgung der Beschaffungskriminalität hat der Staat die Kosten zu tragen. Es gibt Hoffnung: In Wien gelang es 2011, das sogenannte kleine Glücksspiel zu verbieten – ab 2015 sollen 3125 in 500 Lokalitäten aufgestellte Spielautomaten verschwinden. Casinos und andere Spielformen bleiben; Glücksspiel im Internet wird von der Regelung gar nicht berührt. Der Wiener Erfolg, errungen von einer linken Oppositionsgruppe innerhalb der SPÖ, kann also nur ein erster Schritt sein. Noch erlauben mehrere

Bundesländer das kleine Glücksspiel. Über die Wiederverstaatlichung der privatisierten Casinoanteile darf diskutiert werden. Der Beschluss der rot-grünen Wiener Regierung kann ein Punkt sein, von dem aus sich eine Gesellschaft darüber verständigt, ob sie das will: Privatisierung des Glücks, Sozialisierung des Unglücks.

Hoffnung. Angesichts der Verhältnisse in Südosteuropa gibt man leicht die Hoffnung auf. Korruption, Mafia, Staatsversagen. Wann wird sich je etwas ändern? Im eigenen Land haben wir ein Beispiel, wie schnell scheinbar unumstößlich verfestigte und unfassbar verrottete Verhältnisse kippen können. Kärnten! Der österreichische Südstaat, wo das braune Grundmandat zum Traditionsbestand gehörte, feudale Niedertracht als Nationalanzug galt, Willkür, Frechheit und Nehmertum regierten, wo milder Schwachsinn vom Mittagskogel in die Täler floss, dieses Kärnten wählte seine Regierung ab. Landeshauptmann ist nun ein kluger Sozialdemokrat, der mit Grünen und Schwarzen eine Dreierkoalition bildet, allesamt besonnene Demokraten mit zivilen Umgangsformen. Keiner von ihnen hat sich an den vermeintlichen Genius loci angebiedert. Wenn man glaubhaft das Richtige will, bekommt man es manchmal sogar.

Intervention, humanitäre. Meist werden dabei nackte Großmachtinteressen durch universelle Menschenrechte bemäntelt. Der slowenische Philosoph Slavoj Žižek ist nicht der Erste, der auf solche Instrumentalisierung der Menschenrechte hingewiesen hat. Aber am Ende seines Essays »Against Human Rights«[2] kommt auch er nicht am Schluss vorbei, dass Menschenrechte zwar für den Einzelnen abstrakt sind, dass aber ohne ihren Universalismus individuelle politische

Rechte nicht existieren würden. »Der Sinn der menschenrechtlichen Grundidee von Gleichheit und Freiheit besteht (...) in einer radikalen Unbestimmtheit und Allgemeinheit. Das zeigt sich in der revolutionären Situation, in der gegen die etablierte Ordnung, die einem Gemeinwesen Berechtigungen und Beschränkungen, Privilegien und Ausschlüsse verteilt, die Freiheit und Gleichheit *eines Jeden* gefordert wurde.«[3] In der ethisch argumentierten humanitären Intervention fängt die Sache ebenso unbestimmt an, geht aber bestimmt schlecht aus: »Eine unendliche Gerechtigkeit (*infinite justice* nannten die USA ihre Vergeltungsaktion nach 9/11, benannten sie aber nach muslimischen Protesten in *enduring freedom* um, Anm.) ist nicht nur eine Gerechtigkeit, die jene Prinzipen des internationalen Rechts verwirft, die eine Einmischung in die ›inneren Angelegenheiten‹ eines anderen Staates verbietet; es ist eine Gerechtigkeit, die alle Unterschiede auslöscht, die das Feld des Rechts im Allgemeinen bestimmt haben: die Unterschiede zwischen Gesetz und Faktum, legaler Bestrafung und privater Vergeltung, Gerechtigkeit, Polizei und Krieg. Alle diese Unterscheidungen werden auf einen rein ethischen Konflikt zwischen Gut und Böse reduziert.«[4] Nichtsdestoweniger gibt es Fälle, wo humanitäre Interventionen nicht nur erlaubt, sondern sogar geboten sind, wenn es tatsächlich darum geht, massive Menschenrechtsverletzungen, etwa Massenmorde wie jenen in Ruanda, zu verhindern. Auch dafür gibt es internationales Recht: jenes der Staatengemeinschaft, sie muss zustimmen. Kann aber auch, wie im Fall des Irakkriegs, hinters Licht geführt werden. Oder, wie in Ruanda, untätig bleiben.

Justifizierung der Welt. Alle Probleme, mit denen wir nicht fertig werden, delegieren wir an die Justiz. Gewiss brauchen wir Richter als Mittler in Angelegenheiten, die sich im vernünftigen Disput nicht mehr entscheiden lassen, auch als Schutz gegen das Faustrecht. Zugleich ist die Verrechtlichung aller Lebensbereiche eine Art Selbstentmündigung. Politisch, wenn deutsche Europapolitik beim Verfassungsgericht ihre letzte Instanz findet. Oder wenn die Klage beim Europäische Gerichtshof als Ausweg empfohlen wird, weil die Kommission in einem demokratiepolitisch verdächtigen Mitgliedsland nicht einschreiten will. Die Delegierung von Entscheidungen schreitet so weit fort, privat wie politisch, bis sie sich von dem, der die Entscheidung treffen sollte, vollkommen loslöst. Wie im Fall jener Algorithmenspekulationen, bei denen Banker nicht mehr wussten, was sie verkauften und kauften. Mit dem Ergebnis der Finanzkrise. Oder im Fall der Verrechtlichung von Politik. Denn sie wissen nicht mehr, was sie wollten. Nur, dass es keine Alternative gab.

Korporatismus. Oder Sozialpartnerschaft. Oder auch Kapitalismus, Rheinischer. Wenn die Alternative lautet, marktförmige Demokratie oder demokratiekonformer Markt, muss man nicht lange nachdenken. Sollte man meinen. Länger nachdenken muss man, warum Österreich es erstens nicht schaffte, seine soziale Marktwirtschaft zu modernisieren und zweitens, sie als europäische Alternative anzubieten. Bloß, weil das Gute langweiliger ist als das Böse? Oder doch, weil weniger Leute umso mehr verdienen, während tendenzielle Gleichheit mehr Leuten so etwas wie ihr kleines Glück verschafft?

Lipizzaner. Die Regierung Schüssel hat die Spanische Hofreitschule exemplarisch privatisiert. Das Exempel missriet zur Pleite, finanziell und symbolisch. Die Pferde wurden »zu touristischen Cashcows degradiert«, es geht nicht mehr um

Kunst, es geht um Shops, Merchandising, Umsatzträger, Immobilien, Vermarktung, Eventplätze und Pferdematerial.[5] Reinhold Schneider fand für einen Lipizzanerhengst 1958 noch folgende Worte: »Für Maestoso Alea gibt es keinen Traum; alles ist Ernst, Zucht, Wachsein, Aufmerksamkeit auf den Taktschlag, den inneren Takt. Karl V. sprach spanisch mit Gott, italienisch mit Frauen, französisch mit Männern, deutsch mit seinem Pferd: vielleicht die erste Auszeichnung unserer Sprache.«[6] Um Rupert Murdoch[7] zu paraphrasieren: Fuck dignity, bring in the studs!

Musik. Der Soziologe Richard Sennett stellt in seinem Buch »Respekt« die Frage, wie Stärkere dazu gebracht werden könnten, Schwächeren mit Respekt zu begegnen. Er berichtet von eigenen Erfahrungen mit Musik als »Ausdruckspraxis gegenseitigen Respekts«[8]. Wohl wahr, das kann man beim gemeinsamen Musizieren lernen. Aber ebenso wenig, wie Respekt allein soziale Ungerechtigkeit beseitigt, erklärt er, warum Musik der Zufluchtsort für Würde ist. Vielleicht, weil gute Interpreten in guter Musik verschwinden können. Und uns dorthin mitnehmen. Verdacht: Das wirkt befreiend, weil wir, solange wir da sind, unserer eigenen Würde im Weg stehen.

Nation. Verfassungsmäßig gesehen sind wir die Negation Deutschlands. Österreich ist das Un-Deutschland, eine stolze Kulturnation eigenen Rechts. Die Deutschnationalen im Land kostümieren sich als Rotweißrot-Patrioten und kommen damit durch. Unsere Verfassung brächte uns in europäische Verlegenheiten aller Art: Wie können wir uns einem Hegemon unterordnen, dessen verfassungsmäßige Negation wir sind? Gott, den wir beinahe in die Verfassung geschrieben hätten, hat uns aber die Realverfassung gegeben. Mit deren Hilfe richten wir es uns allenthalben, auch in Europa mit den Deutschen, deren Kolonie zu sein wir schon vorher zufrieden waren.

Öffentliches Eigentum. Immer wieder hört man, so etwas funktioniere nicht, das müsse weg. Private könnten das besser. Gegenbeispiele gibt es zuhauf. Jüngst haben sogar die Österreichischen Bundesbahnen unter ihrem neuen, tüchtigen Manager eine positive Bilanz vorgelegt. Merkwürdig, wie wenig das Rote Wien aus seiner Rolle macht. Es bildet noch immer eine Enklave des realen Sozialismus, mit dominantem öffentlichem Eigentum an Wohnungen zum Beispiel, mit einem einigermaßen kontrollierten Wohnungsmarkt. Ohne Ghettos. Mit unglaublichem Kultur- und Freizeitangebot und erstklassigem Trinkwasser. Ein urbaner, durchaus vitaler Rest jener Epoche, die Österreich etwa dreißig Jahre lang einen friedlichen demokratischen Sozialismus bescherte (gut, minus funktionierende Öffentlichkeit). Man wundert sich, dass nicht pausenlos Delegationen aus aller Welt eintreffen, um dieses Wunder zu besichtigen. Täglich bangt man, ob nicht doch irgendwelche Finanzspekulationen nach niederösterreichischem Muster ans Licht kommen; einstweilen ist nur von Frankenkrediten die Rede. Die Hauptsorge der roten Gemeindeverwaltung: dass die Fahrradfreude der grünen Koalitionspartner den eingefleischten Autofahrern unter den Genossen zu sehr auf die Nerven geht. Das nenne ich eine Idylle.

Präsident. Der Präsident ließ sich beim Daumendrücken filmen, das war bei jeder Übertragung zu sehen. Stand am Schluss des Wettbewerbs eine österreichische Niederlage, stahl er sich aus dem Pulk der Betreuer davon. So verhielt sich der Präsident unseres Skiverbandes bei der Skiweltmeisterschaft in Schladming 2013. Es gibt andere Präsidenten. Zum Beispiel den Bundespräsidenten. Ein Pol der Würde in einem Meer von Würdelosigkeit. Einer, der sein Amt verkörpert, mit allem was dazu gehört. Das ist vor allem der freiwillige Verzicht auf die Macht, die dieses Amt kraft Verfassung hätte. Das ist Besonnenheit, demonstrative Zurückhaltung, Klugheit in öffentlichen Angelegenheiten. Heinz Fischer ist ein Glücksfall. Es gibt nicht allzu viele Amtsträger, die ihr politisches Amt mit Sachkenntnis, Souveränität, vor allem aber auch mit Freude ausüben. Amtsträger, die Staatsschauspieler des Staates wegen und nicht der Schauspielerei wegen sind. Der norwegische Ministerpräsident Jens Stoltenberg, der im Augenblick des Breivik-Attentats unter Tränen sagte, Norwegen bleibe eine offene Gesellschaft. Ohne solchen gelungenen Ausdruck staatlicher Würde, wäre die ohnehin gefährdete Veranstaltung Demokratie nicht von langer Dauer.

Qualitätsmedien. Ein Kapitel, das kurz gehalten werden könnte. Vielleicht sollte ich eine kurze nachträgliche Definition versuchen: Qualitätsmedium meint die Gesamtheit einer journalistischen Veröffentlichung, nicht bloß einzelne Artikel oder Sendungen. Sie besteht in einer transparent erbrachten kollektiven journalistischen, redaktionellen Leistung. Keineswegs bedeutet sie bloß die gute Erfüllung von Kundenerwartungen. Schließlich, aber nicht zuletzt, hat sie eine demokratische Aufgabe: »Die Öffentlichkeit leistet zur demokratischen Legitimation des staatlichen Handelns ihren Beitrag, indem sie politisch entscheidungsrelevante Gegenstände auswählt, zu Problemstellungen verarbeitet und zusammen mit mehr oder weniger informierten und begründeten Stellungnahmen zu konkurrierenden öffentlichen Meinungen bündelt. Auf diese Weise entfaltet die öffentliche Kommunikation für die Meinungs- und Willensbildung der

Bürger eine stimulierende und zugleich orientierende Kraft, während sie das politische System gleichzeitig zu Transparenz und Anpassung nötigt. Ohne die Impulse einer meinungsbildenden Presse, die zuverlässig informiert und sorgfältig kommentiert, kann die Öffentlichkeit diese Energie nicht mehr aufbringen.«[9] Im Übrigen gilt: »Die erste Freiheit der Presse besteht darin, kein Gewerbe zu sein.«[10] Dies gerade, wenn sie ums ökonomische Überleben kämpft.

Republik mit Würde. Ich habe so viel unterschlagen. Den stillen und lauten Protest im Land. Bürgerinnen und Bürger lassen sich nicht unterkriegen und stellen sich schützend vor integrierte Ausländerinnen, denen gnadenlose Bürokraten mit Abschiebung drohen. Engagieren sich in Initiativen, Pfarren, Sozialprojekten. Viele Amts- und Würdenträgerinnen lassen sich nicht nur nichts zuschulden kommen, sondern machen integer ihren Job und verteidigen die Demokratie. Junge Leute mit Idealen, kämpferische Frauen, alte Querköpfe – alle Alltagshelden einer würdigen Republik aufzuzählen bräuchte ein anderes, umfangreicheres Buch. Nicht unerwähnt bleiben darf hingegen, dass geschichtspolitisch eine Wendung eingetreten ist, die sich auch in den Feiern der Republik zeigt. Die Würdelosigkeit im Wegducken vor der eigenen Nazivergangenheit hat nach einer alarmistischen Phase einer gewissen Normalität Platz gemacht. Man feiert nun den 8. Mai, den Tag der Kapitulation Hitlerdeutschlands, ganz offiziell und überlässt das Datum nicht mehr den Kundgebungen der Kellernazis. Schließlich war es dem Naziregime nicht nur in seinen Lagern »um die Zerstörung (...) der menschlichen Würde«[11] gegangen, und wenn nun die Republik der Opfer dieses Regimes gedenkt (und des Anteils Österreichs an diesem Regime), dann dient das der Wiederherstellung ihrer eigenen Würde. Sie zeigt sich in Feiern von Parlament, Hofburg und

Kanzleramt abwärts. Gewisse Stilunsicherheiten, geschuldet einer langen Enthaltsamkeit, werden sich geben.

Staudinger, Heini. Der Waldviertler Unternehmer ist im Begriff, zur internationalen Ikone zu werden. Schon lobt ihn die *FAZ*, schon porträtiert ihn das Wirtschaftsmagazin *Brand Eins*, schon preist ihn der Soziologe Harald Welzer als beispielhaft. In Wien und im Waldviertel kennt man den tüchtigen Unternehmer schon länger. In einer Region der Abwanderung und der Hoffnungslosigkeit schuf er 120 Arbeitsplätze und ist als Händler erfolgreich. Als ich 2007 vier Wochen lang in Indien reiste, las ich in den Zeitungen kein Wort über Österreich. Nur einmal. Die *Times of India* publizierte einen Artikel über eine Lokalwährung, die Staudinger damals in Umlauf brachte. Nun popularisiert die Finanzmarktaufsicht FMA den Heini. Sie prüfte ihn seines Crowd Funding wegen und stufte seinen Betrieb als Bank ein. Das war insofern ein Irrtum, als Staudinger die Kredite von Freunden und Bekannten nicht dazu benutzte, Geldhandel zu betreiben, sondern mit ihnen seine Investments finanzierte. Die FMA mochte Recht haben, dabei ist mehr Transparenz nötig. Mit noch mehr Recht musste sie sich sagen lassen, bei Banken und Anlagebetrügern hätte sie in den vergangenen Jahren mehr zu beaufsichtigen gehabt. Heini Staudinger, der seine Widerstandshaltung genussvoll ausspielt, gibt mit seinem Beispiel kleinen und mittleren Unternehmern das zurück, was ihnen der Finanzmarkt und die Banken nehmen: Haltung. Eine Idee, welchen Sinn Schulden und Investitionen in der Realwirtschaft haben. Und eine Leidenschaft, ohne die sich nirgendwo etwas Neues verwirklichen lässt.

Tiere. Das Weinviertler Wild wird Botschafter der Niederösterreichischen Landesausstellung 2013. Das gab der frischge-
backene Obmann der Genussregion Weinviertler Wild, Land-
tagsabgeordneter Ingenieur Manfred Schulz, im Februar 2013
bekannt. Ein Genuss! Aber genießen Botschafter nicht diplo-
matische Immunität?

Utopie. Mag sein, dass es nicht gut aussieht für die EU. Der
»Exekutivföderalismus« (Habermas) zerstört die politische
Idee Europas. Je schärfer die EU unter halbwillentlicher deutscher Führung (und teilnahmslosem Beifall von österreichischer Seite) ohne demokratische Legitimitierung ihre Variante der »marktkonformen Demokratie« durchzieht, desto
mehr gerät das gesamte Projekt in Misskredit. Nicht nur
Linke, auch desillusionierte Bürgerliche rufen nach einer
zweiten Aufklärung, um den unwiederbringlichen Wert des
Projekts Europa zu retten.[12] Das ist ein zentrales Motiv von
Frank Schirrmachers Buch »Ego«, und das verbindet ihn ver-
blüffenderweise mit einem alten Linken wie dem Sozialphi-
losophen Oskar Negt. Beiden geht es um die konkrete Utopie des Sozialstaats. Die wird nur glaubhaft, würde der eine
sagen, wenn im Einzelnen nicht mehr das Ego-Gen bestim-
mend ist; der andere, wenn das politische Subjekt für ein soziales Fundament Europas sorgt. »Die Weiterentwicklung des
Sozialstaats ist und bleibt ein wesentliches Element im Prozess der europäischen Einigung.«[13] Englische Linke haben
Recht, wenn sie die Selbstgefälligkeit kontinentaler Europa-
Fürsprecher kritisieren. Diesen Kritikern zuzustimmen kann
aber nicht heißen, die Europäische Union aufzugeben, im Gegenteil: Wir müssen sie liebevoll kritisieren, denn unsere demokratische Zukunft wird europäisch sein oder nicht demokratisch. Deswegen muss Europa demokratisch werden.

Vermögenswahrheit. Warum nimmt die Öffentlichkeit die Entstehung gewisser Vermögen mit Erstaunen und Respekt zur Kenntnis und stellt nicht die Frage, wie genau sie zustande kamen? Diese Frage beeinträchtigt nicht das Grundrecht der Erwerbsfreiheit. Jeder von uns kennt in seinem Blickfeld ein paar Leute, die nur mit ihrem Gehalt nie im Leben jenes Vermögen zusammengebracht hätten, das sie besitzen. Vom kleinen Bürgermeister, mit dessen Gehalt man seinen Grundbuchsauszug nicht erklären kann, bis zum Bankdirektor, der zwar obszön gut verdiente, aber nicht jene Beträge, die ihn zum Tycoon machten. Man sollte ihnen die Frage nicht ersparen. Wenn sie nur geschickt spekuliert haben, werden sie alles erklären können. Leider verhindert die Existenz eines ordentlichen Vermögens meist jede Frage nach Anstand.

Wertschätzung. Ein altes Wort wird wieder jung. Dass die Wertschätzung, als Verbum »wertschätzen« gebraucht, modisch geworden ist, kann doch nur als Zeichen verstanden werden, dass die Menschheit in moralischen Angelegenheiten fortschreitet. Wer könnte daran etwas aussetzen? Ich natürlich. Jemanden wertzuschätzen heißt, seinen Wert zu schätzen, ohne zu sagen, was der wäre. Man meint damit, dass man den Wert einer Person so hoch schätze, dass man ihn nicht beziffern wolle. Hoher Wert und überhaupt kein Preis, klassische Würdedefinition sozusagen. Im Hauptwort »Wertschätzung« hört man das auch so. In der Zeitwortform »wertschätzen« allerdings tritt die Tätigkeit des Taxierens über Gebühr hervor, und unversehens stellt sich die Frage, welcher Wert denn da geschätzt wird und wie hoch. Ganz und gar misstrauisch macht mich die Formulierung »mit anderen wertschätzend umgehen«. So gut sie es meint, in meinen Ohren klingt sie nach Theater.

Xenophobie. Entwürdigende und andere Menschen demütigende Haltung, mit der man in unanständigen Republiken, also fast überall, Wahlen gewinnt.

Ysop. Kleiner Busch mit stark duftenden Blättern und violetten Blüten, gelegentlich wird der Name auf verwandte Pflanzen übertragen, vor allem auf die *Stureja hortensis*, das Bohnenkraut.[14] Steht hier, weil ich nicht auf ein englisches Wort ausweichen wollte. Und weil dieses würdige Alphabet etwas enthalten soll, das anmutig zwecklos duftet.

Zumutung, die letzte. Worauf willst du eigentlich hinaus mit deinem Buch, fragte mich ein Freund. Stimmt, ein Buch muss eine These haben, meinungsstark sein, der Öffentlichkeit einen bissfertigen Happen hinwerfen. Handlungsanweisungen? Sind von Kommentatoren nicht zu erwarten. Was ich will? Eine Politik, die sich nicht in Machttechnik erschöpft. Eine Öffentlichkeit, die Demokratie nicht abschafft, sondern schafft. Eine europäische Republik Österreich mit Würde in einem vereinigten, demokratischen Europa. Ist das auch schon zu viel verlangt?

Anmerkungen

1. Einleitung

1 Avishai Margalit: Politik der Würde, übersetzt von Anne Vonder-
   stein und Gunnar Schmidt, Berlin 2012, Seite 126
2 »non-negotiable demands of human dignity«, President Bush
   Outlines Iraqi Threat, Remarks by the President on Iraq,
   Cincinnati Museum Center, Cincinnati, Ohio, 7.10.2002
   (www.gwu.edu/~nsarchiv/NSAEBB/NSAEBB80/new/doc%2012/
   President%20Bush%20Outlines%20Iraqi%20Threat.htm)
3 Wolfgang Streeck: Wissen als Macht, Macht als Wissen. Kapitalis-
   musversteher im Krisenkapitalismus, in: Merkur 9/10, 2012,
   Seite 787
4 Panajotis Kondylis, Viktor Pöschl: Stichwort Würde, in:
   O. Brunner, W. Conze, R. Koselleck (Hg.): Geschichtliche Grund-
   begriffe. Historisches Lexikon zur politisch-sozialen Sprache in
   Deutschland, Band 7, Stuttgart 1992, Seite 676
5 Margalit, a.a.O., Seite 62
6 Karl Kraus: Die Fackel Nr. 250–51, 1908, Seite 30–33

2. Der Begriff Würde

1 Platon: Der Staat, 613b, Zürich–München 1974, Artemis-Ausgabe
   Band 4, 1974, Seite 508
2 Ernst Bloch: Naturrecht und menschliche Würde, Frankfurt/Main
   1972, Seite 27 ff.
3 Anicius Manlius Severinus Boethius: De consolatione philoso-
   phiae 2, 5 (www.gutenberg.net, E-Book #13316)
4 Paul Tiedemann: Was ist Menschenwürde?, Darmstadt 2006,
   Seite 53
5 Kondylis, a.a.O., Seite 645
6 Ebd. Seite 650 f.
7 Ebd. Seite 651 ff.

8 Ebd. Seite 659 f.

9 Hans Blumenberg: Die Legitimität der Neuzeit, erneuerte Ausgabe
   Frankfurt/Main 1996, Seite 135 ff.

10 Pico della Mirandola: Rede über die Würde des Menschen, in: Franz
    Josef Wetz (Hg.): Texte zur Menschenwürde, Stuttgart 2011,
    Seite 84

11 Kondylis, a.a.O., Seite 662

12 Bartolomé de Las Casas: Kurzgefaßter Bericht von der Verwüstung
    der Westindischen Länder. Hg. von M. Sievernich, Frankfurt/Main
    2006, Seite 200

13 Matthias Lutz-Bachmann: Der Mensch als Person. Überlegungen
    zur Geschichte des Begriffs der »moralischen Person« und der
    Rechtsperson, in: Eckart Klein, Christoph Menke (Hg.): Der
    Mensch als Person und Rechtsperson, Berlin 2011, Seite 117

14 Bloch, a.a.O., Seite 65

15 Kondylis, a.a.O., Seite 665

16 Friedrich Nietzsche: Götzendämmerung, Werke II, München 1973[7],
    Seite 1023 f.

17 Kondylis, a.a.O., Seite 667

18 Ebd. Seite 668 f.

19 Friedrich Schiller: Anmut und Würde, Sämtliche Werke, Band 5,
    München 1975[5], Seite 475

20 Zitiert nach Jean-Pierre Wils: Stichwort Würde, in: M. Düwell,
    C. Hübenthal, M. H. Werner: Lexikon der Ethik, Stuttgart–Weimar
    2006[2], Seite 561

21 Immanuel Kant: Grundlegung zur Metaphysik der Sitten, Stuttgart
    2008, Seite 72 (434–435)

22 Johann Wolfgang Goethe: Dichtung und Wahrheit, Sämtliche
    Werke Band 16, München 1985, Seite 429

23 Johann Peter Eckermann: Gespräche mit Goethe, Frankfurt/Main
    1992, Seite 294 (13. 2. 1829)

24 Kondylis, a.a.O., Seite 673

25 Friedrich Engels, Karl Marx: Kommunistisches Manifest (http://
    de.wikisource.org/wiki/Manifest_der_Kommunistischen_
    Partei_%281848%29)

26 Stefan Lorenz Sorgner: Menschenwürde nach Nietzsche.
    Die Geschichte eines Begriffs, Darmstadt 2010, Seite 183 ff.

27 Ebd. Seite 203

28 Ebd. Seite 219

29 Kondylis, a.a.O., Seite 676

30 Reinhart Koselleck: Gedenkrede, in: Falk Horst (Hg.): Panajotis Kondylis, Aufklärer ohne Mission, Berlin 2007, Seite 5

31 Jan Herman Burgers: The Road to San Francisco, in: Human Rights Quarterly 14/1992

32 Jürgen Habermas: Theorie und Praxis, zitiert nach Christoph Menke, Francesca Raimondi: Die Revolution der Menschenrechte, Frankfurt/Main 2011, Seite 112

33 Hans Joas: Die Sakralität der Person. Eine neue Genealogie der Menschenrechte, Berlin 2012[3], Seite 270

34 Burgers, a.a.O., Seite 460

35 Paul Tiedemann: Menschenwürde als Rechtsbegriff. Eine philosophische Klärung, Berlin 2012[3], Seite 16

36 Ebd. Seite 13

37 Burgers, a.a.O., Seite 477

38 Tiedemann, a.a.O., Seite 23; Joas, a.a.O., Seite 270 ff.

39 Tiedemann, a.a.O., Seite 20

40 Joas, a.a.O., Seite 276

41 Norberto Bobbio: Das Zeitalter der Menschenrechte, übersetzt von Ulrich Hausmann, Berlin 1998, Seite 17

42 Markus Stepanians: Gleiche Würde, gleiche Rechte, in: R. Stoecker (Hg.): Menschenwürde – Annäherungen an einen Begriff, Wien 2003, Seite 44 f.

43 Eberhard Straub: Zur Tyrannei der Werte, Stuttgart 2010, Seite 16

44 Albrecht Wellmer, in: Menke/Raimondi, a.a.O., Seite 323

45 Georg Lohmann: Menschenrechte zwischen Moral und Recht, in: Stefan Gosepath und Georg Lohmann (Hg.): Philosophie der Menschenrechte, Frankfurt/Main 1998, Seite 87

46 Ebd. Seite 89

47 Tiedemann, a.a.O., Seite 538

48 Ebd. Seite 539

49 Ebd. Seite 559

50 Ebd. Seite 557 ff.

51 Jürgen Habermas: Zur Verfassung Europas. Ein Essay, Berlin 2011, Seite 13–39

52 Hannah Arendt: Elemente und Ursprünge totalitärer Herrschaft, Frankfurt/Main 1955, Seite 430 ff.

53 Tiedemann, a.a.O., Seite 597

Tagebuch der verlorenen Würde II

1 Paul Tiedemann: Was ist Menschenwürde, Darmstadt 2006, Seite 83

2 Theda Rehbock: Menschenwürde: absolut, universal und konkret, in: Deutsche Zeitschrift für Philosophie 56/2008, Seite 820

3 Wetz, a.a.O., Seite 261

4 Ebd. Seite 326

5 Dieter Birnbacher: Mehrdeutigkeiten im Begriff der Menschenwürde, in: Aufklärung und Kritik, 1/1995

6 Jean Améry: Jenseits von Schuld und Sühne, Stuttgart 1977, Seite 73

7 Tiedemann 2012, Seite 334

8 Margalit, a.a.O., Seite 115

9 Ebd. Seite 61

10 Ebd. Seite 82

11 Ebd. Seite 63

12 Tiedemann 2012, Seite 179 f.

13 Christoph Menke, Arnd Pollmann: Philosophie der Menschenrechte zur Einführung, Hamburg 2012, Seite 142 f.

14 Ebd. Seite 147

15 Volker Schürmann: Würde als Maß der Menschenrechte, in: Deutsche Zeitschrift für Philosophie 59/2011, Seite 44

16 Ebd. Seite 41

17 Tiedemann 2012, Seite 283

18 Ebd.

19 Ebd. Seite 265

20 Ebd. Seite 252 f.

21 Ebd. Seite 593

22 Carl Schmitt, zitiert nach Herbert Schnädelbach: Was Philosophen wissen und was man von ihnen lernen kann, München 2012, Seite 175

23 Ebd.

24 Straub, a.a.O., Seite 17

25 Zitiert nach Menke/Pollmann, a.a.O., Seite 184

26 Schnädelbach, a.a.O., Seite 175

27 Rainald Goetz präsentiert »Johann Holtrop« (im Rahmen der Vertreterkonferenz, Suhrkamp Verlag), http://www.youtube.com/watch?v=Dayfhu_6BLo

28 Sorgner, a.a.O., Seite 295

3. Europa

1 Jan-Werner Müller: Beyond Militant Democracy, New Left Review 73, Januar/Februar 2012, Seite 39 ff.

2 Homepage des österreichischen Außenministeriums: www.bmeia.gv.at/aussenministerium/pressenews/presseaussendungen/2011/erstmals-gemeinsame-botschafterkonferenz-oesterreichs-und-ungarns.html

3 Müller, Wo Europa endet, Berlin 2013, Seite 51

4 11.3.2013, siehe: http://news.orf.at/stories/2171100/2171069/

5 Michel Aglietta: European Vortex, New Left Review 75, Mai/Juni 2012, Seite 19

6 Jasper von Altenbockum: Irrweg in der Krise, FAZ 15.4.2012

7 Christoph Schönberger: Hegemon wider Willen, in: Merkur 1/2012, Seite 1–8. Er hat seinen Ansatz neuerdings bestätigt und erweitert, in: Merkur 1/2013, Seite 25–33

8 Wolfgang Streeck: Gekaufte Zeit. Die vertagte Krise des demokratischen Kapitalismus, Berlin 2013, Seite 84

9 Wolfgang Streeck: Wissen als Macht, Macht als Wissen. Kapitalversteher im Krisenkapitalismus, in: Merkur 9/10 2012, Seite 776–787

10 Stephan Schulmeister: Ein New Deal für Europa, in: Perspektive, Zeitschrift der FES, Juni 2012

11 Frankfurter Allgemeine Zeitung, 3. August 2012 (mit Jürgen Habermas und Julian Nida-Rümelin)

12 Matt Taibi: The Great American Bubble-Machine, in: Rolling Stone, 9.7.2009

13 Streeck: Gekaufte Zeit, Seite 122

14 Wolf Dieter Enkelmann: Europa – nichts als ein Versprechen, in: Merkur 12/2006, Seite 1108

15 Habermas: Zur Verfassung Europas, Seite 9

16 Margalit, a.a.O., Seite 13

17 Habermas: Zur Verfassung Europas, Seite 77

18 Robert Menasse: Der europäische Landbote, Wien 2012, Seite 102

19 Habermas: Zur Verfassung Europas, Seite 17

20 Ebd. Seite 70

21 Perry Anderson: After the Event, New Left Review Januar/Februar 2012, Seite 50

22 Jürgen Habermas u. a.: Europa und die deutsche Frage, in: Blätter für deutsche und internationale Politik 5/2011, Seite 58

4. Korruption, Skandale, Österreich

1 Tiedemann 2012, Seite 360 ff.
2 http://www.peterpilz.at/2010-08/peter-pilz-tagebuch.htm
3 Marcus Tullius Cicero: Cato maior de senectute VI, 20

6. Erscheinungen

1 Gerhard Amanshauser: Es wäre schön, kein Schriftsteller zu sein. Tagebücher. St. Pölten 2012, Seite 74
2 Karl Heinz Bohrer: Stil oder »maniera«?, in: Merkur 12/2002, Seite 1060
3 Helmut Schüller, Runder Tisch nach Rücktritt des Papstes, ORF 2, 11.2.2013
4 Hermann Beckby (Hg.): Anthologia Graeca, München 1957/58

Tagebuch der verlorenen Würde VI

1 Brief von Hans Dichand an A. T., 18. 4. 1996

7. Unsere Medien

1 Kronen Zeitung, 24. 4. 2013
2 Philipp Theisohn: Literarisches Eigentum. Zur Ethik geistiger Arbeit im digitalen Zeitalter, Stuttgart 2012, Seite 122
3 Ebd. Seite 123
4 Thomas Thiel: Fertigbaukästen ohne Bezug zu ihren Benutzern, in: FAZ 7. 3. 2012

Tagebuch der verlorenen Würde VII

1 Markus Metz, Georg Seeßlen: Blödmaschinen, Berlin 2012, Seite 599 f.
2 http://www.fuzo-archiv.at/artikel/1628349v2
3 http://digiom.wordpress.com/2009/09/30/thurnher-will-im-falter-auf-die-webdebatte-eingehen-rofl/

4 ots 2013-02-18 / 16:02:03 / monochrom

5 Journal-Panorama, 20. 11. 2012, 18 Uhr 25, Ö1-Schwerpunkt
  Medien: Welt 2.0 – Facebook, Twitter und Google verändern unser
  Leben. Gestaltung: Elisa Vass

6 Die Original-Orthographie aller zitierten Tweets und Blog-
  Einträge wurde beibehalten.

7 Philip Larkin: Toads revisited, in: P. L., The complete Poems, edited
  by Archie Burnett, London 2012, Seite 55 f.

8 A. T.: Unverbürgtes Gezischel, Bestseller 11/2009

9 Rorty, Kontingenz, zitiert nach Hans Joas: Die Entstehung der
  Werte, Frankfurt/Main 1999, Seite 247 f.

10 Zitiert nach Karl Löwith: Menschenrechte und Bürgerrechte bei
   Rousseau, Hegel und Karl Marx, in: Revolution der Menschenrechte, a.a.O., Seite 392

8. Stéphane Hessel

1 Stéphane Hessel: Gespräch mit André Marty, in: An die Empörten
  dieser Erde (hg. von Roland Merk), Berlin 2012, Seite 42 f.

2 Ebd. Seite 37

3 Ebd. Seite 83

4 Ebd. Seite 87 f.

5 Jacques Maritain: Moral philosophy, Chapter V. Of Rights,
  Section I. Of the definition and division of Rights
  (http://maritain.nd.edu/jmc/etext/moral205.htm)

6 Franz Walter: Bürgerlichkeit und Protest in der Misstrauensgesellschaft, in: Walter u. a. (Hg.): Die Macht der Bürger. Hamburg
  2013

7 Hessel, a.a.O., Seite 82

8 Étienne Balibar: Demokratie durch Widerstand: Der Staatsbürger
  als Rebell, Blätter für deutsche und internationale Politik 2/2013,
  Seite 41–51

9 Hannah Arendt: Der Niedergang des Nationalstaats und das Ende
  der Menschenrechte, in: Element und Ursprünge totalitärer Herrschaft, Frankfurt/Main 1955, Seite 430 ff.

10 Walter, a.a.O., Seite 105 ff.

11 http://www.handelsblatt.com/politik/deutschland/umfrage-
   greenpeace-partei-waere-staerker-als-die-spd/3561496.html

12 Wolfgang Streeck: Wissen als Macht, a.a.O., Seite 787

10. Nachgedanken

1 Ira Katznelson, Fear itself: The New Deal and the Origins of Our Time, New York 2013

2 Slavoj Žižek: Against Human Rights, New Left Review 34, Juli/August 2005, Seite 115 ff.

3 Christoph Menke, Francesca Raimondi: Vorbemerkung der Herausgeber, in: Die Revolution der Menschenrechte, a.a.O., Seite 10 (Hervorhebung im Original)

4 Jacques Rancière: Wer ist das Subjekt der Menschenrechte?, in: Die Revolution der Menschenrechte, a.a.O., Seite 474 ff.

5 Daniela Strigl: Weiße Pferde, dunkle Zeiten, in: Falter 42/11, Seite 26 ff.

6 Reinhold Schneider: Winter in Wien, Freiburg 1958, Seite 244

7 »Fuck Dacre, publish!« rief Murdoch, als er von Lord Dacre informiert wurde, die Hitler-Tagebücher seien eine Fälschung.

8 Richard Sennett: Respekt. Übersetzt von Michael Bischoff, Berlin 2012, Seite 317 f.

9 Süddeutsche Zeitung vom 16. 5. 2007

10 Karl Marx: Debatten über Preßfreiheit und Publikation der Landständischen Verhandlungen, Rheinische Zeitung Nr. 139 vom 19. 5. 1842

11 Arendt, a.a.O., Seite 714

12 Von den Werten zu schweigen: »Die Werte, auf die sich die Union gründet, sind die Achtung der Menschenwürde, Freiheit, Demokratie, Gleichheit, Rechtsstaatlichkeit und die Wahrung der Menschenrechte einschließlich der Rechte der Personen, die Minderheiten angehören. Diese Werte sind allen Mitgliedstaaten in einer Gesellschaft gemeinsam, die sich durch Pluralismus, Nichtdiskriminierung, Toleranz, Gerechtigkeit, Solidarität und die Gleichheit von Frauen und Männern auszeichnet.« (Vertrag von Lissabon, 17. 12. 2007, Artikel 2)

13 Oskar Negt: Das Europa von heute und die Wirklichkeit von morgen, Blätter für deutsche und internationale Politik 8/2012, Seite 84

14 Jacob und Wilhelm Grimm: Deutsches Wörterbuch, München 1999 (Nachdruck)

Außerdem verwendete Literatur

Giorgio Agamben: Homo Sacer. Die Souveränität der Macht und das
   nackte Leben, Frankfurt/Main 2002

Hannah Arendt: Vita Activa oder Vom tätigen Leben, Stuttgart 1960

W. H. Auden: Collected Shorter Poems, London 1972[2]

Kurt Bayertz: Der aufrechte Gang. Eine Geschichte des anthropolo-
   gischen Denkens, München 2012

Demokratie? Eine Debatte, mit Beiträgen von Agamben bis Žižek,
   Berlin 2012

Rainald Goetz: Johann Holtrop, Berlin 2012[3]

Grüner Klub im Parlament: Bericht der Grünen über die Ergebnisse
   des Untersuchungsausschusses zur Klärung von Korruptions-
   vorwürfen, Wien 2012

Rainer Himmelfreundpointner: Brennpunkt Immofinanz, Wien 2013

Richard Klein (Hg.): Das Staatsdenken der Römer, Darmstadt 1966

Kurt Kuch: Land der Diebe, Salzburg 2011

Oskar Negt: Der politische Mensch. Demokratie als Lebensform,
   Göttingen 2011[2]

Nils Teifke: Das Prinzip Menschenwürde. Studien und Beiträge zum
   öffentlichen Recht 8, Tübingen 2011

Frank Schirrmacher: Ego. Das Spiel des Lebens, München 2013

Stephan Schulmeister: Mitten in der großen Krise: Ein »New Deal« für
   Europa, Wien 2010

Ernst Tugendhat: Vorlesungen über Ethik, Frankfurt/Main 1993

Gert Ueding (Hg.): Historisches Wörterbuch der Rhetorik, Band 9,
   Stichwort Würde, Tübingen 2009

Johannes Voggenhuber: res publica. Reden gegen die Schwerkraft,
   St. Pölten 2010

Elisabeth Young-Bruehl: Hanah Arendt. Leben, Werk und Zeit, Frank-
   furt/Main 2011[2]

Georg Zenkert: Die Konstitution der Macht, Philosophische Untersuchungen 12, Tübingen 2004

Inhalt

15·5·2014

€ 5,52